L'HÉROÏNE D'ORLÉANS,

XVe SIÈCLE,

AVEC UNE CARTE DE TOUS LES LIEUX CITÉS DANS CET OUVRAGE
ET UN PLAN DE LA VILLE D'ORLÉANS,
A L'ÉPOQUE DE SA DÉLIVRANCE PAR JEANNE D'ARC.

PAR M.

J.-F.-D. D'ATTEL DE LUTANGE,

Membre correspondant de la Société royale des Antiquaires de France.

Pour parler dignement de Jeanne, cette sublime et sainte héroïne, il faut une religieuse inspiration... surtout il faut être Français.

On peut styler un imposteur...
Dieu seul fait le héros...

TOME TROISIÈME.

PARIS.
LIBRAIRIE DE CHARPENTIER,
7, PALAIS-ROYAL, GALERIE D'ORLÉANS.
1844.

L'HÉROÏNE D'ORLÉANS.

III.

PARIS. — IMPRIMERIE DE BOURGOGNE ET MARTINET,
rue Jacob, 30.

L'HÉROÏNE D'ORLÉANS,

XVe SIÈCLE,

AVEC UNE CARTE DE TOUS LES LIEUX CITÉS DANS CET OUVRAGE,
ET UN PLAN DE LA VILLE D'ORLÉANS,
A L'ÉPOQUE DE SA DÉLIVRANCE PAR JEANNE D'ARC.

PAR M.

J.-F.-D. D'ATTEL DE LUTANGE,

Membre correspondant de la Société royale des Antiquaires de France.

> Pour parler dignement de Jeanne, cette sublime et sainte héroïne, il faut une religieuse inspiration... surtout il faut être Français.
>
> On peut styler un imposteur...
> Dieu seul fait le héros...

TOME TROISIÈME.

PARIS.
LIBRAIRIE DE CHARPENTIER,
7, PALAIS-ROYAL, GALERIE D'ORLÉANS.
1844.

LIVRE NEUVIÈME.

CHAPITRE Ier.

A la nouvelle de ces succès, un rayon de joie dut sans doute descendre dans son cœur flétri par le chagrin...

Cependant Jeanne, sous la garde d'une forte escorte, venait d'arriver à Arras. Là, grand nombre de chefs anglais, attirés par une barbare curiosité, l'attendaient. Ce fut pour la pauvre prisonnière, dont le cœur était si français, ce fut une triste entrevue qui lui fit répandre bien des larmes et raviva toutes ses peines. L'infortunée entrait dans un pays entièrement courbé sous le joug abhorré de l'étranger : c'était donc pour ainsi dire le dernier verrou que l'on fermait sur elle, le dernier rayon d'espérance qui s'évanouissait.

Plusieurs seigneurs artésiens, qui plaignaient et qui admiraient *en secret* la jeune prisonnière, vinrent la visiter, et se firent un douloureux devoir de porter des consolations au courage malheureux. Le sire de Pressy fut du nombre de ces généreux guerriers qui ne craignirent pas de se *compromettre* en venant contempler une grande infortune. Ce noble preux, qui n'ignorait pas le danger que courait Jeanne de porter un costume qui n'était pas celui de son sexe, lui fit offrir des vêtements de femme. Mais l'héroïne, mue par de puissants motifs, les refusa...

Il n'y avait pas jusqu'aux compagnons de captivité de celle-ci qui ne partageassent l'intérêt que tout le monde lui témoignait. De vieilles chroniques rapportent qu'un guerrier écossais enthousiaste, comme tant d'autres, de cette jeune fille digne d'une admiration éternelle, lui fit voir son portrait qu'il conservait toujours sur lui. Comme objet d'art, ce portrait était peu de chose sans doute; mais cette espèce de culte d'un pauvre soldat prisonnier prouve à quel point la renommée avait rendu célèbre l'héroïne.

Quoi qu'il en soit, ce vif intérêt qu'elle inspirait partout où elle apparaissait, inspira à la haine furibonde de ses persécuteurs de choisir, pour en faire sa prison, un lieu reculé, où elle fût, pour ainsi dire, séquestrée de l'univers entier. Toujours est-il que peu de temps après son arrivée à Arras, Jeanne fut conduite au château du Crotoy, forteresse située en Picardie, à l'embouchure de la Somme: c'était la Bastille de cette partie de la France. En effet, la masse pesante, l'aspect triste et sévère, et surtout les tours formidables de ce vieux manoir, lui donnaient beaucoup de ressemblance avec la trop célèbre forteresse de Paris.

Le château du Crotoy défendait l'entrée d'un port important à cette époque ; mais, par une de ces métamorphoses si communes sur les grèves de l'Océan, et surtout à l'embouchure des fleuves, le port s'est comblé, et de la forteresse il ne reste pas le moindre vestige aujourd'hui (1). A travers les étroits barreaux de sa prison, la prisonnière put alors contempler de loin cette punique Albion, successivement envahie par les Romains, les Normands, et qu'un autre Guillaume-le-Conquérant aurait peut-être foulée de ses pieds victorieux, si la Providence n'en eût ordonné autrement.

Tandis que Jeanne expiait dans les fers ses triomphes, les revers et l'opprobre de l'Angleterre, la valeureuse cité de Compiégne, après un siége de plus de six mois, allait voir fuir enfin loin de ses héroïques remparts les hordes de l'étranger. Une multitude de preux avaient voulu contribuer par leur courage à défendre cette place, regardée alors comme un des boulevards de la monarchie. On avait vu jusqu'à des prêtres (2) jeter le froc aux orties pour revêtir le casque, la cuirasse, et, l'épée à la main, monter sur la brèche. Tant de dévouement devait tôt ou tard être couronné de succès. Toujours est-il que les principaux guerriers français disséminés dans l'Ile-de-France venaient de tenter un dernier effort pour délivrer l'héroïque cité de Compiègne.

(1) Voyez Le Brun des Charmettes (t. III, p. 163).

(2) Philippe de Gamache, abbé de Saint-Pharon, de Meaux.

Au jour désigné, le comte de Vendôme et le sire de Boussac, maréchal de Sainte-Sévère, partirent de Senlis, passèrent la petite rivière d'Antenne au pont de Verberie, et s'avancèrent vers Royallieu. Toutefois les Anglais, avertis de ce mouvement, s'étaient rangés en bataille, s'imaginant qu'ils allaient être attaqués. Pour le moment, telle n'était pas cependant l'intention des chefs français, mais bien de tenir en échec l'armée anglaise; tandis que Xaintrailles, qui venait de Château-Thierry, allait la prendre en flanc.

Cette habile manœuvre eut le succès qu'on en devait attendre. La garnison de Compiègne, qui, du haut de ses remparts, voyait tout ce qui se passait, jugea le moment favorable pour faire une sortie, et tomba à l'improviste sur le peu de troupes ennemies qui gardaient les retranchements. Attaquer une de leurs bastilles, s'en emparer, passer au fil de l'épée tous ceux qui la défendaient, fut l'affaire d'un clin d'œil. Enhardie par ce premier succès, la brave garnison fait sa jonction avec le corps commandé par Xaintrailles, attaque une autre bastille défendue par les sires de Créqui et de Brimeu; et, après des prodiges de valeur, après avoir été repoussée deux fois, se précipite avec furie vers la bastille rebelle, donne l'assaut et s'en rend maîtresse. Le sire de Créqui et plusieurs chevaliers de renom furent le fruit de ce brillant fait d'armes.

A la nouvelle de ces revers, le découragement se met dans l'armée anglaise. Le comte de Vendôme et le maréchal de Sainte-Sévère profitent habilement de cette terreur panique pour charger vigoureusement l'ennemi, et emporter de vive force l'enceinte défendue de pieux et de fossés où il s'était retranché. Les deux vaillants chefs français, dit une chronique, firent alors de « très belles *prouesses* et de » grandes *vaillances.* » Dans cette mémorable journée, presque toute l'armée anglaise et bourguignonne mordit la poussière ou fut faite prisonnière. Très peu de guerriers ennemis échappèrent, et ne durent leur salut qu'à la vitesse de leurs coursiers et à la rivière de l'Oise. Par suite de cette brillante victoire, le comte de Vendôme et Xaintrailles entrèrent en triomphe dans l'héroïque cité de Compiègne, aux acclamations de tout un peuple ivre de joie et d'enthousiasme à la vue de ses libérateurs.

Quelques bastilles, où étaient renfermés le duc de Luxembourg et Baudon de Noielle, tenaient encore. Toutefois, ceux-ci, voyant l'isolement où ils se trouvaient, profitèrent de l'approche de la nuit pour y mettre le feu et battre en retraite. « Si bien, dit une » chronique, qu'ils s'en alloient si hastivement, que » l'ung n'attendoit pas l'autre. » Toujours est-il que les ennemis furent trop heureux d'abandonner leur camp, dont les Français s'emparèrent le lendemain, et qu'ils trouvèrent abondamment fourni de vivres et de munitions de guerre. Quant au duc de Bourgogne, lorsqu'il apprit ces *bonnes* nouvelles, « il fut » moult courroucié, et s'en alla au pays d'Artois. »

Ces brillants succès furent suivis de la reddition de Gournay-sur-Aronde, de Pont-Sainte-Maxence, de Breteuil et de plusieurs autres places de Picardie et de l'Ile-de-France. Les champs de Germiny furent également témoins de la vaillance du brave Poton; il y cueillit de nouveaux lauriers. Enfin le nombre des prisonniers fut si grand qu'on ne savait plus qu'en faire. Parmi ceux-ci, on remarquait les sires de Brimeu, de Créqui, de Beauval, de Béthencourt, et un célèbre général anglais du nom de Kiriel. N'était-ce pas alors le cas de dire qu'en dépit des traîtres, la France était victorieuse de ses ennemis?

CHAPITRE II.

> Un chevalier anglais dit un jour qu'il redoutait plus Jeanne que cent hommes d'armes... Un autre, plus que toute l'armée du roi de France...
>
> Illius mortem sitiebant...
>
> (*Dépositions des témoins.*)

Cependant, au bruit de leurs revers, la rage furibonde des Anglais contre Jeanne semblait s'accroître encore. Par une manœuvre diabolique, digne d'un gouvernement qui, plus tard, devait prendre le plus odieux machiavélisme pour règle de son infernale politique, le duc de Bedford intriguait sans cesse pour se faire demander par un peuple démoralisé, ou plutôt par la plus vile populace, qu'on fît le procès à la jeune captive. C'était, en d'autres termes, provoquer sa mort!!! Oui, il fallait que l'innocente victime fût immolée; il était bon, il était utile pour les intérêts de la punique Albion, non seulement que Jeanne pérît, mais encore qu'elle pérît par la main de ses frères. A nous le profit, s'écriaient les barbares insulaires, à vous le crime. Vengeance! vengeance! s'écriaient-ils encore dans leur soif délirante du sang innocent; mille et mille fois vengeance, et que des Français indignes de ce nom se couvrent de honte et d'infamie!!!

Quoi qu'il en soit, l'Université de Paris, toute dévouée au parti de l'étranger, venait de *libeller* deux lettres. Par la première, adressée à l'évêque de Beauvais, elle se plaignait que la Pucelle, ayant été remise au roi de France et d'Angleterre (c'étaient les titres que prenait alors le monarque anglais), *cette fille* ne fût pas encore jugée... Ladite Université invitait, en conséquence, le prélat à faire les diligences nécessaires pour se la faire *remettre*, afin de venir instruire son procès à Paris, *où il y avait tant de sages et de savants*... Dans une seconde lettre, adressée au roi d'Angleterre, l'Université « supplioit ce prince » de remettre sa captive à *la justice* de l'Église, c'est » à savoir à l'évesque de Beauvais et à l'inquisition, » auxquels la *congnoissance* des meffaits d'icelle » Jehanne appartenoit *espécialement*... »

Enfin, chose incroyable, si l'histoire ne l'attestait, il parut, à la même époque, un ordre de faire arrêter et traduire devant le grand conseil, tous les guerriers à qui la peur de la Pucelle avait fait et *faisait* abandonner leurs drapeaux. *Quos terriculamenta Puellæ exanimaverant* (1)...... Et pourtant l'infortunée gémissait dans les fers, au fond d'un noir cachot. *O dementia hominum!*

Par un de ces coups de main hardis, que le véritable homme de guerre peut seul concevoir et

(1) Actes de Rymer.

mettre à exécution, le sire de Barbazan, chevalier français, non moins célèbre par sa vaillance que par son noble caractère, acheva de porter le découragement parmi les ennemis. Ayant eu connaissance qu'un corps anglais et bourguignon battait le pays, aux environs de Châlons, ce guerrier, bien qu'avec des forces de beaucoup inférieures, résolut d'aller le surprendre en un lieu nommé La Croisette. Eustache de Conflans, Pierre Martel, Henry de Bourgs et quelques autres Français coopérèrent à ce hardi projet, et, par une rare intrépidité, en assurèrent la réussite. Toujours est-il que les mesures avaient été si bien prises par le chef de l'entreprise, le brave Barbazan, « que Angloys et Bourguignons furent *déconfitz* et qu'il n'en reschapa guère, » tous ayant été ou tués ou *prins.* »

Enfin, sur tous les points, l'astre d'Albion pâlissait : ainsi les habitants de Sens chassaient le gouverneur anglais, Pierre Barfort, et arboraient les couleurs de Charles de Valois; et à Villeneuve, un moine introduisait, par une porte secrète, les troupes du roi, tandis que Périnet, gouverneur de la ville, était trop heureux de s'esquiver *lestement*, en sautant par-dessus les remparts de la place.

Tant de revers avaient excité au plus haut point la rage des Anglais. Dans leur furie, ils résolurent la perte de celle à laquelle ils attribuaient un pouvoir surnaturel, si fatal pour eux. Après maint conciliabule, il fut décidé qu'on allait s'occuper sans relâche de faire le procès à *Jehanne dite la Pucelle*, afin, disent les chroniques du temps, de *rendre le courage* aux soldats, d'*infamer* Charles de Valois, et d'*épouvanter* ses partisans... C'était la *terreur* que l'on voulait organiser, et pour y parvenir rien ne devait coûter à ce peuple, qui est contraint d'avouer, encore aujourd'hui, ne pouvoir balancer la puissance de sa glorieuse rivale, la France, qu'à l'aide du machiavélisme le plus éhonté et en foulant aux pieds toutes les règles de l'équité, de la justice et du droit des gens (1).

Le monarque anglais et ses barbares conseillers étaient pour lors à Rouen, cité entièrement dévouée au parti de l'étranger. Aucun endroit n'offrait donc plus de garantie, *pour mener à bonne fin* le procès inique que l'on méditait. Aussi sans égard pour le vœu exprimé par l'Université de Paris, que *l'affaire* fût jugée dans la capitale, il fut décidé à l'unanimité que *Jeanne dite la Pucelle* serait amenée sous bonne escorte dans ladite cité de Rouen, *pour son procès lui être fait et parfait.*

Toujours est-il que la prisonnière venait d'arriver, et incontinent avait été enfermée dans *la grosse tour du château* de cette ville (2)... On montait par huit degrés à sa prison. Des précau-

(1) Ces touchants aveux ont retenti plusieurs fois du haut de la tribune anglaise au sein des chambres des lords et des communes, aux grands applaudissements de John Bull.

(2) Cette tour existe encore aujourd'hui et porte le même nom. On l'appelait aussi la tour du Donjon. On a longtemps cru à tort qu'une petite tour, située non loin de celle-là et maintenant détruite, avait servi de prison à la Pucelle. Quelques restes de chaînes trouvés dans les fondements de cette tour avaient donné naissance à cette opinion erronée.

tions multipliées, qui se ressentaient de la barbarie de ces temps-là, et plus encore de la férocité des guerriers albionais, avaient été prises. Les premiers jours, l'infortunée avait eu à subir un affreux supplice. La rage de ses bourreaux avait été jusqu'à l'enfermer dans une cage de fer fort étroite, où elle était encore attachée par le cou, les pieds et les mains. Toutefois, dans la crainte qu'un traitement si barbare n'abrégeât les jours de Jeanne, on dut y renoncer. On se *contenta* d'entraver ses pieds par d'énormes ceps de fer. « De nuit, elle » estoit couchée ferrée par les jambes de deux paires » de fer à chaisnes, et attachée moult étroitement » d'une chaisne tenant à une grosse pièce de bois, » et fermant à clef; pourquoy ne pouvoit mouvoir » de sa place. Enfin une seconde chaisne la retenoit » encore par le milieu du corps. » (*Vieilles chroniques.*)

Pour que tout rivalisât de barbarie et d'atrocité dans les traitements qu'on faisait subir à la pauvre captive, des misérables pris dans les derniers rangs de la plus vile populace, des *houcepailliers*, comme on les appelait alors, furent commis à sa garde. La nuit, trois de ces monstres étaient dans la chambre et deux en dehors, « à l'huis de » ladite chambre. » On se doute bien que cette canaille, stipendiée par les bourreaux de Jeanne pour faire de tous les instants de sa triste existence un affreux martyre, l'abreuvaient nuit et jour des plus sanglants outrages... Mais comme, avant tout, sa mort était le but que l'on se proposait, ces malheureux avaient été stylés à lui en parler sans cesse, et à la lui peindre sous les plus horribles couleurs. Dans leur infernale malice, ils poussaient même la barbarie jusqu'à troubler son sommeil en lui criant d'une voix terrible que l'heure de son supplice était sonnée (1), que le tourmenteur juré était là qui venait la chercher... Pas n'est besoin d'ajouter que la pauvre prisonnière était l'objet de leurs sarcasmes, de leurs propos orduriers; trop heureuse encore quand l'infortunée n'était pas en butte à leurs outrages, à leurs tentatives lubriques...

Quelques cœurs généreux qui abhorraient le joug infâme de l'étranger, et regrettaient d'autant le sceptre paternel des Valois, éprouvaient un vif désir de voir Jeanne, non par un motif de curiosité, mais bien dans l'espoir de lui donner des conseils salutaires. Parmi ceux qui furent assez adroits, assez heureux pour parvenir à entrer dans son cachot, l'histoire a conservé les noms de Laurent Guesdon, avocat en la cour laïque de Rouen, et de Pierre Cusquel, noble citain de la même ville; Pierre d'Avon, *procurateur* de la cité, et Pierre Manuel, avocat du monarque anglais, la visitèrent également. Jean Son, maître de l'œuvre (architecte du château) avait introduit secrètement ces braves gens. A la vue des fers sous le poids desquels pliait la pauvre captive, ces dignes Français ne purent retenir leurs larmes... Ils durent toutefois maîtriser

(1) L'exécrable cordonnier Simon, lorsqu'il torturait son auguste victime, avait sans doute pris pour modèle la barbarie anglaise.

leur profonde émotion, les *mouchards* de l'époque, les boucepailliers étaient là ; mais ils s'entretinrent longuement avec Jeanne des précautions qu'elle aurait à prendre lorsqu'elle comparaîtrait devant ses juges... Surtout ils lui recommandèrent une extrême prudence... Enfin, voyant son courage, ils crurent devoir ne point lui dissimuler qu'il s'agissait de sa vie... La jeune prisonnière ne put s'empêcher de frémir à ce terrible aveu. Hélas! son cœur était si pur, si candide, elle était si forte de son innocence, qu'elle ne pouvait se persuader que ses ennemis méditassent sa mort, ou plutôt osassent se couvrir d'un tel forfait. Tel était pourtant le but de toutes leurs ténébreuses intrigues. Rien ne devait leur coûter pour y parvenir.

Quoi qu'il en soit, entre autres choses dont ces braves Rouennais s'entretinrent encore avec Jeanne, et qui attestent, pour le dire en passant, l'idée que l'on avait généralement que celle-ci fût inspirée, ils lui demandèrent si elle savait avant d'être prise qu'elle dût tomber au pouvoir de ses ennemis. — Je m'en doutais, répondit-elle. — Pourquoi donc, reprit l'un d'eux, pourquoi donc ne vous gardâtes-vous pas mieux ce jour-là ?—Hélas! répondit la candide jeune fille, je ne savais ni le jour, ni l'heure, ni quand il fallait que cela arrivât. — Ainsi donc vous étiez résignée à votre sort? — Oui, s'écria la pieuse bergère, j'étais résignée à la volonté de Dieu. (*Historique.*)

Réponse sublime, digne de Jeanne, digne de la cause qu'elle avait défendue, et pour laquelle elle allait verser son noble sang.

CHAPITRE III.

> Bien souvent le crime s'appuie sur la légalité.
>
> Alors le fond n'est rien, la forme est tout.
>
> Un tel état de choses est l'arrêt de mort des peuples.

Cependant, par une circonstance que son astucieuse malice n'avait pas prévue, l'évêque de Beauvais, qui avait tant intrigué pour être le juge ou plutôt le bourreau de Jeanne, allait se voir frustré de ce droit ; et en effet, celle-ci ayant été prise hors du diocèse de ce prélat, il ne pouvait, aux termes des canons ecclésiastiques, exercer sa juridiction sur elle, à moins qu'il n'y fût autorisé par qui de droit. Force fut donc à Pierre Cauchon, s'il ne voulait pas que sa proie lui échappât, de demander au chapitre de Rouen cette autorisation ; on se doute bien qu'elle lui fut accordée. Pouvait-on refuser quelque chose à l'instrument de la vengeance toute-puissante de l'étranger ?

Une dernière formalité restait à remplir : il fallait des lettres patentes du roi d'Angleterre qui autorisassent la mise en jugement de Jeanne. Elles furent expédiées sur-le-champ. On y lisait entre autres : « Une femme qui se fait appeler la Pucelle, laissant » le *vestière* du sexe féminin, contrairement à la loi » de Dieu, ce qui est une chose abominable, s'est » montrée vestue, habillée et armée comme les » hommes... Elle a exercé cruel faict d'homicide... » Elle a donné à entendre au peuple, pour le séduire » et l'abuser, qu'elle estoit envoyée de par Dieu et » qu'elle avoit congnoissance de ses divins secrets... » Toutes choses moult préjudiciables et scanda- » leuses. Pour ce, avons été requis par révérend » père en Dieu, l'évêque de Beauvais, et pareille- » ment exhorté par notre très chière fille l'Univer- » sité de Paris, que icelle Jehanne vueillons bailler » audit évêque pour l'interroger et l'examiner sur » lesdits cas et procéder ensuite contre elle... En con- » séquence ordonnons à tous de donner au prélat » aide et protection. Nous réservant expressément, » si ladite Jehanne n'est pas convaincue ou atteinte, » *de la reprendre...* » Ces derniers mots donnent suffisamment la mesure de l'iniquité, de l'infamie, qui entachèrent ce monstrueux proces ; sujet éternel d'opprobre et de honte pour le nom anglais.

Enfin Pierre Cauchon, craignant sans doute que l'innocence de Jeanne ne triomphât devant des juges ordinaires, résolut de faire intervenir le tribunal redoutable de l'inquisition, qui s'était maintenu en France depuis les déplorables débats des Albigeois. Toujours est-il que l'inique prélat fit tant par ses intrigues, qu'il obtint du grand-inquisiteur qu'il envoyât un délégué. Ce dernier, de l'ordre des

Frères-Prêcheurs, s'appelait Jean le Maistre. Toutefois il n'eut pas plus tôt vu à qui il avait affaire (il venait de s'aboucher avec l'évêque) et la tournure que prenait le procès, qu'il fit tous ses efforts pour obtenir d'être dispensé d'y figurer. Il finit même par refuser tout net de s'en mêler, alléguant qu'il était peu séant et qu'il lui déplaisait fort de paraître dans une pareille cause... Mais Pierre Cauchon, qui ne reculait jamais devant le crime, lui fit dire sous main que s'il persistait dans son refus il courait grand risque, et qu'il y allait peut-être de sa vie... Non content de recourir aux menaces, on fit intervenir l'or; on fit briller ce précieux métal aux yeux de Jean le Maistre. L'argentier du roi d'Angleterre se rendit secrètement chez le vice-inquisiteur, et lui fit don, de la part de ce prince, d'une grosse somme, avec injonction de siéger au procès de Jeanne. On ne dit pas que Jean le Maistre ait jugé à propos de se tenir plus longtemps sur la défensive...

Quelques jours après cet incident, une consultation à huis clos, et seulement en présence de huit docteurs, eut lieu chez l'évêque de Beauvais. Il est inutile d'ajouter que le vice-inquisiteur ne fit pas défaut. Quant à Pierre Cauchon, qui s'arrogea tout d'abord le droit de présider cette assemblée, il énuméra en détail les divers griefs reprochés à Jeanne, comme d'avoir quitté les habits de son sexe, d'avoir usé de magie, d'avoir trompé les peuples, etc., etc. Puis il rappela ensuite les lettres de l'Université de Paris; les lettres patentes du roi d'Angleterre, qui faisaient la remise de *cette fille;* enfin les pouvoirs qui lui avaient été confiés, à lui évêque de Beauvais, par le chapitre de Rouen. Tout cela, c'était l'iniquité, la violence, la perfidie, le meurtre, revêtus de formes légales. Le résultat de ce conciliabule ténébreux fut que des informations seraient prises sur les faits reprochés à l'accusée. Mais, avant de se séparer, l'assemblée jugea à propos de nommer les officiers du tribunal chargé de cette affaire : c'était *le parquet* d'alors.

Les redoutables fonctions de promoteur, qui correspondaient dans les tribunaux ecclésiastiques à celles de procureur du roi dans les juridictions séculières, furent confiées à Joseph d'Estivet, chanoine de Beauvais et de Bayeux, fort méchant homme, tout dévoué aux Anglais et à Pierre Cauchon. Rien n'égalait, disent les mémoires du temps, rien n'égalait la bassesse de son âme, si ce n'est la grossièreté de son langage (1). C'était un loup qu'on allait mettre aux trousses d'un agneau, ou plutôt c'était le crime incarné aux prises avec l'innocence. *Le choix*, comme on voit, était fait de main de maître.

Jean de La Fontaine fut ensuite nommé commissaire examinateur. Pierre Cauchon avait espéré pouvoir faire son bras droit de cet homme et le

(1) Pendant tout le cours du procès, il ne cessa de calomnier les notaires, et tous ceux qu'il voyait agir conformément aux règles de la justice. Inutile d'ajouter qu'il ne cessa également d'accabler Jeanne des plus infâmes injures, telles que *paillarde*, *ordure*, *p...*, etc.

mener à sa fantaise... L'inique prélat se trompa dans son calcul... Jean de La Fontaine joignait à beaucoup d'instruction une grande probité. C'était, en un mot, un homme intègre, incorruptible.

Guillaume Manchon et Guillaume Colles, tous deux notaires apostoliques et royaux, et tabellions de l'officialité de Rouen, furent nommés notaires-greffiers. La crainte seule put contraindre ces deux honorables personnages à figurer dans une cause qu'ils déploraient.

Enfin Jean Massieu, doyen de la chrétienté de Rouen, eut la charge d'appariteur. Sa conduite dans tout le cours de ce barbare procès fut toujours celle d'un homme plein d'humanité : aussi joua-t-il plusieurs fois sa vie.

Malgré le désir de Pierre Cauchon de s'entourer de gens qui partageassent sa haine furibonde contre Jeanne, il s'en fallait bien, comme on vient de le voir, qu'il y eût réussi... Un incident resté secret le prouva encore bien mieux. Ce prélat, qui s'attendait sans doute à une autre réponse, d'après la terreur qu'inspiraient les Anglais, ayant pris l'avis de l'assemblée pour décider lequel était le plus convenable de laisser l'accusée dans les prisons séculières, ou de la renfermer dans celles de l'église, tous les membres de ladite assemblée furent d'avis, puisque Jeanne devait être jugée par un tribunal ecclésiastique, qu'il fallait la tenir dans une geôle relevant des gens d'église... L'équité, la justice, le simple bon sens, le voulaient ainsi... — Mais, répliqua le lâche prélat, on ne le peut *de paour* de déplaire aux Anglais... Un murmure désapprobateur accueillit soudain ces étranges paroles. Ce qui n'empêcha pas que les conseils de la justice ne fussent méconnus, et que la pauvre Jeanne ne demeurât entre les mains de ses plus cruels ennemis.

Quelques jours après, une autre conférence eut lieu chez le prélat (1). Il s'agissait de discuter la valeur des informations prises sur le compte de la prisonnière. Nicolas Bailly (2), tabellion que l'évêque avait chargé de cette mission délicate, venait d'arriver de Domremy. Jean de Torcenay, chevalier, bailli de Chaumont, pour le monarque anglais, avait remis audit tabellion le résultat des dépositions entendues dans le pays de l'accusée... Elles étaient en tout point favorables à celle-ci; « et, » disent les mémoires du temps, il ne fut rien trouvé » de mal touchant le faict de ladite Jehanne. »

En présence d'un pareil résultat, un homme moins taré que Pierre Cauchon eût été fort embarrassé. Mais rien ne pouvait arrêter ce prélat dans la carrière du crime. Avec une impudence dont lui seul était capable, il ne dit des informations qui venaient d'être prises, que ce qu'il voulait bien que l'on sût... ou plutôt il tronqua, il falsifia à tel point les dépositions, qu'elles devinrent insignifiantes, si toutefois elles ne chargèrent pas la pauvre Jeanne

(1) Dans une maison voisine de l'église de Saint-Nicolas-le-Paincteur. Cette maison existe peut-être encore. Elle appartenait alors à Jean Bidault.

(2) Il paraîtrait qu'un certain Gérard, dit Petit, l'accompagnait.

de griefs imaginaires.. Toujours est-il que ces informations si précieuses pour la justification de celle-ci, disparurent et ne figurèrent jamais au procès (1).

Bien plus, le brave Nicolas Bailly fut très mal traité par Pierre Cauchon, qui le stigmatisa du nom de *traître, de mauvais homme, qui n'avait pas fait son devoir...* En résultat ledit bailli ne put jamais être payé des frais du voyage qu'il avait entrepris d'après l'ordre du seigneur évêque... Ah! Jeanne! pauvre Jeanne! dans quelles mains es-tu tombée!

Pour mettre le comble à tant de turpitudes, Pierre Cauchon fit perfidement insérer dans le procès-verbal de cette seconde séance : « que communication ayant été donnée à l'assemblée des informations qui avaient été prises, celles-ci avaient été trouvées suffisantes pour ordonner que Jeanne fût interrogée... » On ne pouvait pousser la fourbe plus loin, et en effet, n'était-ce pas donner à entendre que lesdites informations étaient contraires à l'accusée, puisque l'on disait formellement *qu'en conséquence de celles-ci*, il y avait lieu à suivre contre elle. Ah! pauvre infortunée! dis-nous encore une fois, dans quelles mains es-tu tombé!

Après tant de perfidies, on s'étonnera sans doute que l'inique prélat, pour perdre sa victime, ait osé recourir à des machinations plus criminelles encore... mais le crime pousse au crime. C'est le tigre

(1) Historique.

du désert qui n'en devient que plus féroce à la vue du sang de sa proie. Un certain l'Oiseleur, le bras droit ou plutôt l'âme damnée de Pierre Cauchon, fut l'être exécrable dont ce dernier se servit pour combler la mesure de ses forfaits.

La leçon fut faite à cet homme; bien qu'étant un des enragés du parti anglais, il feignit qu'il était leur prisonnier, et se dit du pays de Jeanne, à qui il fit demander une entrevue... Il n'en fallut pas davantage pour appeler la confiance de cette infortunée : aussi acquiesça-t-elle sans défiance à la demande qui lui était faite, ravie de rencontrer, dans la triste position où elle se trouvait, une personne de son parti, un homme *dévoué* à Charles de Valois, et qui, après avoir tout sacrifié pour défendre la noble cause de ce prince, était victime de son dévouement... Toujours est-il que la trop confiante bergère de Domremy fit le plus cordial accueil à Nicolas l'Oiseleur, et tout d'abord s'entretint longuement avec lui *des affaires* du roi de France... Les épanchements de la joie sont indiscrets; la jeune captive, trop candide pour oser soupçonner le piége qu'on lui tendait, ouvrit son cœur sans défiance, et alla jusqu'à faire confidence à l'Oiseleur, qui l'avait mise adroitement sur ce chapitre, *des révélations et des apparitions qu'elle avait eues, des voix qu'elle avait entendues*... De tels aveux étaient plus qu'il n'en fallait pour perdre Jeanne; c'était sur ce terrain brûlant que ses ennemis l'attendaient.

Dans une chambre contiguë à la prison de celle-ci, le comte de Warwick et l'évêque de Beauvais s'étaient apostés avec deux tabellions, « afin, dit une » chronique, qu'au moyen d'ung trou par lequel » on pouvoit escouter, ils pussent entendre ce » qu'elle disoit à l'Oiseleur... » Pas n'est besoin d'ajouter que le comte de Warwick et l'évêque de Beauvais n'eurent pas plus tôt entendu les imprudentes paroles de la prisonnière, qu'ils sommèrent *avec menace* les tabellions d'en prendre note... Mais Guillaume Manchon, un de ceux-ci, répondit avec fermeté « que lui ni son confrère ne le devoient pas » faire, et qu'il ne seroit pas honnête de commencer » de telle sorte le procès... Que si Jeanne disoit les » mêmes choses devant le tribunal, ils les enregis» treroient volontiers. »

Grâce à ces énergiques paroles, la fourbe, ce jour-là, *fut enrayée*... L'épée du guerrier et la crosse du prélat furent impuissantes contre deux pauvres tabellions; honneur à leur probité! Toutefois, le principal but qu'on se proposait, celui d'obtenir des sujets d'interrogation, fut rempli; cependant on n'en resta pas là. Le crime appelle le crime, avons-nous déjà dit, l'odeur du sang enivre le tigre... Infâme prélat! et toi son digne acolyte! vous avez encore un pas à franchir. Ce n'est pas du premier regard, ni même du second, que l'on peut mesurer les profondeurs de l'abîme... Allez, allez, ne restez pas en si beau chemin... après la trahison, le sacrilége!!!

Par le conseil de l'évêque, l'Oiseleur a revêtu, pour le souiller, pour en faire en quelque sorte la robe de Déjanire, l'habit vénéré de prêtre, et de nouveau il s'est rendu dans le cachot de Jeanne. — Ma fille, s'est-il écrié avec componction, vos ennemis et les miens ont enfin consenti que je reprisse ces marques distinctives de mon saint ministère. Oui, je suis le ministre du seigneur, je viens vous apporter des consolations ; dites, n'avez-vous pas quelques secrets à confier, quelques conseils à demander, quelques fautes à avouer ?...

Ce langage était celui du bon pasteur, et pourtant celui qui le tenait n'était qu'un loup dévorant. Jeanne, semblable à l'innocente brebis, tomba dans le piége; elle confia sans hésiter ses plus secrètes pensées, ses fautes peut-être, bien légères sans doute, à ce monstre vomi par l'enfer, à ce monstre qui violait toutes les lois divines et humaines... Les mémoires du temps attestent que cette scène satanique se renouvela plusieurs fois.

Ah! Jeanne! Jeanne! dans quelles mains es-tu tombée!

CHAPITRE IV.

L'inquisition était le tribunal révolutionnaire du moyen-âge.

Grâce à l'activité furibonde de Pierre Cauchon, tous les documents nécessaires pour diriger les interrogatoires qu'on se proposait de faire subir à Jeanne étaient obtenus. Toutefois plusieurs difficultés qui auraient pu paraître sérieuses à tout autre qu'à l'inique prélat, retardaient l'ouverture du procès. Le vice-inquisiteur refusait de nouveau d'y prendre part, alléguant qu'ayant été nommé pour le diocèse de Rouen, il ne pouvait s'immiscer dans une affaire qui ressortait du diocèse de Beauvais. Ce langage était celui de la justice. C'est assez dire que Pierre Cauchon répondit avec une colère qu'il déguisait à peine, qu'il prendrait une consultation à cet égard... Mais ce n'était pas tout : non seulement le vice-inquisiteur se récusait, mais encore bon nombre de juges. Maître Nicolas de Houppéville, entre autre, eut le courage de déclarer hautement « que » ni l'évêque de Beauvais, ni les autres qui vouloient » prendre la charge du jugement, ne pouvoient » être juges, puisqu'ils étoient du parti contraire » à celui de l'accusée... Que d'ailleurs cette dernière

» avoit déjà été examinée par le clergé de Poitiers » et l'archevêque de Reims, métropolitain de l'é» vêque de Beauvais... »

Ce langage était également celui de la justice et de l'équité. C'est assez dire que l'homme courageux qui le tenait encourut l'indignation de Pierre Cauchon; que Nicolas de Houppeville fut mis en prison, qu'il y fut en grand péril de sa vie, et qu'on poussa même les choses jusqu'à le menacer de le faire noyer.

Comme s'il eût craint de manquer de forces suffisantes pour perdre une jeune fille, l'inique prélat recrutait des juges partout où il en pouvait trouver. Un certain Jean de Reynel, recors d'une nouvelle espèce, était chargé non seulement de les enrôler, mais encore de payer tous les frais avec l'argent de l'Angleterre. Et, chose monstrueuse, tandis que l'étranger prodiguait son or pour perdre l'innocence, il refusait à la première cour du royaume, qu'il asservissait sous le joug le plus dur, le paiement des honoraires de ses membres (1). Contraste odieux qui montre jusqu'à quel point peuvent se dégrader les gouvernements dont la vengeance est le seul mobile.

L'évêque de Beauvais, qui ne cessait d'intriguer, annonça enfin qu'ayant consulté touchant le cas où se trouvait le vice-inquisiteur, il avait été répondu que ce dernier pouvait prendre part au procès. Mais Jean le Maître allégua de nouveau que pour la

(1) Les membres du Parlement de Paris n'étaient plus payés depuis longtemps. (Voyez les mémoires du temps.)

sûreté de sa conscience et la validité du procès, il attendrait pour y prendre part en qualité de vice-inquisiteur qu'il y fût autorisé positivement par son chef immédiat et son supérieur, frère Jacques Graverand, de l'ordre des frères prêcheurs. Alors Pierre Cauchon, qui ne se rebutait jamais quand il gissait de parvenir à ses fins, écrivit lui-même au grand-inquisiteur pour réclamer son assistance ou celle d'un délégué. Cette lettre du prélat eut tout l'effet qu'il pouvait désirer; en voici quelques pasages. On frémit, quand on songe au pouvoir exorbitant confié aux membres du redoutable tribunal.

« Puisque ainsi est que l'hérésie s'insinue comme » un cancer et tue les simples, sans qu'ils s'en dou- » tent, à moins que le *couteau* diligent de l'inquisi- » tion ne retranche le mal, celle-ci institue Jean le » Maître son vicaire dans le diocèse de Rouen, et lui » donne contre tous les hérétiques ou *gens suspectés* » (d'être suspects) d'hérésie, et contre tous ceux » qui ont croyance en eux, leurs fauteurs, leurs » défenseurs, etc., etc, la faculté et pleine puis- » sance d'informer, de citer, d'appeler en jugement, » d'examiner, d'arrêter, de garder en prison, de » *corriger* et d'employer *tous moyens opportuns*, » pour procéder jusqu'à *sentence définitive inclu-* » *sivement*... comme aussi de les absoudre (cela arri- » vait bien rarement), *de leur enjoindre des péni-* » *tences salutaires*, et généralement de faire et » exercer tout ce qui appartient à l'office d'inqui- » siteur, tant suivant le droit que suivant la coutume

CHAPITRE V.

> Le viol est l'excuse la plus absurde qu'une fille puisse donner. C'est ajouter le mensonge au déshonneur.
>
> J'en crois volontiers la reine Berthe : la force est impuissante contre la jeune fille qui veut rester fidèle à l'honneur.

Ce jour-là, les houcepailliers qui gardaient Jeanne, ou plutôt qui la torturaient, avaient bu encore plus que de coutume vins et cervoise. Ils faisaient un sabbat infernal ; des rires, des sarcasmes, des propos orduriers, des chants obscènes, d'affreux jurements retentissaient sous les voûtes de la prison. C'était à faire dresser les cheveux de voir, d'entendre ces garnements vomis par l'enfer. Toujours est-il que dans l'état d'ivresse où ils étaient plongés, on pouvait craindre, je faux, il était facile de prévoir qu'ils finiraient par se livrer à quelques graves *excès* (1) envers la pauvre captive, qui, tremblante, éplorée, s'était tapie dans l'un des angles

(1) Le fond de cette scène est historique. Il est malheureusement trop vrai que les soldats qui gardaient Jeanne essayèrent de se porter envers elle aux derniers excès. (Voyez tous les historiens, et surtout Le Brun des Charmettes, t. III, pag. 184.)

obscurs de son cachot, se recommandant avec ferveur à Dieu et à tous les saints et saintes du paradis.

— Par les cornes de tous les diables ! s'écria soudain l'un des houcepailliers, qui venait de vider tout d'un trait une vaste cruche pleine de cervoise, il faut en finir avec cette pucelle... Comme l'aîné de vous autres, je m'en charge, moi. Il ne faut pas qu'il soit dit, mille millions de tonnerres ! que des houcepailliers aient été assez sots pour laisser s'envoler l'oiseau sans le plumer.

— Holà ! l'ami, vous pas plus qu'un autre, fit le plus jeune de la bande en frappant rudement sur la table ; si l'oiseau vous convient, j'en sais aussi qui n'en font pas fi... Arrière ! vieux barbon !

— Arrière ! arrière ! s'écria en fureur la vieille moustache... Arrière ! toi-même, fils de ta mère !

— Dis-moi un peu, fils de Satan, la tienne est-elle mariée ? repliqua le jeune houcepaillier en riant aux éclats.

A ce propos mal sonnant, le vieux *grognard*, écumant de rage, avait tiré sa dague, et, défiant l'imprudent goguenard, allait se ruer sur lui, quand fort heureusement les camarades s'étant jetés entre les deux champions, les tinrent à distance, en interposant leurs *bons offices*...

Il faut en convenir, en ce moment, c'étaient bien des aveugles qui prétendaient en conduire d'autres. Rien n'est comique, en effet, comme des gens ivres qui veulent parler raison : c'est la tour de Babel. Aussi, loin de se calmer, les deux antagonistes se menaçaient-ils de plus belle. Fort heureusement pour eux et ceux qui les entouraient, ils n'avaient guère plus les uns que les autres la force de se faire grand mál, tant ils étaient sous la douce influence du jus divin de la treille. Toujours est-il qu'on se *bousculait* depuis plus d'un quart d'heure sans pouvoir s'entendre, lorsqu'un des médiateurs s'écria :

— Camarades, vous déraisonnez, par ma foi! de vous arracher ainsi la moustache pour cette petite... Ténez, si vous m'en croyez, le sort en décidera.

— C'est bien dit, que le sort en décide.

— Par le *pudendum* du diable! il sera curieux de jouer aux dés ce cotillon.

— Puisqu'il en est ainsi, s'écrièrent les deux houcepailliers qui voulaient s'égorger, gardez, vous autres, les *enjeux*, tandis que moi et ce blanc-bec nous jouerons la belle au passe-dix.

— Non pas, ventre d'un moine! répondit soudain un des garnements de la bande, non pas, nous jouerons tous. N'avons-nous pas ici autant de droit les uns que les autres?

— C'est vrai! s'écria-t-on de toutes parts; en place! en place! où sont les dés?

— Où sont les dés? fit un autre.

— Les dés! les dés! que sont devenus les dés? reprit un troisième.

— Eh bien! s'écria un des houcepailliers, *passons outre*, nous jouerons ensuite.

Un grand éclat de rire accueillit le conseil, et

valut à celui qui le donnait le sobriquet de *va-trop-vite*.

Pour en revenir aux dés, il faut vous dire, lecteur, qu'ils crevaient les yeux de nos chenapans, et que, s'ils ne les voyaient pas, c'est qu'on voit trouble, ou plutôt qu'on n'y voit pas du tout quand on est dans le bel état où ils étaient. Toutefois, à force de culbuter bancs, tables et tout ce qui s'ensuit, les dés se retrouvèrent. S'asseoir en rond, le cul par terre (les joueurs avaient jugé cette position plus convenable, dans l'impossibilité où ils étaient de se tenir correctement sur leurs jambes), fut l'affaire d'un moment.

— C'est donc au passe-dix, fit un des houcepailliers, que...

— Oui, au passe-dix; allons, commence.

— Par la queue du diable! j'en suis fâché, car je n'y suis pas heureux.

— Bah! bah! au jeu que nous jouons, ceux qui se croient les premiers ne le sont pas toujours.

— Il a, ma foi! raison, le camarade, s'écria toute la bande en éclatant de rire.

Il faut bien en convenir, tous ces propos, *et bien d'autres encore*, n'étaient guère rassurants pour la pauvre Jeanne : aussi n'osait-elle souffler, se contentant, tandis que nos vilains tentaient la fortune inconstante et volage, de déplorer tout bas le sort affreux qui la menaçait.

On va vite, fort vite au jeu de dés. J'ai même ouï dire qu'on pouvait jouer en moins d'un clin d'œil, non seulement femmes, filles et beaux écus sonnants, mais encore royaumes, empires, fussent-ils ceux de la Chine ou du Grand-Mogol. Seulement il faut y voir assez clair pour compter les points. Or (et il n'est pas besoin de vous le dire), cette condition *sine quâ non* manquait absolument à nos joueurs : aussi Dieu sait les jurements, les blasphèmes que ces damnés se permettaient. Le Père éternel et tous les saints passaient tour à tour par leur langue, et, franchement, ce n'était pas pour en chanter les louanges. De sorte que l'on pouvait présumer que la partie durerait longtemps : ce qui, pour le dire en passant, ne tendait à rien moins qu'à prolonger les horribles transes, ou plutôt la cruelle agonie de la pauvre prisonnière.

Pour se tirer de ce dédale inextricable, une seule issue restait : c'était de tricher... et, entre nous soit dit, pourquoi ne pas tolérer chez ces garnements ce que l'on ne voit que trop souvent dans les salons de l'opulence? Quoi qu'il en soit, à l'aide de ce correctif de la fortune, la partie venait de finir, et le gagnant, si toutefois il pouvait se tenir sur ses jambes avinées, avait le droit de *se saisir des enjeux*...

Fort heureusement pour Jeanne, ni gagnants, ni perdants, dans le bel état où les avait mis le vin, n'étaient pas de force... Et, en effet, c'était chose comique de regarder ces cinq ivrognes s'aider réciproquement pour se mettre sur leurs jambes, et n'y pouvoir réussir; ou plutôt s'ils parvenaient, en se cramponnant les uns aux autres, à se relever tant soit peu pour un instant, de les voir retomber tout-à-coup de plus belle comme des châteaux de cartes.

Fallait entendre alors les bénédictions que s'adressaient les vauriens; comme ils se traitaient de sacs-à-vin, d'outres du diable, de vessies engorgées, de tonneaux défoncés, et autres gentillesses pareilles... En résumé, ce chaos d'invectives était bien la pelle à feu qui traite l'âtre du four *de cul brûlé*.

Cependant ces enragés démons, comprenant que leurs jambes ne pouvaient plus les porter, s'étaient traînés petit à petit du côté des *enjeux*, c'est-à-dire vers le coin du cachot, où tremblait de tous ses membres la pauvre Jeanne. De sorte que, au lieu d'un, elle allait avoir à soutenir la lutte contre cinq : c'était bien le cas de dire que la partie n'était pas égale.

Malheureusement pour l'infortunée, elle était encore plus empêchée que ces maudits ivrognes de houcepailliers. N'était-elle pas enchaînée? N'était-elle pas livrée sans défense à la merci de cette canaille? Vous frémissez sans doute, lecteur, vous frémissez rien que d'y penser pour la Pucelle, et vous avez grand raison; car, voyez-vous, tout en jurant, en maugréant, en se culbutant, les houcepailliers avaient fait du chemin et n'étaient plus qu'à quelques pas de Jeanne.

— N'approchez pas! s'écriait de toute la force de ses poumons la pauvrette; n'approchez pas, tisons d'enfer! n'approchez pas; je mords, je déchire le premier qui...

Et les houcepailliers de s'embarrasser fort peu d'être mordus, d'être déchirés.

— N'approchez pas, encore un coup, n'approchez pas, maudite engeance !... Ah ! si j'avais ma bonne épée !

Et les houcepailliers de se gausser de la bonne épée de Jeanne.

A la vue du *péril* qui la menace, l'infortunée pousse des cris déchirants..... Elle appelle à son secours toutes les puissances du ciel et de la terre... elle prie, elle supplie, elle implore tour à tour la pitié de ces scélérats... Jeanne ! pauvre Jeanne ! que tu es simple, implorer la pitié d'un houcepaillier, implorer la compassion de pareils monstres !

Cependant ces maudits démons, ne ressemblant pas mal à cinq gros crapauds qui se débattent dans la fange, étaient parvenus, en rampant plutôt qu'en marchant, aux pieds de la jeune captive. Soudain, dans son désespoir, celle-ci s'est fait une arme redoutable de ses chaînes. Déjà elle a terrassé plus d'un joûteur et l'a fait repentir de sa témérité... Jeanne dans les fers est encore un lion. Elle frappe, elle terrasse ses adversaires, et sa prison, son étroite prison est témoin de son courage...

Mais une voix qu'elle ne peut méconnaître (au moment du danger ne l'a-t-elle pas entendue déjà bien des fois ?) a tout-à-coup fait retentir les sombres voûtes du cachot..... Jeanne a tressailli ; elle aperçoit un guerrier armé de toutes pièces... ô surprise !!! c'est ce même soldoyer qui la fit prisonnière ; c'est bien lui ; elle l'a reconnu.., elle a reconnu sa voix ; cette voix vibrante qu'elle a entendue sous les boulevards d'Orléans et de Paris, lorsqu'elle y fut blessée, et, plus anciennement, dans les champs de la Lorraine et sous les voûtes sacrées de la basilique leucoise... oui, c'est ce même mortel; c'est lui, c'est encore lui, c'est toujours lui, ou bien c'est son ombre...

Ombre ou réalité, toujours est-il que le guerrier mystérieux, d'un revers de sa lance, a soudain *balayé*, comme des feuilles mortes ou plutôt comme un tas de viles ordures, les cinq houcepailliers; et bientôt l'on n'entend plus que le râle de ces vilains étendus pêle-mêle sous la grande table sur laquelle ils venaient de *célébrer* leurs sales orgies.

Grâce à cet être fantastique, ou plutôt à ce génie bienfaisant, Jeanne vient d'échapper au plus grand des dangers... Tout ce qu'une jeune fille a de plus cher, de plus sacré, l'honneur! est sauf, est intact... Une horrible profanation n'a point été consommée; le crime a été rejeté dans son antre impur.

Malgré le trouble qui agite encore tous ses sens, malgré la vive émotion qu'elle éprouve, la jeune captive essaie de témoigner sa reconnaissance à son libérateur, à cet ange tutélaire que le ciel semble avoir envoyé à son secours... Mais celui-ci, poussant de longs soupirs d'une voix lente s'écrie :

— Jeanne! Jeanne! que me fait à moi ta reconnaissance, à moi que tu as dédaigné? Rappelle-toi plutôt ces serments solennels que ta bouche prononça naguère aux champs fortunés de la Lorraine... Si tu les avais tenus, ces serments, tu ne serais pas aujourd'hui dans les fers, tu ne serais pas la cause qu'un malheureux, dans son désespoir, s'est vu réduit à aller cacher sa douleur dans les rangs exécrés de l'étranger, à manger son pain pétri de honte, à boire son eau d'angoisse... Ah! si tu savais, si tu pouvais savoir quel affreux supplice c'est pour un mortel de déchirer le sein de sa patrie, je serais assez vengé! Mais, non! tu ne le connaîtras jamais, ce supplice; jamais le remords déchirant du transfuge ne souillera ton cœur. Jusqu'au dernier moment il battra, ce noble cœur, il battra pour son roi. Je donnerais tout! tout! même mon amour pour toi, pour toi que j'aime plus que la vie, pour en pouvoir dire autant!... Sais-tu, c'est à la jalouse fureur qui me dévorait que tu dois d'être captive. Désespérant de te posséder autrement, j'ai tout fait de concert avec un traître pour que tu fusses la proie de tes ennemis, pour que tu tombasses en leurs mains. Et l'enfer, entends-tu bien? l'enfer m'a exaucé au-delà de mes vœux, moi, que ton père avait choisi pour être ton époux! Oui, c'est le ciel qui te punit; c'est le ciel qui venge ton père et ton amant!

Jeanne! je t'ajourne dans quarante jours à l'autel de l'hymen! Cet autel, sois-en sûre, étincellera de mille feux... Point ne feront défaut les témoins; la foule sera grande; que dis-je? tout un peuple assistera à tes fiançailles... Je t'en fais ici le serment! j'y serai des premiers! Et que ta couronne de vierge soit de roses ou de flammes, j'irai la partager avec toi... Les ministres du Très-Haut seront là; des pontifes même, instruments de la colère céleste, assisteront à ton dernier triomphe; et alors, peut-être alors ne repousseras-tu plus celui qui viendra partager ton sort...

Adieu! Jeanne! adieu! Dans quarante jours, entends-tu!... Car c'est moi qui suis ton fiancé! c'est moi!!! Je t'en fais le serment! je serai fidèle au rendez-vous...

Adieu! adieu!

Et en prononçant ces prophétiques paroles, le guerrier a disparu...

En vain Jeanne veut se précipiter sur ses pas... en vain elle l'appelle d'une voix mourante... le bruit des chaînes répond seul à la voix défaillante de l'infortunée, et quelques instants après le plus profond silence règne dans sa sombre demeure.

Résignée à son triste sort, la pauvre captive alors se rassied sur l'escabelle de bois qu'elle a déjà inondée tant de fois de ses larmes brûlantes.

FIN DU LIVRE NEUVIÈME.

LIVRE DIXIÈME.

CHAPITRE Ier.

> Pierre Cauchon était une espèce de monstre amphibie, une sorte de chauve-souris de l'ordre judiciaire, tenant à la fois du rat et du hibou, du juge et du soldoyer, du prêtre et de Beelzébut... C'était de la boue délayée dans du sang...

Mercredi, 21 février 1430.

Dans l'antique château de Rouen il existait alors une chapelle de fondation royale, dédiée à saint Romain (1). Ce lieu qui rappelait de nobles souvenirs avait été choisi pour instruire le procès de Jeanne. Ainsi c'était en présence des autels, c'était devant l'image vénérée d'un Dieu fait homme, d'un Dieu qu'une nation haineuse, impie, avait jadis condamné à une mort injuste, ignominieuse, qu'un autre tribunal non moins inique, non moins possédé du

(1) Cette chapelle, démolie en 1590, a été transportée au vieux Palais (Millin, *Atiq. nation.*)

démon de la haine et des mauvaises passions, allait de nouveau offrir le déplorable spectacle de l'innocence injustement accusée, de l'innocence juridiquement assassinée.

Toujours est-il que, le 21 février de l'an de grâce 1430, l'évêque de Beauvais, Pierre Cauchon, monté sur une mule magnifique, richement caparaçonnée, arrivait de grand matin à l'huis du vieux château de Rouen. Il était suivi d'une quarantaine d'individus, gens à robe noire, tels que abbés, docteurs en théologie, licenciés, bacheliers en droit canonique, maîtres ès-arts, chanoines, religieux, conseillers, robins, clercs, tabellions, etc., tous ou presque tous, ainsi que ledit seigneur évêque, montés sur des mules ou de petits *chevaux trotiers*. Bon nombre de valets de pied escortaient cette cavalcade fantastique. Enfin une foule immense, triste, silencieuse, tenue à distance par plusieurs centaines de soldoyers et d'archers, précédait et suivait le lugubre cortége.

Car on savait que cette séquelle en jaquette noire allait juger Jeanne la Pucelle, à laquelle, pour le dire en passant, le peuple s'intéressait fort, la trouvant beaucoup moins coupable que tel de ses juges qu'il aurait fort bien désigné du doigt, s'il l'eût osé... Mais il n'osait le pauvre peuple, il n'osait de crainte des hallebardes anglaises; il se contentait de gémir tout bas de se voir sous le joug abhorré de l'étranger, se promettant bien, si le cas advenait, de secouer rudement ce joug honteux, insupportable, et de se venger alors sur le dos de ses oppresseurs de longues et interminables souffrances: comme cela se voit toujours, le peuple prenait patience *en attendant*...

Ce jour-là il faisait fort froid. Un brouillard humide, épais, voilait le soleil, ce qui paraissait beaucoup contrarier tous ces gros *jugeurs* à la face joufflue, à la trogne rouge, à la panse rebondie, tous bien empaquetés jusqu'au menton dans l'hermine et la moire, tandis que lui, le pauvre peuple, pataugeait dans la boue, sans avoir l'air de s'en plaindre, comme si cela eût été tout naturel. Car il est bon que vous sachiez, si déjà ne le savez, qu'à cette époque, vilains, roturiers, manants, s'ils n'étaient pas tout-à-fait regardés comme des bêtes, n'étaient pas non plus tout-à-fait considérés comme des hommes... Mais revenons à notre procession de gros et gras jugeurs. Ah! j'oubliais encore de vous dire, à propos de hallebardes, qu'un corps considérable de soldoyers, tous armés de lances, de dagues, d'arquebuses, était là pour faire respecter les arrêts de gens qu'on était fort peu disposé à respecter, ou plutôt qu'intérieurement on méprisait souverainement.

Quoi qu'il en soit, messieurs les juges venaient de mettre pied à terre, et le seigneur évêque en tête, faisaient leur entrée dans la chapelle, disposée d'avance pour les recevoir et figurer un tribunal. Dans le fond, un grand Christ était appendu au-dessus du siége où devait s'asseoir le président. Car alors on n'avait pas encore eu l'idée d'expulser Dieu du sanctuaire de la justice, et pour harmonier ce chaos, de rédiger un code athée... Ici était la place du promoteur, Guillaume d'Estivet, à qui le peuple avait donné le surnom de *Bénédicité;* là se voyait le siége du commissaire-examinateur, Jean de la Fontaine; puis de chaque côté se dessinait en hémicycle comme une immense tenaille (vulgairement un fer-à-cheval) pour recevoir les juges assesseurs. C'était ce qu'on appelait alors *le consistoire.* Dans le centre, des tabourets étaient préparés pour les tabellions ou scribes en la cause; enfin l'appariteur ou huissier ecclésiastique, Jean Massieu, allait et venait, remplissant en quelque façon les fonctions d'aide-de-camp du président. Quant à Jean le Maître, il siégeait avec messieurs les conseillers, en attendant qu'il exerçât en qualité de vicaire de l'inquisition.

De l'inquisition!!! oui, lecteur, de l'inquisition; c'est devant son redoutable tribunal que vous êtes en ce moment. Je vous en préviens charitablement, afin que vous ne vous compromettiez pas; car, entre nous soit dit, je vous ai déjà vu sourire... Savez-vous bien à quoi vous vous exposez? à rien moins qu'à venir prendre place sur la sellette; et de là au bûcher il n'y a pas loin... Vous frémissez!!! Ah! ah! vous ne seriez pas le premier qu'un bon mot y eût conduit. Soyez donc plus circonspect, et surtout gardez-vous bien de sourire le moins du monde de ce qui est peut-être fait pour exciter le rire ou plutôt la pitié de tout homme humain et raisonnable. Au demeurant, entrez donc, si vous voulez, mais laissez à la porte raison, équité, justice et bon sens.

Mais non, quand bien même vous vous feriez bête, archi-bête, vous ne pourriez entrer; le redoutable tribunal de l'inquisition tient ses séances à huis-clos. C'est dans l'ombre du mystère qu'il torture les malheureux qu'il fait traîner devant lui... Arrière donc, arrière! manants, vilains, roturiers, gens d'épée, gens de robe, nobles et barons. Arrière! qui que vous soyez, arrière! vous ne pouvez entrer ici... L'inquisition, vous dis-je, l'inquisition est un mystère, un horrible mystère... Contentez-vous de plaindre les infortunés qui sont aux pieds de son redoutable tribunal. Peut-être entendrez-vous leurs gémissements, leurs cris, leurs supplications... Oui, vous n'entendrez que trop le bruit des chaînes, des chevalets, des fouets, des roues, des supplices de toute espèce, que renferme cet épouvantable arsenal enfanté par la barbarie la plus impitoyable et la superstition la plus révoltante.

Quant à nous, qui avons eu le triste privilége d'être témoin de cet affreux spectacle, nous vous dirons *à peu près* ce qu'il en fut. Et d'abord vous saurez que la chapelle de Saint-Romain était vaste, fort sombre, ce qui la faisait paraître plus vaste encore, et ne contribuait pas peu à répandre dans l'âme des malheureux la crainte et l'effroi; ne redoute-t-on pas davantage ce que l'on ne voit qu'imparfaitement?... Quoi qu'il en soit, ses hautes fenêtres ogivales laissaient à peine pénétrer une lumière blafarde à travers d'élégants vitraux de couleur... Une forêt de piliers à nervures allaient se perdre mystérieusement, comme de grands bras décharnés ou comme les branches nombreuses d'un chêne immense au faîte des voûtes du vieil édifice... Çà et là, l'architecte avait placé, comme en sentinelle, des milliers de figures fantastiques qui faisaient des grimaces horribles, des contorsions épouvantables, et semblaient s'agiter confusément dans l'ombre... Puis le long des murs verdâtres, tout dégouttants d'une humidité séculaire, se voyaient de nobles chevaliers et leurs pieuses épouses, priant dans un saint recueillement. Puis, puis... Je n'aurais vraiment jamais fini si je voulais énumérer tout ce que l'on voyait dans cette chapelle de Saint-Romain... Mais ce que je ne dois pas passer sous silence, c'est que, pour protéger autant que faire se pouvait les épaules de messieurs les juges, de grands tapis fleurdelisés retombaient derrière leurs siéges, et leur faisaient une sorte d'abri contre le froid et l'humidité. Enfin on voyait (je ne sais comment je ne vous en ai encore rien dit), on voyait au centre de toute cette *jugerie* un siége isolé qui semblait attendre quelqu'un...

En attendant *ce quelqu'un*, je vais vous dire les noms des juges ici présents : peut-être est-il de ces noms de sinistre mémoire qui feront tressaillir d'arrière-petits-neveux...

Quoi qu'il en soit, on remarquait, mollement assis sur leurs grands siéges à dos et à bras, Gille de Duremont, abbé de la Sainte-Trinité de Fécamp; Pierre Miger, prieur de Longueville-Gaffardy; Jean de Castillon, Jean Beaupère, Jacques de Touraine, Nicolas Midy, Jean Nibat, Jacques Guesdon, Jean Fabry, Maurice du Quesnay, Guillaume Boucher,

Pierre Houdent, Pierre Morice, Richard Du Pré, Gérard Feuillet, tous docteurs en théologie; Nicolas, abbé de Jumièges; Guillaume, abbé de Sainte-Catherine; Guillaume, abbé de Cormeilles; Jean Guérin, chanoine; Raoul Roussel, docteurs en droit canonique et civil; Guillaume Haiton, Nicolas Copequesne, *Jean le Maistre*, Richard Grouchy, Pierre Minier, Jean Pigache, Raoul Saulvaige, tous bacheliers en théologie; Robert Barbier, Denys Gastinel, Jean Le Doux, Nicolas de Vendères, Jean Basset, Jean de La Fontaine, Jean Brollot, Aubert Morel, Jean Colombel, Clément de Busey, Raoul Augny, tous licenciés en droit canonique; André Marguerie, Jean de l'Épée, Geoffroy de Crotay et Gilles Des Champs, tous licenciés en droit civil.

Enfin deux ou trois *secrétaires du roi d'Angleterre* étaient là pour prendre des notes et contrôler en quelque façon la rédaction du procès-verbal des tabellions.

Le plus profond silence régnait au sein de l'assemblée... L'évêque de Beauvais le rompit pour ordonner aux tabellions de lire les lettres royales en vertu desquelles la Pucelle lui avait été remise pour être par lui jugée avec l'assistance des docteurs ici présents... Puis le seigneur évêque fit donner lecture des lettres du chapitre de Rouen (sede vacante) *qui lui accordaient territoire dans le diocèse* pour instruire et juger l'affaire en question...

Le promoteur d'Estivet prit ensuite la parole pour exposer « que ladite femme du nom de Jeanne

» avait été citée et évoquée à comparaître pour ré-» pondre aux interrogations qui lui seraient faites...»

Un des tabellions, sur l'ordre du promoteur, donna ensuite lecture des lettres de citation de l'évêque; on y remarquait les passages suivants :

« Pierre, par la miséricorde divine évêque de » Beauvais, au doyen de la chrétienté de Rouen (Jean » Massieu), faisons savoir qu'il ait à citer pardevant » vous, certaine femme dite *la Pucelle*, prise et ap-» préhendée en notre diocèse de Beauvais, par très » chrétien et sérénissime prince notre seigneur le » roi de France et d'Angleterre (1), *comme véhé-» mentement suspecte d'hérésie*, pour que nous fas-» sions contre elle un procès *en matière de foi*... Et » nous ayant ouï la renommée des faits et gestes » d'elle *en lésion de notre foi*, et après nous être » instruit déligement et aidé du conseil de gens ha-» biles, ordonnons que ladite Jeanne soit évoquée, » citée et entendue sur lesdits articles *concernant la » foi*... Pour cette cause, mandons à vous de citer » en la chapelle royale du château de Rouen ladite » Jeanne, laquelle nous tenons véhémentement *sus-» pecte d'hérésie*, pour qu'elle ait à répondre et » pour être en outré fait par nous ce qui sera juste, » avec intimation que nous l'excommunierons si » elle ne comparaît pas... Donné à Rouen sous notre » scel, l'an du Seigneur MCCCCXXX, mardi 20 » février, etc., etc. »

Le promoteur fit ensuite donner lecture par le

(1) Henri V.

même tabellion de l'exécution du mandement précédent, adressé par Jean Massieu à l'évêque de Beauvais. On y lisait entre autres :

« Au révérend père et seigneur en J.-C., Pierre, » par la miséricorde divine évêque de Beauvais, » humble Jean Massieu, prêtre, doyen de la chré» tienté de Rouen... Que votre révérence paternelle » sache qu'en vertu de votre mandement, j'ai cité » péremptoirement devant vous certaine femme » vulgairement appelée *la Pucelle*, que vous tenez » pour véhémentement *suspecte d'hérésie*, afin qu'elle » ait à répondre... Laquelle Jeanne m'a dit que vo» lontiers elle comparaîtrait et répondrait la vérité ; » mais qu'elle demandait que vous voulussiez bien » convoquer des ecclésiastiques des parties de » France (1) aussi bien que de celles d'Angleterre, » et en outre, qu'elle suppliait votre révérende pa» ternité de permettre que demain avant de com» paraître, elle pût entendre la messe... Donné, etc... »

Lecture faite de ces différents actes, le promoteur d'Estivet prit de nouveau la parole, et « requit in» stamment que *ladite femme* fût mandée à compa» raître devant le tribunal, et fût interrogée par » l'évêque *sur certains articles concernant la foi* (2)... »

L'évêque y consentit, et l'huissier ecclésiastique, Jean Massieu, sortit immédiatement pour aller quérir Jeanne.

(1) Ce qui était de toute justice.

(2) Cette expression, qui se voit déjà plus haut, atteste la gravité du procès intenté à Jeanne. Car sur ce chapitre de *la foi*, on ne plaisantait pas alors.

Pierre Cauchon prit derechef la parole pour relever un incident relaté dans une des pièces dont on venait de donner lecture, et exposer à l'assemblée que l'accusée ayant déjà plusieurs fois demandé d'entendre la messe, il avait consulté à cet égard plusieurs notables docteurs qui avaient été d'avis « qu'attendu les crimes dont ladite femme était » *diffamée*, et la *difformité* d'habits dans laquelle » elle persévérait, il était convenable de surseoir à » faire droit à sa demande. »

Ainsi, dans ce procès monstrueux intenté à l'innocence, on débutait par séquestrer celle-ci de la présence de son Dieu, d'un Dieu de paix, de miséricorde.

Mais silence!!! voici la victime, voici Jeanne... Elle va paraître devant ses juges... Ses juges! Non! ils sont sans pitié... L'équité s'est éloignée d'eux... Ils ne sont plus que des bourreaux!!!

Soudain la grande porte du fond de la chapelle s'est ouverte. Un gros de soldoyers armés de toutes pièces paraît et s'avance d'un pas lent et grave. Bientôt l'œil peut distinguer au sein de cette forêt de hallebardes deux personnes : l'une, d'un âge déjà mûr, portant le costume clérical, c'est Jean Massieu, l'huissier ecclésiastique; l'autre, dans la fleur de la jeunesse, c'est la noble Jeanne. Une tunique tailladée comme en portaient alors les guerriers de haut parage, dessine sa taille svelte; un chaperon à plumes ombrage son front, et des bottines ornées d'éperons chaussent ses pieds.

Elle s'avance avec modestie, se découvre, s'incline respectueusement devant ses juges, et prend place sur le siége qui lui est réservé. Tous les regards se portent sur elle. A la vue de l'innocence si calme, si résignée, on a pu croire un instant que peut-être ces cœurs de roche se sont amollis... Mais non! non! tous les sentiments généreux ont disparu; s'il en est encore dans l'âme de quelques uns de ces hommes, ces nobles sentiments sont comprimés par la terreur... Les hallebardes anglaises sont là... Plus d'espoir pour toi, pauvre Jeanne! plus d'espoir... Ton roi, qui te doit sa couronne; ton roi, pour qui tu aurais sacrifié ta vie; ton roi même t'abandonne lâchement... et tes ennemis, tes plus cruels ennemis, comme un troupeau de vautours affamés, vont fondre sur toi pour assouvir leur rage... Ils sont altérés de ton sang, de ton noble sang, que tu aurais versé jusqu'à la dernière goutte pour ta patrie, pour ton ingrate patrie, si une infâme trahison ne t'en eût empêchée...

Et, dans le même instant, comme si l'inique prélat eût craint que le silence respectueux avec lequel on considérait l'infortunée captive ne lui fût favorable, l'inique prélat, dans sa ruse infernale, se mit à pérorer longuement, verbeusement, inintelligiblement, en faisant une longue récapitulation de toute la vie de Jeanne... Une manœuvre si diabolique n'avait évidemment d'autre but que de détourner l'attention, que dis-je? l'admiration qu'on était porté tout naturellement à accorder à une pauvre jeune fille. Ainsi l'on vit naguère aux murs de Lutèce consterné, le sinistre roulement de Bellone étouffer la voix du juste couronné, faisant un dernier appel à son peuple, à son malheureux peuple égaré par des rebelles et des traîtres.

Pierre Cauchon remarquant que son auditoire, sans toutefois lui prêter une grande attention, n'en donnait plus autant à Jeanne, Pierre Cauchon se tut... Ne fallait-il pas qu'il reprît haleine? C'était, en effet, une rude besogne que celle qu'il avait devant les mains; car rien n'est si fatigant que le rôle du méchant se couvrant du masque de l'hypocrisie.

Cependant après une pause de quelques instants, le prélat prit derechef la parole; mais, cette fois, il y avait dans sa voix, dans son geste, dans toute sa personne, je ne sais quoi de doucereux qui faisait mal... Le tigre fait aussi quelquefois patte de velours, mais c'est sur le corps palpitant de sa victime... Quelquefois aussi il la lèche avec avidité, mais c'est pour aspirer jusqu'à la dernière goutte de son sang... mais c'est lorsque celle-ci ne peut plus lui échapper... Toujours est-il que Pierre Cauchon s'adressant d'un ton mielleux, et avec une bonhomie étudiée, à l'accusée, lui tint à peu près ce langage, langage perfide, et pour le fond et pour la forme:

— Jeanne, mon enfant, écoutez-nous, et faites bien attention à ce que vous allez répondre.

« Désirant accomplir scrupuleusement notre de-
» voir pour l'exaltation de la foi, *avec le bénin se-*
» *cours de J.-C.*, nous vous avertissons *et nous vous*
» *requérons charitablement*, tant pour l'accélération
» de la présente affaire que pour la décharge de

» votre conscience, de nous dire pleine et entière » vérité sur toutes les choses que nous vous demanderons, sans jamais avoir recours à aucuns subterfuges ni *cautèles* pour vous écarter de cette » vérité... Jeanne, nous vous requérons, et au besoin nous vous sommons d'en faire serment la » main sur l'Évangile? »

Mais la jeune bergère, malgré sa simplicité, malgré sa candeur, ne peut se laisser prendre à ce langage astucieux et perfide.

— Je ne sais, répond-elle, après un moment de réflexion, je ne sais sur quel sujet vous voulez m'interroger... Peut-être pourriez-vous me demander telles choses que je ne pourrais, que je ne devrais pas vous dire...

— Jeanne, nous vous sommons pour la seconde fois, reprend l'évêque d'un air sévère, de faire serment de dire la vérité sur toutes les choses qui vous seront demandées.

— De mes parents et de tout ce que j'ai fait depuis mon arrivée en France, j'en jurerais volontiers; mais des révélations que j'ai pu avoir, jamais je n'en parlerai et n'en ai parlé à personne, si ce n'est à mon roi... Non, vraiment je ne les divulguerai, jamais ces célestes révélations, dût-on me couper la tête, car mon *conseil* ne l'a défendu... Au reste, à cet égard, bientôt je saurai ce que je dois dire.

Les secrétaires anglais venaient d'enregistrer la réponse de Jeanne, en lui donnant un sens qu'elle n'avait pas... Ce scandaleux et inique procédé fut aussitôt relevé par un des deux tabellions, qui déclara avec fermeté que si on n'y mettait ordre, il ne pourrait continuer ses fonctions (1).

Cet incident causa un grand tumulte; pendant quelques instants l'interrogatoire fut suspendu... Le calme s'étant rétabli peu à peu, et l'évêque ayant réfléchi à la réponse de l'accusée, eut recours de nouveau à la ruse et à la perfidie.

— Jeanne, s'écria-t-il, jurez seulement de dire la vérité sur les choses qui *touchent la foi.*

Un tel serment, on le comprend de reste, était pour l'accusée l'obligation de répondre à tout ce qu'on *s'aviserait* de lui demander. Ses juges, en effet, se seraient-ils fait scrupule de déclarer comme appartenant à la foi toutes les questions qui lui seraient adressées? C'était donc une insigne perfidie de la part de Pierre Cauchon d'exiger un pareil serment : c'était une escobarderie s'il en fut jamais. Toutefois la pauvre fille, trop candide pour prévoir jusqu'où pouvait aller la malice de ses juges, consent à prêter ce serment insidieux.

L'évêque ouvrant alors le livre des saints Evangiles, Jeanne s'agenouille, et jure en levant les deux mains sur le missel de dire la vérité sur tout ce qui lui serait demandé *touchant la foi.*

Comblant la mesure de la perfidie, le prélat ordonne aux tabellions d'écrire que Jeanne, en prêtant serment, n'a point insisté davantage sur le fait de parler ou de ne pas parler de ses révélations.

(1) Déposition de Guillaume Manchon, lors du procès de révision.

C'en était fait : de ce moment, l'accusée ne s'appartenait plus, elle était à la merci des méchants, elle était condamnée d'avance... Toujours est-il que l'évêque, au comble de la joie, s'empresse de passer outre.

— Jeanne, s'écrie-t-il, quels sont vos nom et prénoms?

— On m'appelait *Jeannette* dans mon pays, on m'appelle Jeanne depuis que je suis en France. De mon surnom, *je ne sais...* répond en rougissant la bergère de Domremy.

De violents murmures éclatent alors au sein de l'assemblée, et surtout au banc des commissaires anglais... Quelques juges se regardent en souriant; car ils apprécient, autant que le peuvent faire des cœurs vils et tarés, la retenue ou plutôt la pudeur de la jeune vierge... Quant à l'évêque, il s'écrie de nouveau, avec un cynisme révoltant :

— Jeanne, vous vous faites appeler *la Pucelle...* Etes-vous telle que vous le dites?

— Je puis bien assurer, répond celle-ci en baissant les yeux, *que telle je suis...*

— Prenez garde! s'écrie le prélat d'un air sévère, prenez garde à ce que vous avancez... Craignez de vouloir nous en imposer...

— Eh bien! répond la pieuse jeune fille en levant les yeux au ciel, j'en appelle au jugement de Dieu.

A ces mots, de bruyantes clameurs partent du banc des commissaires anglais... Pendant quelques instants l'interrogatoire est suspendu... Il est aisé de s'apercevoir que des larmes, des larmes d'indignation s'échappent des yeux de la chaste bergère ; sans doute elle est révoltée des *propos éhontés*, des paroles *obscènes*, qui parviennent jusqu'à elle...

Reprenant de nouveau, l'évêque s'écrie :

— Jeanne, où êtes-vous née ?

— Au village de Domremy, dépendant de la paroisse de Greux.

— Comment se nomment vos père et mère ?

— Mon père s'appelle Jacques d'Arc, et ma mère Isabelle Romée.

— Où fûtes-vous baptisée ?

— A l'église de Domremy.

— Qui furent vos parrains et marraines ?

— Une de mes marraines s'appelait Agnès ; l'autre, Jeanne ; un de mes parrains se nommait Jean Lingue ; l'autre, Jean Barrey. Toutefois, j'ai ouï dire à ma mère que j'avais eu plusieurs autres marraines (1).

— Par quel prêtre fûtes-vous baptisé ?

— Par maître Jean Minet.

— Vit-il encore ?

— Je pense que oui.

— Quel âge avez-vous ?

— Presque dix-neuf ans, *à ce qu'il me semble.*

(1) C'était alors la coutume de donner plusieurs parrains et marraines aux enfants. Il est à remarquer que Jeanne ne cita pas tous ceux et celles qui la tinrent sur les fonts baptismaux. Etait-ce oubli ou prudence? Le Brun des Charmettes pense qu'elle craignait de compromettre ceux qui vivaient encore.

Des sarcasmes se font entendre de nouveau au banc des commissaires... Un d'eux s'écrie ironiquement que l'accusée en impose, qu'elle est plus âgée qu'elle ne le dit... Un autre interpelle grossièrement l'infortunée... Mais celle-ci baisse les yeux et garde le silence.

L'évêque continue ainsi :

— Jeanne, que savez-vous de votre religion ?

— J'ai appris de ma bonne mère le *Pater*, l'*Ave* et le *Credo*.

— Puisque vous savez le *Pater*, récitez-le-nous ?

— Veuillez m'entendre en confession et je vous le réciterai volontiers, répond l'accusée avec une humble prudence qui fait ressortir encore davantage cette question déplacée.

Et comme Pierre Cauchon insiste, la bergère répond de nouveau qu'elle croit ne devoir obtempérer à cette demande, à moins que le seigneur évêque ne l'entende en confession.

Mais le prélat reprend avec douceur : — Jeanne, si vous le désirez, nous vous enverrons un ou deux notables clercs de la langue de France (*de linguâ gallicanâ*) devant lesquels vous le réciterez.

— C'est inutile ; je ne puis vous obéir qu'à la condition que je vous ai dite.

L'évêque garde le silence et paraît réfléchir... tandis que les juges échangent entre eux quelques mots à voix basse, et que les commissaires anglais font entendre des menaces et des imprécations.

Après quelques instants d'interruption, le prélat s'écrie :

— Jeanne, vous ne voulez donc pas nous obéir?... Eh bien! d'après le pouvoir qui nous est confié, nous vous défendons de sortir sans notre permission des prisons qui vous ont été assignées dans le château de Rouen, sous peine d'être déclarée convaincue du crime d'hérésie.

— Je n'accepte point cette défense, répond la jeune captive avec fermeté... Bien plus, si je m'évadais, on ne pourrait me reprocher d'avoir violé ma parole, car je ne l'ai donnée à personne.

Cette réponse était évidemment trop selon le droit naturel pour que le cauteleux prélat osât insister... Toutefois, Jeanne saisit cette occasion pour se plaindre amèrement de ce qu'elle était retenue par des chaînes et des ceps de fer.

— N'avez-vous pas déjà tenté plusieurs fois de vous évader? s'écrie le prélat d'un ton sévère.

— Il est vrai, et je déclare ici que tel sera toujours mon désir, ainsi qu'il est licite à tout prisonnier.

— Ainsi donc, il nous est également licite de vous enchaîner dans votre prison.

Et en disant ces mots, le prélat en haussant encore le ton, commet à la garde de l'accusée Jean Gris, écuyer; Jean Wervoic et Guillaume Talbot, leur enjoignant de bien et fidèlement surveiller ladite Jeanne, et de ne laisser personne lui parler, ce que lesdits gardiens jurèrent la main sur les Évangiles.

Alors Pierre Cauchon déclara la séance levée, et assigna Jeanne à comparaître le lendemain dans la chambre dite *des Paramenti*, au bout de la grande salle du château de Rouen (1).

(1) Par les dépositions de plusieurs témoins au procès de révision, on sait positivement que cette première séance fut très orageuse, ce dont les procès-verbaux ne font aucune mention. Fidèle à notre système, de *donner* aux événements et aux personnages la couleur qu'ils ont dû avoir, nous avons suppléé par quelques incidents *probables*, au silence des grosses du procès de condamnation.

CHAPITRE II.

> ... Toi qui profanes l'innocence,
> Sans doute que ton cœur était pétri de fange...

Plusieurs incidents remarquables s'étaient élevés dans le premier interrogatoire de Jeanne. La fermeté, la prudence dont cette infortunée venait de donner des preuves, avaient inspiré de sérieuses réflexions à ses juges, qui ne s'étaient guère attendus à trouver tant de présence d'esprit dans une pauvre fille des champs. L'évêque Cauchon lui-même, qui s'était imaginé en avoir bon marché, commençait à désespérer dès les premiers pas de pouvoir la convaincre. Et cependant s'il échouait, il se compromettait gravement aux yeux des Anglais, qui n'auraient pas manqué d'en tirer directement ou indirectement une éclatante vengeance. D'un autre côté, les commissaires apostés pour falsifier les réponses de l'accusée étaient furieux de voir que leur trame infernale avait été déjouée. Ils en voulaient surtout aux tabellions, qui avaient compris leur devoir en dévoilant une manœuvre coupable, et en s'opposant à ce qu'elle pût se reproduire. Ils en voulaient même, le croirait-on? à Pierre Cauchon, qu'ils accusaient de mollesse, qu'ils accusaient de trahir les intérêts de l'Angleterre... Bref, ils s'en prenaient à tout le monde de ce que la haine furibonde qu'ils portaient à la jeune captive n'était pas partagée au même degré par ceux qui devaient la juger ou plutôt l'assassiner.

Parmi les réponses de Jeanne, il en était une qui pouvait la compromettre gravement, si l'on parvenait à lui prouver qu'elle en imposait, tandis, au contraire, que si le fait qu'elle avait affirmé, *sa virginité*, était reconnu véritable, il en résultait pour elle une sorte de *bill* d'indemnité, ou en d'autres termes, le crime de magie dont elle était accusée s'anéantissait... En effet, d'après les préjugés de cette époque de superstition, *l'état de virginité* inspirait au démon *une horreur respectueuse*... ou plutôt l'esprit de ténèbres pour accomplir ses maléfices ne pouvait se servir d'une *pucelle*...

Il était donc du plus grand intérêt pour les Anglais, et pour Pierre Cauchon, leur âme damnée, de convaincre Jeanne d'imposture ; par ce moyen on corroborait l'accusation de magie et on diffamait à tout jamais la bergère de Domremy.

Dans un conciliabule qui se tint le soir même et où figurèrent l'évêque, le duc de Bedford, Jean d'Estivet, l'Oiseleur, plusieurs juges et commissaires anglais, il fut décidé qu'on s'assurerait, et ce avant la seconde séance du procès, de ce qu'il en fallait croire de l'assertion de Jeanne... Plusieurs matrones, sous la direction de la duchesse de Bedford, furent nommées *ad hoc*. L'histoire a conservé le nom d'une de ces femmes qui s'appelait Anne Bavon. Sûre de son innocence, la jeune bergère se soumit avec joie à l'épreuve que ses juges avaient ordonnée dans l'espoir de la perdre... Pas n'est besoin d'ajouter que cet *examen* tourna à la confusion de ceux-ci, et fut pour la victime pure et sans tache dévoué au sacrifice un nouveau triomphe. Jeanne fut *reconnue vierge* (1)...

De vieilles chroniques rapportent que le duc de Bedford, caché dans un appartement voisin d'où l'on pouvait tout voir, eut l'infamie de *polluer* de ses regards lubriques cette scène où l'innocence était sous la sauve-garde de l'honneur et des lois... Les expressions manquent pour qualifier ce crime, qui outrage à la fois les mœurs et l'humanité... Toujours est-il qu'on peut demander à ce monstre de quel droit il osait profaner celle que, dans sa rage furibonde, il avait vouée au dernier supplice?... Mais jetons un voile, jetons celui de la pudeur sur la victime outragée, et que de jeunes filles aussi pures qu'elle lui décernent la couronne des vierges.

On se doute bien que le résultat de la victoire que Jeanne venait de remporter fut tenu secret, et qu'il n'en fut fait aucune mention dans la prochaine séance ni dans les suivantes.

(1) Un docteur en médecine qui avait soigné Jeanne à cette époque, déclara que cette jeune fille *erat multum stricta, quantum percipere potuit ex aspectu.* (Voy. *pièces du procès.*)

CHAPITRE III.

> Si l'on avait assez de fonds pour acheter toutes les consciences qui sont à vendre, les acheter ce qu'elles valent, et les revendre ce qu'elles s'estiment; ce serait là une belle affaire!...

Jeudi, 22 février.

Cependant le lieu des séances venait d'être changé, et une forte garde avait été placée à l'huis de la grand'salle dite des *préparatoires*. Le tumulte effroyable, les scandaleuses interruptions du premier interrogatoire, avaient exigé, disaient les juges, qu'on prît cette mesure pour empêcher que ces scènes de désordre ne se renouvelassent. C'était du moins la raison que ceux-ci donnaient en faisant sonner bien haut l'apparente protection qu'ils semblaient accorder à l'accusée. Mais, en réalité, un autre motif, ou plutôt une manœuvre infernale était la cause véritable du changement qui avait lieu.

Et, en effet, bien que les tabellions se fussent refusés à enregistrer les réponses de l'accusée, en leur donnant un sens qu'elles n'avaient pas, qu'elles ne pouvaient avoir, cependant les ennemis implacables de cette infortuné n'avaient pas renoncé à l'infâme projet de dénaturer ses paroles. Ces juges iniques s'étaient dit : *Apostons* dans un lieu secret des gens affidés qui rédigeront selon notre *bon plaisir* les réponses de Jeanne, puis nous menacerons les tabellions du courroux du gouvernement anglais si leur rédaction diffère de celle des hommes dévoués qui se seront prêtés *à tout* pour seconder nos vues.

Quand des méchants haut placés ourdissent une trame, ils trouvent toujours facilement à leur disposition quelque grand scélérat pour agir. L'Oiseleur, ce traître à Dieu et à son roi, ce monstre qui avait déjà abusé si criminellement de la confiance de Jeanne, fut ce grand scélérat. Mais pour réussir à commettre *le faux* en question, il fallait dérober l'infâme *faussaire* aux regards de celle près de laquelle il remplissait, sous les verrous, un rôle bien différent, celui d'un ami, ou plutôt d'un traître se couvrant du masque de l'amitié. Il fallait que l'Oiseleur, lorsqu'il rédigerait ses notes accusatrices et mensongères, ne pût être apercu de l'accusée.

Or il est bon de savoir que la disposition intérieure de la chapelle du château ne se serait prêtée que très difficilement à pouvoir jouer cette odieuse comédie, c'est-à-dire à dérober à tous les regards l'acteur éhonté du drame odieux qu'on avait inventé, tandis que la nouvelle salle dont on venait de faire choix offrait une distribution qui se prêtait merveilleusement bien à la trame que l'on machinait. Toujours est-il qu'on plaça le bureau des secrétaires dans l'embrasure d'une haute fenêtre ogivale, décorée de vitraux de couleurs qui ne laissaient passer qu'un jour incertain, et qu'on rendit encore plus sombre au moyen d'une épaisse draperie. Ce fut derrière cette draperie, véritable piége de loup, que se blottit comme dans une trappe l'infâme l'Oiseleur.

Les juges venaient d'entrer en séance; ce jour-là, ils étaient au nombre de quarante-huit (1). Les tabellions s'assirent aux pieds de l'évêque Pierre Cauchon, et un certain Jean Monnet prit place à côté d'eux, en qualité de clerc secrétaire d'un des juges, Jean Beaupère. On en verra plus loin la raison.

Tout étant ainsi disposé, la séance fut ouverte et l'accusée amenée par Jean Massieu.

— Jeanne, s'écrie l'évêque, nous vous requérons sous les peines de droit de réitérer le serment que vous avez prêté hier, et de plus de jurer de dire la vérité sur tous les chefs de l'accusation.

— Le serment que j'ai prêté hier ne doit-il pas vous suffire ?...

— Je vous requiers de jurer de nouveau, s'écrie l'évêque d'une voix tonnante. Personne, fût-il prince, ne pourrait refuser de faire ce serment.

— Ah! c'est trop! répond Jeanne en soupirant, vous abusez d'une pauvre fille... Toutefois, puisque vous l'exigez, je vais réitérer mon serment, mais seulement en ce qui regarde les choses qui touchent la foi...

— Ce n'est pas assez, il faut jurer sur tout.

(1) Les six nouveaux juges étaient Jean Pichon, Jean Gérouît, abbé des Petits-Prés; l'abbé Guillaume l'Hermite, Guillaume des Jardins, Robert Morelet et Jean Roy, chanoine de Rouen.

— Seigneur évêque, point ne ferai; passez outre, je vous prie.

Et en disant ces mots l'accusée s'est rassise.

Le prélat jugeant qu'il était impossible d'obtenir davantage, n'insista pas, et s'adressant à l'un des juges, nommé Jean Beaupère, l'engagea, au grand étonnement de l'assemblée, à diriger ce jour-là l'interrogatoire. Toutefois il était évident que cela avait été concerté à l'avance, et que Jean Monnet, dont nous avons parlé plus haut, n'était là que pour enregistrer pour son patron les réponses de Jeanne. Il était encore de toute évidence qu'en donnant ce nouvel interrogateur à Jeanne, le but avait été de la troubler, de l'intimider, de rendre encore plus difficiles ses réponses, de *paralyser*, en un mot, ses moyens de défense.

Jean Beaupère prit la parole.

— Jeanne, nous vous exhortons à répondre avec sincérité; vous venez d'en faire le serment; songez-y bien : le violer, ce serait aggraver votre position; ce serait imposer à vos juges un rigoureux devoir... Jeanne, mon enfant, croyez-nous, dites la vérité, toute la vérité, rien que la vérité.

Mais l'accusée, qui a juré de ne répondre que sur les choses touchant la foi, et qui a bien le droit, comme tout prévenu, dans *l'intérêt* de sa propre conservation, de ne pas se compromettre, répond :

— Vous pourriez me demander telles choses sur lesquelles je dirais la vérité; mais il en est d'autres aussi sur lesquelles j'ai le droit de ne pas m'expliquer... Au reste, si vous étiez bien informés, vous dévriez plutôt désirer que je fusse hors de vos mains; car je n'ai point failli que je sache, et n'ai agi que par *révélation*...

A cette réponse ferme et prudente, Jean Beaupère paraît réfléchir un instant, jette ensuite un coup d'œil d'intelligence à Pierre Cauchon, qui lui répond par un signe de tête, puis reprend ainsi :

— Jeanne, dites-nous, quel âge aviez-vous quand vous partîtes de la maison paternelle?

— Je ne saurais trop dire...

— Apprîtes-vous quelque métier dans votre jeunesse?

— A coudre et à filer, et ne craindrais femme au monde pour ces deux ouvrages (1).

— Pourquoi allâtes-vous à Neuf-Château en Lorraine?

— Pour fuir les Bourguignons qui avaient envahi notre village.

— Fîtes-vous ce voyage avec vos parents?

— Oui, bien certainement, et même accompagnée de tous les habitants de Domremy, qui fuyaient comme nous leurs plus cruels ennemis (2).

— Combien de temps restâtes-vous à Neuf-Château?

(1) Nous ferons observer, une fois pour toutes, que ces réponses si naïves et si pleines de candeur de Jeanne sont extraites mot pour mot des grosses du procès de condamnation.

(2) Cette demande et cette réponse ne sont point dans l'original du procès, sans doute par une malice de l'évêque, qui voulait donner à entendre que Jeanne s'était enfuie toute seule du toit paternel.

— Cinq jours (1).

— Quelles étaient vos occupations dans la maison paternelle?

— Je vaquais aux soins du ménage et je conduisais les brebis dans les champs.

Après quelques instants de silence, pendant lequel les juges se parlent à voix basse, Jean Beaupère s'écrie :

— Jeanne, dites-nous, confessiez-vous souvent vos péchés? A qui accordiez vous votre confiance?

— A mon curé, et ne manquais jamais de faire mes pâques.

— Communiiez-vous à d'autres solennités?

— Passez outre, je vous prie, répond en baissant les yeux la jeune bergère, qui paraît visiblement contrariée de cette question au moins indiscrète.

Cependant quelques murmures venaient d'éclater au sein de l'assemblée... Plusieurs voix s'étaient écriées qu'il fallait que l'accusée répondît catégoriquement aux questions qui lui étaient faites, et que bon gré mal gré elle y répondrait si elle ne voulait se mettre dans un plus *méchant* cas que celui où elle se trouvait...

Après une assez longue interruption, pendant laquelle l'évêque et Jean Beaupère échangent quelques mots, l'interrogatoire est continué.

— Jeanne, qui a pu vous engager à aller trouver

(1) Ce laps de temps est à remarquer et dément les allégations des auteurs qui veulent que Jeanne ait été *plusieurs années* servante dans une auberge.

Charles de Valois, et à quitter ainsi vos père et mère?

— *Mes révélations... mes voix...* répond sans hésiter la bergère.

— Vos *révélations?...* vos *voix?...* Nous voudrions bien savoir ce que vous entendez par là.

— Que le ciel, que Dieu lui-même m'ordonnait d'aller trouver le roi de France, et...

Jeanne ne peut achever : un grand tumulte se manifeste soudain dans l'audience; des cris, des clameurs se font entendre... Plusieurs juges se lèvent de leurs siéges; l'apostrophent vivement... quelques uns s'oublient même jusqu'à s'écrier qu'elle ment, qu'elle veut en imposer... d'autres, plus perfides, répètent plusieurs fois avec affectation qu'elle est possédée du démon, qu'elle est une magicienne, que toutes ses réponses le prouvent... Quant à Pierre Cauchon, son sourire ironique dit assez tout ce qu'intérieurement il éprouve de joie de voir Jeanne compromise, en quelque sorte, par ses réponses.

Cependant Jean Beaupère, tout en se félicitant intérieurement d'avoir provoqué ces *imprudents aveux* de l'accusée, fait tout ce qui est en son pouvoir pour rétablir le calme et obtenir encore d'autres aveux de la pauvre jeune fille... Enfin, après une assez longue interruption, pendant laquelle le sang-froid de celle-ci ne se dément pas un instant, Jean Beaupère peut reprendre l'interrogatoire.

— Jeanne, s'écrie-t-il avec ce ton de bonhomie qui appelle la confiance, Jeanne, nous serions bien aises que vous entriez dans quelques détails sur vos *révélations* et sur l'époque à laquelle vous commençâtes à les avoir... Surtout, dites-nous la vérité, nous sommes tous ici pour l'entendre.

— A l'âge de treize ans, répond avec candeur la bergère, j'eus *une voix* de Dieu pour m'aider à me gouverner, et la première fois j'eus grand' peur... Cette *voix* vint à l'heure de midi; on était en été, je me trouvais dans le jardin de mon père... Remarquez, je vous prie, que je n'avais point jeûné ni ce jour-là ni le jour précédent. J'entendais *la voix* à droite vers l'église; rarement je l'entendais sans voir une grande clarté...

Si j'étais dans les bois, j'entendais aussi fort bien *la voix* venir à moi... au reste, tout me disait que c'était une sainte *voix*, qu'elle venait de la part de Dieu... Toutefois, je finis par reconnaître que c'était *la voix* d'un ange... elle m'a toujours bien inspirée, et je comprends fort bien tout ce qu'elle m'annonce.

A ces aveux de l'accusée, de violents murmures s'élèvent dans l'assemblée.

— Quel enseignement vous donnait *la voix?* s'écrie Jean Beaupère.

— De me bien conduire... elle me disait encore de venir en France...

— Sous quelle forme *la voix* vous apparaissait-elle?

— Je ne puis répondre à cette question.

En ce moment l'interrogatoire est de nouveau interrompu par les interpellations inconvenantes de quelques juges, irrités du refus de Jeanne de répondre à la question qui venait de lui être faite, et de toutes les parties de la salle une multitude de questions discordantes sont adressées à la pauvre jeune fille... Dans l'impossibilité physique de répondre à toutes ces questions qui lui sont adressées à la fois, celle-ci d'un ton suppliant s'écrie : — Ah! beaux seigneurs, de grâce faites l'un après l'autre ! (*Historique.*)

Et les *beaux seigneurs* de ne tenir compte de la prière de l'accusée, qui ressemble en ce moment à la biche timide assaillie par une meute de chiens dévorants.

Cependant un peu de calme succède à cette tempête; de nouveau Jean Beaupère prend la parole :

— Jeanne, s'écrie-t-il d'un ton doucereux, Jeanne, mon enfant, parlez-nous des circonstances qui précédèrent votre départ; votre père le sut-il?

— Mon père n'en sut rien ; mais *la voix* me pressait si fort de partir, que je ne pouvais plus durer où j'étais. Elle me répétait sans cesse que je ferais lever le siége d'Orléans.... qu'il fallait que j'allasse à Vaucouleurs trouver Robert de Beaudricourt, capitaine de ladite ville... qu'il me donnerait des gens pour m'accompagner... En vain je répondis que j'étais une pauvre fille qui ne savais ni chevaucher ni faire la guerre... *Les voix* insistaient toujours. Je pris enfin le parti d'aller trouver un oncle, du nom de Laxart, qui m'affectionnait beaucoup, et dans lequel j'avais une grande confiance... Je restai huit jours chez lui; je le priai tant de me conduire à Vaucouleurs, qu'il y consentit. Je reconnus tout d'abord Robert de Beaudricourt, quoique je ne l'eusse jamais vu auparavant : c'étaient *mes voix* qui me le disaient. Je lui annonçai qu'il fallait que j'allasse en France ; mais il me renvoya jusqu'à deux fois. Voyant que je ne me rebutais pas, la troisième fois, il m'accueillit et me bailla des gens. *Mes voix* m'avaient dit tout cela. Enfin, je partis de Vaucouleurs, ayant pour toute arme l'épée que m'avait donnée Robert de Beaudricourt, et en la compagnie d'un chevalier, d'un écuyer et de quelques serviteurs. J'ajouterai encore que j'avais pris des vêtements d'homme...

— Eh! qui vous avait permis de prendre un tel habit? s'écrie alors Jean Beaupère d'un ton sévère et en interrompant vivement l'accusée.

— Je ne me crois pas obligée de le dire... Toutefois, je puis vous répondre que c'était par décence.

A ces mots, un tumulte effroyable s'élève soudain dans l'audience ; une multitude de questions inconvenantes et de grossières invectives sont adressées à Jeanne... En vain, elle s'écrie avec modestie qu'elle ne peut entendre à tant de personnes à la fois... On ne tient aucun compte de ses justes réclamations, et le tumulte, s'il est possible, redouble encore, au point que les tabellions ne peuvent prendre note ni des questions ni des réponses.

Après une longue interruption, Jean Beaupère ordonne à l'accusée de continuer son récit.

— Robert de Beaudricourt, reprend alors celle-ci, me recommanda à ceux qui m'accompagnaient, et leur fit jurer de me conduire *bien et sûre-*

ment. Puis, comme je prenais congé de lui, il s'écria : — *Va, Jeanne, va, et advienne que pourra.* Toujours est-il que j'arrivai sans empêchement à Chinon, où mon roi tenait alors sa cour. Vers le soir, je me rendis au château, et, tout d'abord, en entrant dans la salle où ce prince était entouré de ses courtisans, je le reconnus : c'étaient encore *mes voix* qui me le révélèrent.

Quelques murmures s'étant fait entendre de nouveau (car chaque fois que Jeanne parlait de ses révélations, cela excitait la colère des juges), Jean Beaupère profite de cette interruption pour demander à l'accusée si, quand *la voix* lui désigna le roi, il y avait quelques lumières en ce lieu.

— Passez outre, je vous prie.

— Vîtes-vous quelque ange, quelques signes sur la tête de votre roi?

— Épargnez-moi, je vous supplie... D'ailleurs je ne dois pas vous dire et je ne vous dirai pas *les révélations* que le roi peut avoir eues...

— Votre roi eut des *révélations*?

— C'est ce que je ne vous dirai pas, bien que je sache qu'il en ait eu beaucoup et de fort belles... Quant à moi, je puis vous assurer que *mes voix* me guidèrent et me conseillèrent toujours bien. Ainsi elles me dirent, entre autres, de demeurer à Saint-Denis... je le désirais aussi; mais contre ma volonté, les chefs français m'entraînèrent, et, quelques jours après, je fus blessée sous les murs de Paris.

— N'était-ce pas un jour de fête?

— Je crois bien que oui.

— Pensez-vous que ce fût bien d'avoir combattu un tel jour?

— Passez outre, il ne m'appartient pas de décider ce cas.

Quelques voix interpellèrent alors grossièrement l'accusée sur ce qu'elle refusait de répondre... Mais l'incident n'eut pas de suite, l'évêque ayant déclaré l'interrogatoire suspendu.

Bien que cette séance eût été fort orageuse, la scène qui en résulta le fut encore davantage. Et, en effet, l'évêque *se courrouça grandement* et se mit dans une violente colère, quand, sur le soir, les minutes des deux tabellions, ayant été comparées avec celles du traître l'Oiseleur, l'homme au rideau, il se trouva de notables différences dans celles de ce dernier, et, on le devine, toutes au désavantage de Jeanne... Toutefois, grâce à la fermeté des tabellions, leur rédaction fut maintenue, et le perfide prélat fut réduit à défendre d'insérer dans les séances suivantes telle ou telle des réponses de l'accusée qu'il disait être inutiles au procès, mais qui eussent été cependant favorables à celle-ci.

CHAPITRE IV.

Le langage d'un cœur pur a je ne sais quel parfum de sagesse qui semble venir d'en-haut.

Samedi, 24 février.

Ce jour-là le nombre de juges s'était encore accru. Il se montait à soixante (1), et cependant six (2) de ceux qui s'étaient trouvés aux deux précédents interrogatoires n'assistaient point à celui-ci : ce qui prouve qu'on ne cessait de recruter des juges ou plutôt des gens vendus à l'Anglais pour perdre l'accusée.

La séance ne fut pas plus tôt ouverte que l'évêque Cauchon, prenant un ton sévère, somma Jeanne de jurer sans aucune condition ni res-

(1) Voici les noms des nouveaux juges : Erard Ermangard, Jean Carpentier, Denis de Sabnuras, Thomas de Courcelles, Guillaume de Baudribosc, Nicolas Medici, Richard le Gaigneur, Jean Duval, Guillaume le Maître, l'abbé de Saint-Ouen, l'abbé de Saint-Georges des Prés, le prieur de Saint-Lô, le prieur de Sagy, Jean du Quesnin, Richard des Saussaies, Nicolas Maulin, Pierre Carré, Burel de Corneilles et Nicolas de Soville.

(2) Richard de Grouchy, Pierre Minier, Jean Pigache, Jean Basset, Jean Brulot et Guillaume des Jardins.

triction de dire la vérité sur tout ce qui lui sera demandé.

Cet acharnement du prélat était un abus manifeste de la force, une prétention exorbitante; et en effet, on pouvait poser ce dilemme : le serment prêté par l'accusée dans les précédents interrogatoires était suffisant, ou ne l'était pas. Dans le premier cas, pourquoi en exiger un second? Dans l'autre hypothèse, pourquoi s'en était-on contenté?

Quoi qu'il en soit, Pierre Cauchon, se disant le juge de Jeanne, titre qu'il fait sonner bien haut, vient de renouveler sa sommation pour la troisième fois, sans pouvoir rien obtenir, mais non sans exciter une violente rumeur parmi les juges, qui, vendus pour la plupart, enragent de trouver tant de fermeté dans celle dont ils ont juré la perte. Enfin, pressée, déconcertée, réduite aux abois par les menaces qui lui sont adressées de tous côtés, Jeanne demande humblement la parole... Elle lui est accordée.

— Beaux seigneurs, s'écrie-t-elle, vous me pourriez demander telles choses que je ne pourrais vous dire, et...

A ces mots, de violents murmures éclatent de nouveau au banc des juges; de vives interpellations sont adressées à l'accusée... Après une assez longue interruption, le calme s'étant rétabli peu à peu, celle-ci continue ainsi :

— Car enfin, si je vous révélais certaines circonstances, peut-être vous dirais-je ce que j'ai juré de ne pas dire... Je serais donc parjure... je violerais mes serments, ce que vous ne devez pas vouloir.

Puis se tournant du côté de Pierre Cauchon, la jeune bergère reprend avec feu :

— Quant à vous, seigneur évêque, réfléchissez bien à la grande responsabilité que vous assumez sur votre tête, lorsque vous vous dites mon juge; car vraiment vous ne pouvez l'être, ou plutôt vous abusez de votre force.

— Jeanne! Jeanne! vous vous oubliez! s'écrie l'évêque rouge de colère, je ne fais que remplir mon devoir de juge, de juge légitime, et...

— Vous êtes mon ennemi personnel, répond l'accusée avec véhémence et en interrompant vivement le prélat; vous êtes mon ennemi personnel, ainsi donc, je vous le répète, vous ne pouvez être mon juge.

— Je suis votre juge par le commandement du roi d'Angleterre, qui a ordonné que je vous fisse votre procès, et je le ferai ainsi que je dois le faire.

— Eh bien ! je vous récuse.

— Vous me récusez ?

— Oui, je vous récuse, parce que, encore une fois, vous êtes mon ennemi politique, ainsi que de tous ceux qui suivent la noble bannière de Charles.

— Jeanne, c'est trop fort! s'écrie-t-on de tous côtés; vous manquez au seigneur évêque; vous l'outragez...

— Vous m'interpellez de dire la vérité; eh bien ! la voilà (1).

(1) Il est vraisemblable que plusieurs paroles de Jeanne ont été

A ces énergiques paroles, des cris, de vives clameurs partent du banc des juges, d'horribles menaces se font même entendre... C'était, il faut en convenir, le comble de la lâcheté de menacer une pauvre jeune fille dans les fers; mais pouvait-on s'en étonner de la part de gens qui déshonoraient ainsi la dignité du magistrat? Toujours est-il que la tempête excitée par les courageuses paroles de l'accusée avait dépassé tout ce qu'on avait vu dans les séances précédentes, que le calme fut longtemps, cette fois, à se rétablir, et que ce ne fut qu'à grand'peine que Pierre Cauchon put obtenir un peu de silence et continuer l'interrogatoire.

— Jeanne, nous vous requérons de nouveau, s'écrie-t-il, de jurer simplement et absolument.

— N'ai-je donc pas assez juré? répond l'infortunée d'un ton suppliant.

— Nous vous accordons de prendre conseil des assistants pour savoir si vous devez jurer ou non.

— Je ne puis... je ne le dois... je me parjurerais...

— Jeanne, vous vous rendez suspecte, si vous continuez à refuser.

— Je n'ai rien à faire ici; abandonnez-moi au jugement de Dieu qui m'a envoyée.

— Je vous requiers d'obtempérer à ma demande, sous peine d'être tenue pour convaincue de tout

retranchées en cet endroit; c'est aussi l'opinion de M. Le Brun des Charmettes. Fidèle à notre système, nous avons rétabli cette lacune d'après les probabilités.

ce dont vous êtes accusée, s'écrie de nouveau le prélat d'une voix tonnante.

—Passez outre, je vous supplie, seigneur évêque, passez outre, répond la pauvre bergère en sanglotant.

— Jeanne, votre refus vous expose à un grand péril... Croyez-moi, faites le serment que nous exigeons de vous.

— Eh bien! je suis prête à jurer de dire la vérité, *mais seulement en ce qui concerne le procès*... Vous n'aurez rien de plus.

L'accusée se rassied alors, et garde un profond silence... Ce que voyant Pierre Cauchon, il est contraint de passer outre.

L'interrogatoire est alors confié à Jean Beaupère.

— Jeanne, s'écrie-t-il, nous nous contentons pour cette fois de votre serment, et nous allons passer à un autre objet. Dites-nous, à quelle heure avez-vous fait votre dernier repas?

— Hier, après-midi.

— Depuis quand avez-vous entendu *la voix* qui vient à vous?

— Je l'ai entendue hier et aujourd'hui.

— Que faisiez-vous alors?

— Je dormais; elle m'a éveillée.

— Est-ce en vous touchant?

— Non.

— Que vous a dit *cette voix?*

— De vous répondre hardiment.

Puis, comme si l'accusée eût voulu mettre en pratique ce conseil, elle s'écrie avec feu en se tournant vers l'évêque :

— Vous vous dites mon juge; prenez garde!!! En vérité! vous vous mettez en grand danger, car c'est Dieu qui m'envoie.

Pour toute réponse, le prélat se contente de froncer le sourcil... A le voir, on aurait dit un vieux matou qui se rebiffe.

Jean Beaupère reprend :

— Est-ce *la voix* qui vous défend de répondre à certaines questions?

— Je ne puis vous le dire.

— *Cette voix* que vous entendez est-ce celle d'un ange ou vient-elle immédiatement de Dieu?

— Elle vient de la part de Dieu... Je le crois aussi fermement que je crois à l'Évangile.

— Penseriez-vous déplaire à Dieu en disant la vérité?

— Je vous répondrai que *mes voix* m'ont commandé de dire certaines choses à mon roi et non à vous...

A une demande aussi astucieuse, il était impossible de faire une réponse plus prudente.

— *Votre voix* vous a-t-elle conseillé de vous évader de prison?

—Vraiment! croyez-vous que j'irai vous le dire?...

— Quand vous entendez *la voix*, voyez-vous quelque chose?

— Je ne puis vous répondre; je n'en ai pas la permission... Tout ce dont je puis vous assurer, c'est que *cette voix* est *bonne* et *digne*...

— C'est donc un *être* animé que cette voix ?

— Je ne puis vous répondre...

L'interrogatoire est alors interrompu par les violents murmures qui s'élèvent au banc des juges... Une grande agitation règne parmi eux. Il est aisé de s'apercevoir qu'ils éprouvent un extrême déplaisir de trouver tant de prudence dans une pauvre jeune fille, et surtout de voir le ton d'inspiration qui l'anime en parlant de *ses voix* et de *ses apparitions*.

Après quelques mots échangés à voix basse avec l'évêque, Jean Beaupère continue ainsi :

— Jeanne, savez-vous être en la grâce de Dieu?

— Vraiment, répond celle-ci avec modestie, c'est une chose bien sérieuse que de répondre à une telle question...

La prudente hésitation de l'accusée est le signal de nouveaux murmures... Des interpellations multipliées lui sont adressées... Un certain abbé de Fécamp est du nombre de ceux qui montrent le plus d'acharnement contre elle... La plupart des juges semblent même se faire un jeu de la fatiguer par des questions incohérentes. Mais Jean Fabry, un de ceux-ci, jugeant les réponses de Jeanne suffisantes, ne peut s'empêcher de dire assez haut : — Ah ! vraiment ! c'est trop ! c'est trop fort !

— Taisez-vous ! s'écrient alors une multitude de voix, taisez-vous, vous n'êtes pas ici pour soutenir cette femme...

— C'est une bien grave question que celle que vous venez de lui faire, répond courageusement

Jean Fabry, et je ne sache pas qu'elle soit obligée d'y répondre autrement qu'elle n'y a répondu.

— Vous feriez mieux de vous taire ! s'écrie alors Pierre Cauchon avec l'accent d'une colère concentrée, et en jetant à Jean Fabry un regard flamboyant. (*Historique.*)

Cependant, par suite de ces vives et irritantes interpellations, le tumulte, loin de se calmer, s'est accru... C'est vraiment pitié ; c'est à vous pénétrer d'indignation de voir l'animosité qui perce dans toutes les questions adressées à Jeanne... Pressée de plus en plus de dire si elle se croit être en la grâce de Dieu, elle prend de nouveau la parole, et, au milieu des cris, des vociférations de tous ces enragés, elle s'écrie avec autant de modestie que de sagesse :

— Si je ne suis pas en la grâce de Dieu, qu'il daigne m'y recevoir ; si j'ai le bonheur d'y être, qu'il lui plaise de m'y maintenir !!!

A ces paroles sublimes, dignes d'être écrites en lettres d'or, succède comme par enchantement le plus profond silence... Chacun se regarde saisi d'étonnement, et quelques juges de ceux qui n'étaient pas vendus à l'Anglais sont saisis d'admiration... Pierre Cauchon lui-même, l'infâme Pierre Cauchon demeure stupéfait... Ainsi que tous ses satellites, il ne sait ce qu'il doit penser des paroles toutes pleines de sagesse qu'il vient d'entendre de la bouche d'une pauvre bergère.

Toujours est-il que l'interrogatoire reste longtemps suspendu... Il est difficile, en effet, ou plutôt il est impossible d'accuser sérieusement de crimes infâmes celle qui tient un pareil langage : aussi Jean Beaupère juge-t-il à propos de passer à un autre sujet.

— Jeanne, s'écrie-t-il, dites-nous, alliez-vous dans votre enfance vous ébattre aux champs avec les jeunes filles de votre âge?

— Vraiment oui.

— Ceux de Domremy tenaient-ils pour le parti bourguignon?

— Non, certes! car je n'ai jamais vu dans tout le village qu'un seul homme qui fût de ce parti, et j'aurais désiré qu'il mourût de male-mort, si toutefois cela avait plu à Dieu (1).

Des murmures se font alors entendre... des menaces sont même adressées à l'accusée...

— *Vos voix* vous disaient donc de haïr les Bourguignons?

— Cela était inutile... D'ailleurs je comprenais fort bien que *mes voix* étaient pour le roi de France.

— N'étes-vous jamais allée avec les jeunes garçons combattre ceux du village voisin qui étaient du parti bourguignon?

— Je n'en ai pas souvenance.

— Mais n'eûtes-vous pas toujours grande envie de leur nuire?

— J'avais beaucoup d'affection pour mon roi et grand désir qu'il recouvrât son royaume.

(1) Historique. Toutefois M. Le Brun des Charmettes pense que cette réponse a été intercalée pour nuire à Jeanne.

— Auriez-vous voulu être homme quand vous dûtes venir en France?

— Q'avez-vous besoin de savoir cela ?

— Dites-nous, Jeanne, qu'est-ce qu'un certain arbre dont on raconte des merveilles et qui est près de votre village?

— C'est l'*arbre des Dames*, que d'aucuns appellent l'*arbre des Fées*... Une claire fontaine coule tout proche. J'ai ouï dire que les malades buvaient de cette eau pour recouvrer la santé, et que, dès qu'ils pouvaient se lever, ils allaient s'asseoir sous l'arbre en question... C'est un grand hêtre, voilà pourquoi on le nomme aussi *le beau Mai.* Il appartient au sire de Bourlemont, chevalier. Bien souvent, en compagnie d'autres jeunes filles, j'ai tressé sous cet arbre des couronnes de fleurs pour l'image de la Vierge. Souventes fois aussi mes compagnes et moi avons suspendu ces couronnes à ses rameaux touffus. Depuis ma tendre enfance, je ne crois pas avoir jamais dansé sous *le beau Mai;* car dès que mes *voix* m'eurent dit que je devais me rendre en France, je pris peu de part à tous ces amusements.

J'ai bien ouï dire aussi plusieurs fois à de vieilles gens du pays, mais qui n'étaient pas de ma famille, que les fées *conversaient* jadis en cet endroit... J'ai même ouï raconter à une bonne femme, c'était ma marraine, qu'elle *croyait* les y avoir vues, il y a bien longtemps... mais je ne sais si elle disait cela en plaisantant. Quant à moi, je n'ai jamais vu de fées sous le beau Mai...

Il y a encore près de la chaumière de mon père un bois appelé *le Bois chenu*. Je n'ai pas entendu dire que les fées le fréquentassent; mais j'ai su par mon frère qu'on prétendait *que j'avais pris mon fait* sous l'arbre des fées : ce qui, certes ! n'est pas. Toutefois, quand je vins vers mon roi, d'aucuns s'informèrent s'il n'y avait pas dans mon pays *le Bois chenu?*... On me demandait cela, parce qu'il existait une ancienne prophétie qui disait que, des environs de ce bois, devait venir une jeune fille qui ferait des choses merveilleuses...

Jeanne se tut; son langage respirait d'un bout à l'autre la vérité : aussi Pierre Cauchon jugea-t-il à propos de ne faire aucune réflexion sur tout ce qu'il venait d'entendre, et de clore la séance qui avait été fort longue. Toutefois, avant de renvoyer l'accusée dans sa prison, on lui demanda insidieusement si elle voulait prendre une robe de femme?... — Je ne demande pas mieux, répondit-elle, si on me donne la liberté; car je ne peux et ne veux m'en revêtir qu'à cette condition.

Pour le moment, cet incident n'eut pas de suite.

CHAPITRE V.

Les conseils d'un homme sage irritent encore davantage les méchants.

Cependant maître Jean Lohier, docteur célèbre, *solemnel clerc*, comme on disait alors, venait d'arriver dans la ville de Rouen. Sans perdre de temps, Pierre Cauchon s'empressa de l'aller voir pour converser avec lui du procès de Jeanne. Tout ce qui avait été écrit jusqu'à ce jour, touchant la cause, fut communiqué audit docteur avec prière de donner son avis. Mais, en homme probe et discret, celui-ci demanda au seigneur évêque *dilacion de deux ou trois jours pour bien voir et examiner...*

Au bout de ce temps, ayant été requis de dire ce qu'il pensait, maître Lohier s'écria tout net, au nez du prélat, que le procès *ne valait rien*, et ce pour de bonnes raisons.

— Si maître Lohier voulait s'expliquer plus catégoriquement, fit Pierre Cauchon qui déguisait mal son dépit.

— Volontiers, répondit le docteur qui s'aperçut à qui il avait affaire.

— Surtout parlez clairement, maître Lohier, et

déduisez par *le menu* toutes vos raisons. Nous avons moult envie de les connaître, ajouta encore le prélat qui pouvait à peine se contenir.

— Volontiers, volontiers, seigneur évêque; seulement veuillez nous prêter attention, et peser mûrement les motifs qui nous font dire que le procès ne vaut rien.

Et d'abord :

« On ne suit point les formes d'un procès ordinaire...

» Il n'y a pas eu d'informations... et elles étaient » de droit... »

Pierre Cauchon se garda bien de répondre qu'il y en avait eu, parce qu'il eût fallu les produire et qu'elles étaient favorables à l'accusée.

« Le procès est traicté en lieu clos et fermé, où » les assistants n'ont pas la liberté de dire leur vo» lonté...

» On attaque en icelle matière l'honneur du roy » de France, duquel Jeanne tient le parti, sans ap» peler ce prince ni aucun qui fust de par luy...

» Libelle ni article n'ont point été baillés, et n'a » aucun conseil icelle femme, qui est une pauvre » fille trop simple pour répondre à tant de docteurs » sur des matières si relevées, et, *par espécial*, sur » celles qui touchent *les révélations...* »

Et pour ce, seigneur évêque, il me semble, dit maître Lohier en s'inclinant, que le procès en question n'est pas valable.

— Vous pourriez vous tromper, s'écria le prélat rouge de colère, car je connais certains clercs qui en savent autant et plus que vous, qui sont d'un avis tout différent.

— Il est facile d'en savoir autant et plus que moi, répondit avec calme le docteur; mais cela ne prouve pas grand'chose, et encore moins que le procès soit bon et traité dans les formes voulues.

— Maître Lohier, votre avis est peu de chose, et nous n'en tiendrons cas, fit Pierre Cauchon avec le ton du mépris.

— Comme il vous plaira, seigneur évêque, reprit le docteur en s'inclinant derechef et en faisant mine de s'en aller.

— Demeurez!.. Bien que vous n'approuviez pas notre manière de procéder, cependant nous voudrions que vous restassiez « pour *voir démener* le » procès. »

— Non pas, seigneur évêque, veuillez m'excuser.

— Et pourquoi?

— Vraiment! si nous demeurions, on pourrait bien dire que nous vous approuvons.

— Le grand mal!

— C'est ce que nous ne voulons pas.

— Maître Lohier, en vous séparant de nous, vous prenez un laid chemin.

— Seigneur évêque, nous n'y pouvons que faire, c'est celui que nous trace notre conscience.

— Je vous le répète, vous vous mettez dans un fort mauvais cas, et même en péril...

— Notre devoir et l'honneur avant tout.

— C'est donc à dire, à vous entendre, que nous

ne faisons pas le nôtre et que nous nous déshonorons ?

— Je ne dis pas cela... et n'ai pas le droit de juger, encore moins de condamner le seigneur évêque... mais je puis et j'ai le droit de me retirer.

— Eh bien ! on saura se passer de vous, et de tous les Lohier du monde, s'écria le prélat qui crevait de colère... Mais prenez garde... je vous en avertis... prenez garde à vous !...

— Le seigneur évêque n'a rien autre chose à m'ordonner ?

— Non ! répondit d'un ton sec Pierre Cauchon en tournant le dos au docteur ; retirez-vous !

— Veuillez agréer ma révérence, seigneur évêque ; et ce disant, maître Lohier s'est incliné profondément et s'est dirigé vers l'huis.

Maître Lohier était à peine hors du logis de Pierre Cauchon, que ce dernier qui étouffait, ou plutôt, qui avait le plus grand besoin, pour ne pas étouffer de rage, d'aller conter en l'envenimant le beau dialogue qui venait d'avoir lieu entre lui et le docteur, s'en fut tout d'un trait chez les principaux juges, et là se débarrassa, à grand renfort de paroles, de la bile que venait de lui mettre en mouvement le calme de celui-ci ; car sans doute vous n'êtes pas sans l'avoir déjà éprouvé : il y a de quoi se donner à tous les diables de l'enfer que d'être en colère vis-à-vis de quelqu'un qui daigne à peine s'en apercevoir... c'est à n'y pas tenir... c'est à se doner, ou plutôt c'est à donner mille coups de poignard à son perfide interlocuteur... Dieu et ses saints vous préservent à jamais de la colère, et surtout des plegmatiques, car ils sont, par ma foi, les traîtres de la conversation.

Toujours est-il que le seigneur évêque maugréait comme un damné au milieu de tous ses acolytes en jaquette noire, et d'une voix de stentor s'écriait : — « La belle affaire vraiment, *vela* Lohier qui » nous veult bailler belles interlocutoires en nostre » procès... Il veult tout nous *calompnier...* et dit » qu'il ne vault rien... Si on le vouloit croire, il faul- » droit recommencier tout ce que nous avons fait... » On voit bien de quel pied il cloche, le docteur... » Mais, par saint Jehan! nous n'en ferons rien... nous » continuerons nostre procès bel et bien comme il » est jà commencié... »

Et tous les juges d'applaudir à ce beau discours et de donner gain de cause à la faconde, et à la mâle éloquence du seigneur évêque.

Quant à maître Jean Lohier, il s'était hâté de quitter Rouen, où ses jours n'étaient plus en sûreté; quelques misérables, soudoyés par les Anglais, l'ayant menacé de le jeter à l'eau... Mais, avant de partir, il dit tout haut à qui voulait l'entendre que la haine était le principal mobile du procès intenté à Jeanne... qu'il était facile de voir que ses juges *cherchaient à la surprendre...* et ce bien plus encore par ses paroles que par ses actions, qui étaient toutes irréprochables... En définitive, maître Lohier alla finir ses jours à Rome, où il mourut en grand honneur, après avoir été doyen du tribunal ecclésiastique de La Rote.

Quant à la pauvre Jeanne, qu'elle fût devant ses juges ou sous les verrous, elle était toujours traitée avec la même barbarie. On allait même, le croirait-on? jusqu'à lui ôter les moyens de remplir ses devoirs religieux. Privation d'autant plus cruelle que, dans son affreuse position, elle avait plus besoin que jamais des consolations qu'une âme pieuse trouve au pied des autels.

Toutefois, au milieu des bourreaux dont cette infortunée était entourée, l'appariteur Jean Massieu faisait une honorable exception. Vivement touchée de l'humanité qu'il déployait dans ses fonctions, un jour Jeanne lui demanda s'il ne serait pas possible qu'elle visitât une des églises qui se trouvaient sur son passage, lorsqu'elle quittait sa prison pour comparaître devant les juges. Celui-ci répondit avec bonté qu'il la ferait entrer le lendemain dans la chapelle du château. Ce qui eut lieu, à la grande satisfaction de la prisonnière, heureuse de pouvoir confier ses peines à celui qui avait voulu souffrir la mort pour elle.

Mais la louable condescendance de l'appariteur fut rapportée au promoteur d'Estivet par de vils espions. Dans sa rage furibonde, celui-ci eut la barbarie d'envier à la jeune captive cette dernière consolation. Il se rendit en hâte à la chapelle. — « Truand ! s'écria-t-il en apostrophant avec colère Jean Massieu, qui te fait si hardy de laisser » sans ma permission approcher de l'église cette » p...n excommuniée? Si cela t'arrive encore, je te

» ferai mectre en telle tour, que tu neverras ni »lune ni soleil d'ici à ung mois ..» (*Historique.*)

Quelques jours après cette scène scandaleuse, l'appariteur ayant eu le courage de désobéir à cette injonction, d'Estivet, que le peuple, avons-nous dit, avait baptisé du sobriquet de *bénédicité*, poussa l'oubli des convenances, ou plutôt l'infamie jusqu'à se mettre en faction devant l'huis de la chapelle, pour empêcher la pauvre Jeanne de venir s'agenouiller devant celui qui mourut en pardonnant à ses ennemis .. Toujours est-il que, ce jour-là, l'infortunée captive fut contrainte de passer outre. (*Historique.*)

Enfin Pierre Cauchon, ne voulant pas sans doute le céder en barbarie à d'Estivet son digne acolyte, défendit sous les peines les plus graves à Jean Massieu de laisser entrer dorénavant l'accusée dans la chapelle.

Tant de fiel entre-t-il dans l'âme d'un prélat ?

CHAPITRE VI.

Il faut hurler avec les loups, sous peine d'être dévoré par eux.

Mardi, 27 février.

Soit lassitude, soit scrupule, soit tout autre motif, qu'il serait assez difficile de démêler, le nombre des juges fut moins considérable que les jours précédents (1). Selon sa louable coutume, Pierre Cauchon ouvrit la séance par sommer de nouveau l'accusée de jurer sans condition, purement et simplement. Mais tous les efforts de l'inique prélat furent en pure perte. Jeanne répondit avec fermeté qu'elle avait assez juré, qu'elle ne ferait plus aucun

(1) Il ne fut que de cinquante-deux : Richard du Pré, Jean Pigache, Raoul Salvaige, Clément de Busey, André Marguerie, Guillaume L'Hermite, Robert Morelet, Jean Roy, Richard le Gaigneur, Jean Duval, Guillaume le Maître, l'abbé de Saint-Ouen, le prieur de Saint-Leu, le prieur de Sagy, Jean du Quesnin, Richard des Saussaies, Burel de Corneilles et Nicolas de Soville, présents aux derniers interrogatoires, n'assistèrent point à celui-ci. Parmi les nouveaux venus, on remarquait : Jean de Favo, Jean le Ventier ou Vautier et Nicolas Caval.

serment. Désespérant de rien obtenir, l'évêque ordonna alors à maître Jean Beaupère de procéder à l'interrogatoire.

— Jeanne, s'écria celui-ci, comment vous êtes-vous portée depuis votre dernier interrogatoire ?

— Vous le voyez, je me porte bien.

— Auriez-vous jeuné depuis le commencement du carême ?

— Cela regarde-t-il *votre* procès ?

— Sans doute.

— Eh bien ! oui, j'ai toujours jeuné.

— Avez-vous entendu *vos voix ?*

— Oui, vraiment et bien des fois.

— Que vous ont-elles dit ?

— De vous répondre hardiment.

— Vous ont-elles donné conseil ?

— Sur quelques points...

— Est-ce la voix d'un ange, d'un saint, d'une sainte, ou de Dieu, que vous entendez ?

— Cette voix est celle de sainte Catherine et de sainte Marguerite.

— Comment le savez-vous ?

— Je les reconnais fort bien... *Elles se nomment en m'abordant* (1).

(1) Il est bon de remarquer, et nous l'avons déjà fait, que cette assertion de Jeanne est confirmée par tous les exemples que la Bible nous offre. Toujours les anges et les esprits célestes se nommaient quand ils apparaissaient aux hommes : *Je suis l'ange Gabriel... Je suis l'ange Raphaël*, etc., etc.; cette coutume était si générale, que les Juifs demandèrent à Jean-Baptiste, dans le désert, s'il était Élie, etc., etc.

— *Ces saintes* sont-elles de votre âge?... Sont-vêtues de robes ?

—Je n'ai pas la permission de répondre à toutes ces questions... seulement je vous dirai que j'ai eu aussi *confortation* (confortationem) de saint Michel.

— Vous le vîtes ?

— Oui, en compagnie d'autres esprits célestes.

— Les vîtes-vous *corporellement* et *réellement ?*

— Je les vis de mes yeux, aussi bien que je vous vois. Quand ils s'éloignèrent, je pleurai...

— Quelle figure avait saint Michel?

— Je ne puis vous répondre...

De violents murmures éclatent alors dans l'assemblée...Des interpellations multipliées sont adressées à l'accusée... Plusieurs juges s'écrient qu'elle en impose, et surtout qu'elle se compromet grandement en refusant de répondre aux questions qui lui sont posées. Toutefois il est aisé de s'apercevoir que les *révélations* et les *voix mystérieuses* de Jeanne font une vive impression sur l'auditoire.

Jean Beaupère continue.

—Dites-nous, Jeanne, est-ce Dieu qui vous a ordonné de revêtir un habit d'homme?

— Je n'ai jamais rien fait que par son commandement.

— Vous paraît-il que cet ordre soit licite ?

—Si Dieu m'ordonnait de revêtir un autre habit, j'obéirais.

— Ne serait-ce pas plutôt Robert de Baudricourt qui vous aurait conseillé de prendre ce vêtement?

— Non !

— Enfin, croyez-vous ne pas avoir failli ?

— Dieu seul en est juge; car je n'ai jamais rien fait que par ses ordres.

— L'accusée en impose, s'écrient avec fureur les juges et s'il est vrai qu'elle ait eu des ordres pour prendre l'habit dissolu qu'elle porte, ces ordres ne peuvent lui être venus que de l'esprit de ténèbres...

La jeune captive garde le silence. Alors Jean Beaupère reprend ainsi :

— Jeanne, dites-nous, quand vous vîtes votre roi pour la première fois, des anges, des esprits célestes étaient-ils sur son chef, ou bien auprès de lui?

— Par sainte Marie ! s'écrie l'accusée, qui paraît vivement scandalisée de cette indécente question, s'il y en avait, je ne les ai pas vus.

— Y avait-il beaucoup de monde? des lumières ?

— Vraiment ! il y avait plus de trois cents chevaliers, et au moins cinquante flambeaux éclairaient la salle, qui était toute resplendissante.

— Comment votre roi a-t-il pu ajouter foi à vos paroles ?

— Il avait de bonnes raisons pour cela ; il avait eu des révélations...

— Des révelations, dites-vous? Votre roi avait eu des révélations ? Jeanne, expliquez-vous.

— A cela je ne dois pas vous répondre... Tout ce que je puis vous dire, c'est qu'ayant été interrogée par le clergé de Poitiers, on n'a rien trouvé que de bon dans mon fait.

— Jeanne, vous êtes allée à Sainte-Catherine de Fierbois ?

— Oui, et là je fis des lettres au roi, pour lui annoncer ma venue. Ensuite j'envoyai querir une épée que je savais être derrière l'autel.

— Comment le saviez-vous ?

— Par mes *voix*. J'écrivis aux prêtres de Fierbois pour les prier de trouver bon que j'eusse cette épée. Ils firent chercher à l'endroit que j'avais indiqué, la trouvèrent et me l'envoyèrent. Il y avait cinq croix dessus ; ils m'envoyèrent aussi un fourreau et ceux de Tours un autre. L'un était en velours vermeil, l'autre en drap d'or. Moi, je fis faire un troisième fourreau de cuir bien fort. Je n'avais point cette épée quand je fus prise.

— Ne fîtes-vous pas, ou ne fîtes vous pas faire quelques bénédictions sur cette épée ?

— Jamais !

— N'auriez-vous pas fait *des prières* pour que cette épée fût plus *fortunée* ?

— N'avais-je pas le droit de désirer que toutes mes armes fussent heureuses ?

— Qu'est devenue cette épée ?

— Je ne veux point répondre à cette question, que vous n'avez pas le droit de me faire ; d'ailleurs cela est étranger au procès (1). Tout ce que je puis dire, c'est que j'avais encore cette épée à Lagny. Mais depuis cette époque, je portais une épée que j'avais prise à un Bourguignon ; c'était une bonne

(1) On se rappelle que Jeanne brisa cette épée en frappant une fille de joie (la Bohémienne). Il est possible que l'accusée, qui se

épée de guerre, propre à donner *de bonnes buffes et de bons torchons* (1). J'en fis offrande à saint Denis, ainsi que de mon armure; quant à mes autres effets (bona), mes chevaux, mes équipages de guerre, ce sont mes frères, à ce que je crois, qui doivent les avoir.

— Quand vous vîntes à Orléans, aviez-vous une bannière? De quelle couleur était-elle? Qu'y voyait-on?

— J'avais une bannière blanche, semée de fleurs de lis d'or, et brodée d'une frange de soie. On y voyait un monde supporté par deux anges. Elle avait pour devise les noms sacrés de *Jésus* et de *Marie.*

— Que préfériez-vous, de votre bannière ou de votre épée?

— J'aimais beaucoup plus, *voire quarante fois*, ma bannière que mon épée! s'écrie Jeanne avec l'accent de l'inspiration.

— Pourquoi fîtes-vous peindre ainsi votre bannière?

— Je vous ai déja dit que je n'ai rien fait que par l'ordre du ciel... De plus, vous saurez que je n'ai jamais tué personne...

reprochait intérieurement cet acte de colère, ne voulut pas répondre à la question, et dire ce qu'il en était. Mais on voit fort bien, par les pressantes questions de Jean Beaupère, qu'on tenait beaucoup à savoir où était passée cette épée de Fierbois, que les Anglais croyaient sans doute douée de quelques charmes... Quant à l'autre épée et à l'armure, il ne serait pas impossible que la dernière se retrouvât à la Tour de Londres.

(1) Ces mots sont en français dans les grosses latines du procès.

A ces mots, de vives interpellations sont adressées à l'accusée... De toutes parts on s'écrie qu'elle en impose, qu'elle ment vilainement, qu'elle rend son cas encore plus méchant qu'il n'est, qu'on saura bien démêler la vérité; et alors malheur à elle !!!

Soudain un des juges, maître Jacques de Tourraine, de l'ordre des frères mineurs, prend la parole :

— Jeanne, s'écrie-t-il, allons, dites-nous la vérité. Dans vos combats, vous n'auriez jamais tué ni Anglais, ni Bourguignons?

— Je vous le répète, je n'ai jamais tué personne; et si je portais ma bannière dans la mêlée, c'était pour éviter de *navrer* quelqu'un.

— Mais vous vous êtes trouvée où ceux-ci étaient occis? s'écrie, comme le loup de la fable, Jacques de Tourraine.

— *En mon Dieu, si ay comme vous. Parlez doulcement* (1). Pourquoi ces Anglais ne partaient-ils point de France? Pourquoi ne retournaient-ils pas dans leur pays?

A peine l'accusée avait-elle achevé de prononcer ces mots, qu'un seigneur anglais qui était dans la salle s'écria :

— Vraiment! c'est une bonne femme que cette Jeanne, si elle était Anglaise (2).

(1) La réponse de Jeanne n'est pas facile à comprendre; M. Michaud l'explique ainsi : « Eh mon Dieu! qui de nous n'a pas vu la » guerre? Mais de si tristes choses parlons doucement et à voix » basse. » Ce sens nous paraît être le véritable.

(2) Cette restriction est bien dans le caractère anglais. De nos jours, un enfant d'Albion ne parlerait pas mieux.

Pour le moment, cet incident n'eut pas de suite ; Jean Beaupère reprend la parole :

— Combien d'hommes votre roi vous confia-t-il quand il vous envoya devant Orléans ?

— Dix à douze mille hommes.

— N'auriez-vous pas dit à vos gens, quand vous dûtes faire l'attaque, que vous aviez le pouvoir d'arrêter, par un pouvoir surnaturel, les flèches, les viretons, les pierres des machines, les boulets des bombardes ?

— Vraiment non ! Plus de cent des miens furent blessés ; je leur disais seulement qu'ils s'avançassent sans crainte à l'attaque des bastilles, et qu'ils feraient pour sûr lever le siége. Moi-même je fus blessée au cou d'un vireton ; mais sainte Catherine me réconforta, et je fus guérie au bout de quinze jours. Toutefois, quoique blessée, je n'en chevauchais pas moins comme à l'ordinaire.

— Saviez-vous que vous seriez blessée ?

— Je le savais, et je l'avais dit à mon roi. Cela m'avait été révélé par *mes voix*... Nonobstant, ce fut moi qui posai la première échelle à l'attaque de la bastille du pont, et c'est dans ce moment-là que je fus blessée.

— Pourquoi n'admîtes-vous pas à traiter le capitaine de Jargeau ?

— Les chefs de guerre de mon parti répondirent aux Anglais qu'ils n'auraient pas le terme de quinze jours qu'ils demandaient. Quant à moi, j'accordai la vie sauve à ceux de Jargeau, pourvu qu'ils partissent et qu'ils n'emportassent que leurs

effets (1); qu'autrement ils seraient pris d'assaut.

— Répondîtes-vous ainsi par le conseil de *vos voix* ?

— Je ne me le rappelle pas.

Cette question fut la dernière qu'on adressa ce jour-là à l'accusée ; la séance fut levée, pour être reprise le jeudi suivant.

Tandis que l'appariteur, Jean Massieu, reconduisait Jeanne à la prison, il fut joint par un prêtre anglais, nommé Eustache Turquetil, chantre de la chapelle du roi d'Angleterre. Quoique, au premier abord, la rencontre de cet individu parût un pur effet du hasard, cependant il en était tout autrement, ou plutôt ce prêtre ne s'était trouvé sur le passage de la prisonnière que pour entamer avec Jean Massieu *une conversation* touchant l'issue probable du *procès*.... Eustache Turquetil, en un mot, n'était qu'un vil espion envoyé à la découverte par le parti anglais.

— Eh bien, confrère ! s'écrie celui-ci en abordant l'appariteur, que vous semble de tout ceci ?

— Pour bien dire, je ne sais...

— Comment ! vous ne savez... Allons, répondez net. Sera-t-elle *arse* (brûlée) ? Vous voyez, moi, je m'explique clairement, ajoute le prêtre en jetant un regard de mépris et de haine sur la pauvre Jeanne.

— Jusques ici je n'ai vu que bien et honneur en elle, reprend Jean Massieu tout confus de l'arro-

(1) *Cum suis gipponibus vel trinicis.*

gance du moine anglais. Je la crois une bonne fille, mais ne sais, je vous le répète, quelle sera sa fin.., Dieu seul le *saiche*.

— Ah ! vous trouvez qu'elle est une bonne fille.. Ah! vous ne voyez que bien et honneur en elle... Je vous admire, confrère, s'écrie Eustache Turquetil avec ce sourire sardonique dont un moine seul a le secret. Adonc, je vous laisse en sa compagnie. Adieu!!!

— Adieu! frère, répond Jean Massieu, peiné jusqu'aux larmes que Jeanne ait été témoin de l'outrecuidance de ce cuistre en soutane.

Pas n'est besoin de dire que le moine n'eut rien de plus pressé que d'aller dénoncer l'appariteur *aux gens du roi*, et entre autres au comte de Warwick et à l'évêque de Beauvais. Toujours est-il que Jean Massieu se trouva par le fait du vilain moine en grand péril, et ne se tira qu'avec beaucoup de peine de ce mauvais pas. Pierre Cauchon le fit mander sur-le-champ, lui reprocha vertement les propos qu'il venait de tenir, puis finit par lui dire en le menaçant bien fort du doigt : « qu'il se *guardast* de *mesprendre*, ou on luy fe» roit boire une fois plus que de raison... »

En vain le pauvre appariteur s'excusa de son mieux... en vain il fit valoir ses bons antécédents... A chaque parole qu'il disait pour sa justification, l'évêque furieux lui fermait la bouche en lui jetant par le nez : — « Allez, vous n'êtes pas porté pour » le roi d'Angleterre... on le sait... et prenez garde » à vous! »

Or, en ce temps-là, des paroles aux effets il n'y avait pas loin... Aussi Jean Massieu l'échappa-t-il belle, s'il n'alla pas cette fois rendre visite aux poissons. « Il paraîtrait même qu'il fut redevable » de la vie à un des tabellions qui l'excusa, sans quoi » *il ne s'en fust oncque tiré.* » (*Historique.*)

CHAPITRE VII.

> Je connais certains robins qui n'ont que trois petits travers :
> Vouloir juger,
> Mal juger,
> Et prétendre bien juger.
> Dites-moi, n'est-on pas fort heureux d'être entre les mains de pareilles gens ?

Jeudi, 1er mars.

Cette fois le nombre des juges fut de cinquante-neuf (1). L'évêque de Beauvais perdit encore son latin à l'endroit du serment... Jeanne refusa avec fermeté en s'écriant : — « Que seulement des choses » qui touchaient le procès, elle dirait la vérité, » *comme si elle était devant le pape de Rome...* » Il fallut bien se contenter de ce serment conditionnel.

Jean Beaupère (2) prit alors la parole :

(1) Richard du Pré, Guillaume l'Ermite, Guillaume des Jardins, Jean Carpentier, Nicolas Médici, Richard Gaigneur, Jean Duval, Guillaume le Maistre, le Prieur de Sagy, Nicolas de Soville, et Jean de Favo, n'assistèrent point à cette séance; Philippe Mareschal y paraissait pour la première fois.

(2) Toutefois son nom n'est point indiqué au procès-verbal.

— Jeanne, s'écria-t-il, n'avez-vous point reçu des lettres du comte d'Armagnac?... Quel en était le sujet ?

— Le comte d'Armagnac, en effet, me fit certaines lettres... Je lui écrivis que plus tard je répondrais aux questions qu'il m'adressait.

— Tenez, voici vos lettres... Les reconnaissez-vous ?

Un tabellion en donne lecture à haute voix.

— J'estime avoir fait cette réponse en partie, mais non en totalité....

— Aviez-vous coutume de mettre dans vos lettres ces mots : *Jhesus-Maria*, avec une croix ?

— Quelquefois, mais pas toujours.

— En voici d'autres... ce sont celles que vous écrivîtes au roi d'Angleterre, au duc de Bedford et à d'autres chefs anglais.

Un tabellion en donne également lecture.

— Je reconnais ces lettres, sauf toutefois certains passages qui ont été altérés (1).

Et Jeanne de signaler avec une admirable précision lesdits passages...

Et les juges de garder le silence, et de prouver par ce silence éloquent que la mémoire de l'accusée ne la trompait pas... Ainsi on avait été jusqu'à falsifier les lettres de celle-ci pour la perdre!

— Qui avait dicté ces missives ?

— Moi-même !

(1) Ainsi, au lieu de *rendez à la Pucelle*, il y avait *rendez au roi*. Quant aux expressions, *je suis chef de guerre*, et *corps pour corps*, elles n'étaient point dans l'original.

— Vous, Jeanne? s'écrie Jean Beaupère avec l'accent de l'incrédulité.

— Moi-même ! vous dis-je... Bien plus, j'affirme qu'aucun seigneur de mon parti n'y mit un seul mot.

— Comment avez-vous osé tenir un pareil langage au roi d'Angleterre?... le menacer?... lui annoncer des malheurs?... des catastrophes?

— Je n'ai dit que ce qui est arrivé... que ce qui arrivera certainement par la permission de Dieu....

De violents murmures éclatent alors dans l'audience... des menaces de sang sont proférées contre l'accusée... Mais celle-ci sans s'effrayer de cette tempête déchaînée contre elle, fait entendre d'un ton solennel ces prophétiques paroles :

— « Avant qu'il soit sept ans, les Anglais seront » forcés d'abandonner un plus grand gage que celui » d'Orléans, et ils perdront tout ce qu'il possèdent » en France... Ensuite ils éprouveront le plus affreux » désastre qu'ils aient jamais éprouvé, et ce sera » par une éclatante victoire que Dieu donnera aux » Français !!! (1) »

— Comment savez-vous cela?

— Je le sais, s'écrie Jeanne avec l'accent de l'inspiration, je le sais par la révélation qui m'en a été faite... Je le sais aussi bien que je vous vois maintenant devant moi... Oui, ce que je vous dis arrivera avant sept années... je regrette seulement que cela doive tant tarder...

(1) L'événement justifia cette prédiction : Paris rentra sous le sceptre du roi en 1436, et en 1450 et 1452 furent remportées les victoires de Formigny et de Castillon.

Soudain à ces paroles, une stupeur impossible à rendre règne parmi les juges... Ils sont attérés par les accents prophétiques d'une pauvre jeune fille... Ces accents sont pour eux les mots redoutables tracés par la main mystérieuse du festin de Balthazar... et Jeanne en ce moment est le jeune prophête (1) inspiré de Dieu, qui dévoile l'avenir au roi prévaricateur, et lui explique avec une foudroyante vérité le sens de ces mots écrits en caractères de feu sur les colonnes du palais qui va s'écrouler, et l'ensevelir sous ses ruines encore toutes fumantes de sang et de débauche...

Après une longue interruption, l'interrogatoire est repris.

— Jeanne, s'écrie un des juges, vous êtes-vous entretenue aujourd'hui avec *vos voix?*

— Certainement! il n'y a pas de jour que je ne les entende...

— Ces *saintes* que vous voyez, que vous entendez, *sont-elles toujours vêtues de même* (2)?

— Elles ont toujours de très riches couronnes... Quant à leurs *tuniques*, je n'en puis parler...

— En ce cas, comment pouvez-vous savoir que ce soit *homme ou femme* que vous voyez?

— Je le sais pourtant... elles me l'ont révélé...

(1) Daniel.

(2) Par la réponse de Jeanne, il est facile de conjecturer que la question de Jean Beaupère fut au moins *inconvenante*, pour ne pas dire *indécente*... Nous avons cru ne devoir la reproduire qu'indirectement.

elles parlent très bien et en beau langage... leur voix est douce...

— Parlent-elles anglais?

— Comment parleraient-elles anglais, puisqu'elles ne sont pas de ce parti?

— Portent-elles des anneaux, des bagues, des joyaux?

— Que vous importe?

— Vous-même, Jeanne, n'avez-vous point porté naguère quelques anneaux?

— J'en avais plusieurs... On me les a pris... Je sais, seigneur évêque, ajoute celle-ci en se tournant vers Pierre Cauchon, je sais que vous avez maintenant un de ces anneaux... Je vous prie de me le remettre... Et si ne voulez, je vous *charge* d'en faire don à l'église... Quant à l'autre anneau, que les Bourguignons m'ont pris, il me venait de mon père et de ma mère... Et les mots *Jhesus Maria* étaient gravés dessus.

Mais le prélat, au lieu de faire droit à la juste réclamation de l'accusée, échange quelques mots à voix basse avec Jean Beaupère, qui reprend de nouveau la parole.

— Jeanne, s'écrie-t-il, ne vous serviez-vous pas de ces anneaux comme de talisman, d'amulettes, pour guérir ou jeter des sorts?

— Je n'ai jamais rien fait de semblable.

— *Vos saintes* se sont-elles entretenues avec vous sous l'arbre des Fées, ou près de la fontaine du beau Mai?

— Oui; je les ai entendues près de la fontaine.

— Que vous promirent-elles alors ?

— Cela ne regarde pas le procès... Toutefois je vous dirai qu'elles me promirent alors trois choses : à savoir que j'irais en France, que Dieu aiderait les Français, et qu'elles me conduiraient au céleste séjour.

— Vous auraient-elles dit aussi que vous sortiriez de prison ?

— J'ignore quand je serai délivrée de mes fers... Dieu seul le sait... Après tout, ceux qui méditent ma mort pourraient bien partir avant moi, s'écrie l'accusée du ton de l'inspiration.

— Mais enfin *vos voix* vous auraient-elles dit que vous serez délivrée ?

— Demandez aux juges si une pareille question regarde le procès ?

Comme on peut bien s'en douter, l'avis des docteurs fut que ladite question concernait le procès ; comme on peut bien s'en douter aussi, Jeanne refusa courageusement de s'expliquer sur cette insidieuse demande.

— Est-ce que *vos voix* vous auraient défendu de dire la vérité ? s'écrie Jean Beaupère avec une atroce perfidie.

— Vous avez beau me tourmenter de questions, je ne puis, je ne dois pas répondre à certaines choses, et surtout à ce qui concerne mon roi, quoique je sois instruite de beaucoup de faits qui regardent ce prince... Mais ce que je ne me lasserai jamais de vous dire, parce que je le sais fort bien, c'est que Charles récupérera avant peu tout son beau royaume de France... Ah! je serais morte d'ennui, de chagrin, il y a longtemps, sans ces révélations d'heureux présages qui me font prendre patience, et me *confortent* chaque jour.

A ces dernières paroles, de violents murmures éclatent au banc des juges; ceux-ci échangent entre eux quelques mots; et Pierre Cauchon ayant fait un signe d'intelligence à l'interrogateur, celui-ci continue ainsi :

— Jeanne, on nous a rapporté que vous portiez toujours sur vous une mandragore.

— Je n'en ai point, et n'en ai jamais eu, bien que j'ai ouï dire qu'il y en avait auprès de mon village... j'ai ouï dire encore que *c'était chose dangereuse et mauvaise à garder*... Je ne sais, au reste, à quoi cela peut servir...

— Où disait-on qu'était cette mandragore dont vous avez entendu parler?

— En terre près de l'arbre des Fées... J'ai ouï conter aussi qu'il y avait un coryl, *una corylus* (1), sur cette mandragore.

— A quel usage prétendait-on que peut servir une mandragore?

— A faire avoir de l'argent, mais je n'en crois rien... Jamais *mes voix* ne m'ont rien dit de semblable (2).

Les juges se regardent de nouveau avec un air

(1) Un coudrier.

(2) Selon les anciens, la racine de la mandragore, à raison de sa ressemblance avec une figure humaine, produisait des effets surprenants.

d'intelligence... Puis Jean Beaupère reprend l'interrogatoire.

— Quel était l'aspect de saint Michel, quand il vous apparut? Avait-il une balance (1)?

— Il ne portait point de couronne, et je ne lui ai point vu de balance.

— Quand vous vous confessez, croyez-vous être en péché mortel?

— Je ne puis le savoir; *mais je ne crois pas en avoir fait les œuvres*...

A cette réponse, de vives interpellations sont adressées à l'accusée... plusieurs s'écrient qu'il y a une *grande présomption dans son fait*... qu'une pareille allégation est un odieux mensonge...

A toutes ces injures, Jeanne garde le silence.

— Quel *signe* donnâtes-vous à votre roi que vous veniez de la part de Dieu?

— Je vous ai déjà répondu bien des fois que ce secret ne sortira jamais de mon cœur... Ce serait me parjurer que de le divulguer...

— A qui avez-vous donc fait la promesse de ne point divulguer *ce grand secret?*

— Aux *saintes* qui me visitent; et ce pour me débarrasser des indiscrets qui me faisaient des questions à ce sujet...

— Quand vous montrâtes *le signe* à votre roi, y avait-il quelqu'un en sa compagnie?

(1) Saint Michel est quelquefois représenté avec des balances, parce que l'on croyait qu'il avait la mission de conduire les âmes au céleste séjour et de les peser. Cette allégorie tire évidemment son origine du paganisme.

— Je ne crois pas... bien qu'il y eût beaucoup de monde tout près de là.

— Vîtes-vous *quelque chose d'extraordinaire* sur son chef, quand vous lui montrâtes *le signe ?*

— Ce serait me parjurer que de répondre à cette question...

— Quelle couronne portait-il quand il fut sacré à Reims ?

— Le roi, à ce que je crois pour l'avoir entendu dire, portait une couronne dont lui avaient fait don les Rémois. Mais une autre couronne très riche arriva après son départ...

— Vîtes-vous cette autre couronne si riche qu'on lui apportait ?

— Ce serait également me parjurer que de répondre à cette question... Mais ce dont je puis vous assurer, c'est que cette autre couronne est, *par la grâce de Dieu*, riche et opulente...

A cette réponse, les juges se regardèrent. Quelques uns d'entre eux crurent y voir un sens allégorique... car, en ce temps-là, on voyait de l'*allégorie* partout. Quoi qu'il en soit, l'évêque de Beauvais interrompit l'interrogatoire en cet endroit, et indiqua un des jours suivants pour une autre séance.

CHAPITRE VIII.

Quand la justice et la paix s'embrassent, c'est une allégorie.... Elle signifie, *ni fallor*, qu'elles se disent adieu pour ne jamais se revoir.

Samedi, 3 mars.

Trente-neuf juges, qui avaient assisté aux précédents interrogatoires ne siégèrent point dans celui-ci. Ce grand nombre de défaillants peut donner à penser que des motifs secrets d'une haute portée n'étaient pas étrangers à la détermination qu'ils prenaient.. Toujours est-il que la plupart de ceux-ci, convaincus de l'iniquité de cette procédure, répugnaient à tremper leurs mains dans le sang innocent. En revanche, un certain Guillaume Érard figurait pour la première fois dans ce procès, où il devait jouer plus tard un rôle si odieux (1).

Ainsi que dans les séances précédentes, Pierre Cauchon ne put rien obtenir de plus de Jeanne que

(1) Nicolas l'Amy, Guillaume de Sainte-Marie, Gilles Guenninet, Rolland l'Écrivain, et Guillaume de la Chambre, assistaient également pour la première fois au procès de Jeanne. Quant à Jean le Maistre, vice-inquisiteur, il n'y figurait pas ce jour-là.

le serment restrictif qu'elle avait déjà prêté, et qu'elle réitéra de nouveau la main sur les saints Évangiles.

Après plusieurs questions puériles touchant saint Michel, l'ange Gabriel, et les saintes que l'accusée dit avoir vues, on lui demande si elle sait par révélation qu'elle s'évadera.

— Cela ne regarde pas le procès... D'ailleurs, ajoute fort sensément la jeune captive, voudriez-vous que je parlasse contre moi?

— Tenez, Jeanne, avouez-le, nous voyons bien que *vos voix* vous ont dit là-dessus quelque chose...

— Eh bien! oui, elles m'ont dit que je serai délivrée *et que je fasse bon visage*... Mais je ne sais quand ni comment...

— Quand vous arrivâtes chez votre roi, vous demanda-t-il si c'était par l'ordre de *vos voix* que vous aviez pris les vêtements d'un autre sexe?

— Je ne me rappelle pas si cela me fut demandé.

— Vous souvient-il si les docteurs qui vous examinèrent vous interrogèrent à ce sujet?

— Je ne me le rappelle pas non plus.

— Votre roi, votre reine, ne vous ont-ils pas quelquefois requis de quitter cet habit?

— Cela ne regarde pas *votre* procès.

— N'en fûtes-vous point requise par les nobles dames du château de Beaurevoir?

— Oui; mais je répondis que je ne le quitterais pas sans la permission de Dieu.

— Le sire de Pressy ne vous offrit-il point un habit de femme?

— Lui, et bien d'autres encore.

— Est-ce que vous auriez cru *délinquer* (mal faire) de reprendre les vêtements de votre sexe?

— J'ai mieux aimé obéir à Dieu... Toutefois, ajoute l'accusée avec l'accent de la vérité, si j'eusse repris des habits de femme, je l'eusse plutôt fait à la requête des deux nobles dames de Beaurevoir qu'à celle de toute autre personne, la reine exceptée.

— Est-ce par *vos voix* que Dieu vous révéla que vous *muassiez* (changeassiez) votre habit?

— Je ne puis vous répondre...

Chaque fois que l'accusée refusait de s'expliquer, des murmures éclataient au banc des juges; des menaces même quelquefois se faisaient entendre, et l'infortunée, qui aurait dû être couverte de la protection des lois, était continuellement harcelée, injuriée par des hommes iniques, qui avaient soif du sang de l'innocence et qui osaient se dire ses juges.

— Jeanne, s'écrie alors un de ceux-ci, parlez-nous maintenant de votre étendard. Dites-nous, par exemple, lorsque votre roi vous mit à l'œuvre et vous permit d'avoir une bannière, si les autres chefs prirent aussi des pennonceaulx à la manière du vôtre?

— *Il est bon à savoir* (1)! répond l'accusée en souriant, comme si tant de hauts et puissants seigneurs, tant de nobles chevaliers auraient voulu

(1) Cette locution, que Jeanne emploie plusieurs fois dans le cours du procès, répond à peu près à cette locution : *La plaisante question que vous faites!...*

changer leurs armoiries... Vraiment! chacun garda les siennes.

— De quelle étoffe était votre bannière ?

— De blanc satin, semé de fleurs de lis d'or.

— Disiez-vous point que les pennonceaulx qui ressemblaient aux vôtres étaient heureux?

— Entrez sans crainte! disais-je aux soldats; entrez sans crainte au sein des phalanges anglaises!... et pour donner l'exemple, j'y entrais moi-même.

A cette réponse sublime, un mouvement d'admiration éclate involontairement parmi les juges... A tant d'héroïsme ils n'ont pu s'empêcher de rendre hommage. Et c'est une jeune bergère à peine sortie de l'enfance, pauvre infortunée qui gémit sous le poids des fers, qui fait entendre un si noble langage!

Par suite de cet incident, l'interrogatoire est longtemps suspendu... On dirait que Jeanne, par la brûlante énergie de ses réponses, vient de réduire au silence ses juges prévaricateurs.

Enfin Pierre Cauchon ordonne à l'un de ceux-ci de reprendre l'interrogatoire.

— Jeanne, ne faisiez-vous point jeter de l'eau bénite sur les pennonceaulx?

— Si cela a été fait, ce n'a pas été par mon ordre.

— Les autres chefs de guerre n'avaient-ils point fait écrire sur leurs bannières les noms sacrés de Jésus et de Marie ?

— Je ne sais.

— Quand vous fûtes atteinte d'une pierre à la

tête, sous les murs de Jargeau, que portiez-vous à votre heaume?. N'y voyait-on pas quelque chose d'extraordinaire ?

— Sur mon honneur, il n'y avait rien sur mon casque.

Les juges se font alors des signes d'intelligence et parlent longtemps à voix basse... Toutefois il est facile de deviner, d'après quelques mots isolés, que ces hommes pervers supposent méchamment que des maléfices ont préservé l'accusée du choc terrible qu'elle reçut en cette occasion...

Après une assez longue interruption, l'interrogatoire est repris.

— Jeanne, à quelle époque connûtes-vous frère Richard?

— Je ne l'avais *oncque veu* quand je vins devant Troyes.

— Quelle réception vous fit-il?

— Il paraîtrait que les habitants de cette ville, doutant que je vinsse de la part de Dieu, l'envoyèrent devers moi; car dès qu'il m'aperçut, il fit force signes de croix et m'aspergea d'eau bénite... Mais je lui dis : — *Approchez hardiment, frère Richard, je ne suis pas ce que vous croyez .. et je ne m'envoulerai pas...*

— Avez-vous vu ou fait faire votre portrait ?

—A Arras, un jeune Écossais me fit voir une petite peinture qui me représentait un genou en terre et remettant une lettre à mon roi. Je n'ai jamais vu que cela.

— Que signifiait ce tableau qui était chez votre

hôte et qui représentait trois femmes, avec la devise : *Justice, paix, union* (1)?

— Je ne sais.

— Ceux de votre parti ne faisaient-ils point dire messe et oraison pour vous?

— S'ils l'ont fait, ce n'est point à mon intention; au reste, m'est avis qu'ils ne péchaient point en cela.

— Croyaient-ils que vous fussiez envoyée de par Dieu?

— Je ne sais; quant à moi, j'adopte leur opinion à cet égard (2).

— Vous cuidez donc (croyez donc), s'ils supposaient que vous fussiez envoyée de par Dieu, que cette croyance était bonne?

— Oui, je suis d'avis qu'ils ne s'abusaient point.

— Quelle était la pensée (3) de ceux de votre parti quand ils baisaient vos pieds et vos vêtements?

— Sans doute qu'ils me voyaient avec plaisir...

(1) On supposait sans doute que ce tableau représentait Jeanne entre ses deux saintes... On cherchait par là à la convaincre de sacrilége.

(2) *Et me refero ad animam ipsorum.* Ce détestable latin des grosses latines est fort difficile à entendre. Il faut alors plutôt *deviner* que traduire. C'est ce que nous avons tâché de faire. Certains auteurs ont adopté un autre sens. (Voy. la note suivante.)

(3) Le mot *animus* qu'offrent les grosses latines, et que nous rendons par *pensée*, sens qui paraît le seul vraisemblable en cet endroit, semble prouver que celui que nous avons adopté plus haut est le véritable.

mais s'ils baisaient mes mains et mes vêtements, *je n'en pouvais mais*... Et quant au petit peuple qui se pressait autour de moi, c'est que je lui faisais tout le bien qui était en mon pouvoir...

— Quels témoignages de respect vous donnèrent les habitants de Troyes?

— Aucuns.

— Frère Richard ne prêcha-t-il point sur votre entrée?

— Je ne sais.

— Combien de jours demeurâtes-vous à Reims?

— Trois ou quatre jours.

— N'y tîntes-vous pas un enfant sur les fonts baptismaux?

— A Troyes et à Saint-Denis, mais non à Reims... et volontiers je donnais aux garçons le nom de *Charles* en l'honneur de mon roi; et aux filles, celui de *Jehanne*.

— Les bonnes femmes ne faisaient-elles point toucher leurs anneaux à l'*annel* que vous portiez?

— Oui, mais je ne sais quelle était leur pensée (1).

— Ceux de votre parti ne disaient-ils pas qu'on voyait une nuée de papillons voltiger autour de votre bannière?

— Non, mais bien ceux du parti ennemi qui répandirent méchamment ce faux bruit (2).

(1) Même remarque que précédemment.

(2) Pour comprendre ceci, il faut savoir que, d'après les croyances du temps, les papillons étaient le symbole des *esprits occultes*... des *démons*... C'était donc indirectement accuser Jeanne de magie.

— Ne fîtes-vous point retrouver des gants à Reims?

— Il y eut une distribution de gants faite aux chevaliers qui assistèrent à la cérémonie du sacre. Un des seigneurs perdit les siens; mais je ne dis point que je les ferais retrouver.

— Jeanne, quand vous receviez le sacrement de l'Eucharistie, étiez-vous vêtue en homme?

— Oui, mais je n'étais point armée.

A cette réponse, le visage des juges se rembrunit... Quelques uns d'entre eux témoignent par leurs gestes de l'horreur que leur inspire l'accusée, qu'ils affectent de considérer comme s'étant rendue coupable d'un horrible sacrilége...

— Jeanne, s'écrie derechef un de ceux-ci, pourquoi prîtes-vous la haquenée de l'évêque de Senlis?

— Elle fut payée deux cents saluts d'or... s'il les toucha ou non, je ne sais... Toujours est-il que je lui renvoyai plus tard ladite haquenée, en faisant dire qu'elle ne valait rien *pour souffrir peine*...

De nouveau les juges froncent le sourcil, et on les entend s'écrier que l'accusée a grièvement péché de s'être approprié le bien des gens d'église.

L'interrogatoire est de nouveau repris.

— Jeanne, quel âge avait l'enfant que vous allâtes visiter à Lagny?

— Il avait trois jours. On vint me dire que des jeunes filles étaient en prière devant l'image de Notre-Dame, et me demander de venir prier avec elles... J'y allai; je m'agenouillai devant la sainte

Vierge. Bientôt l'enfant revint à la vie et fut baptisé.

— Ne répandit-on pas le bruit que c'était à votre prière que l'enfant était ressuscité ?

— Je ne m'en enquis point.

— Jeanne, ne connûtes-vous point une certaine Catherine de la Rochelle ?

— Oui.

— Que vous dit-elle ?

— Elle me parla d'une belle dame vêtue de drap d'or qui lui apparaissait souvent, et qui avait le pouvoir de découvrir les trésors cachés... Mais, loin d'ajouter foi à ce conte, je conseillai à ladite Catherine de retourner auprès de son mari et de ses enfants. Depuis, *mes voix* m'ont dit que le fait de cette femme n'était que folie et menterie : ce que je rapportai à mon roi, au grand déplaisir de frère Richard qui la protégeait...

— Que vous dit-elle encore ?

— De ne point aller au siége de la Charité, et qu'il vaudrait bien mieux faire la paix avec le duc de Bourgogne... Mais je répondis qu'il n'y avait de paix à attendre de ce prince qu'au bout de la lance. Enfin, ayant demandé à Catherine qu'elle me fît voir *cette dame* qui venait la visiter toutes les nuits, elle ne put me la montrer...

— Jeanne, restâtes-vous longtemps en la tour du château de Beaurevoir ?

— Quatre mois. Mais quand je sus que j'allais être livrée aux Anglais, je fus moult affligée, et, bien que *mes voix* me le défendissent, je résolus de sauter en bas de la tour ; ce que j'exécutai sans pouvoir aller plus loin... *Mes voix* vinrent alors, me consolèrent, et me dirent que la ville de Compiègne était secourue... ce qui me causa une grande montjoie.

— Que répondîtes-vous à ceux qui vinrent vous relever?

— Que j'aimerais mieux rendre l'âme que de tomber entre les mains des Anglais.

— Ne blasphémâtes-vous point alors le saint non de Dieu?

— Non, ni ne maugréai saints ni saintes... D'ailleurs je n'ai point pour habitude de jurer.

— A Soissons, ne vous écriâtes-vous pas, en reniant Dieu, que le capitaine qui avait rendu la ville méritait qu'on le coupât en quatre?

— Oncques, encore un coup, n'ai renié Dieu ni saints; et ceux qui l'ont dit ont faussement parlé.

L'interrogatoire fut clos pour ce jour-là, et Jeanne immédiatement reconduite en prison. Mais, avant de lever la séance, l'évêque de Beauvais prit la parole pour annoncer qu'il avait une communication fort importante à soumettre à l'assemblée.

Or, il est bon de savoir que l'évêque de Térouane, Louis de Luxembourg, chancelier de France, pour le roi anglais, était à Rouen depuis quelques jours, où il avait été appelé par l'ordre du roi Henri VI et d'après le conseil de Pierre Cauchon. Depuis l'arrivée dudit chancelier, des conciliabules avaient eu lieu, tantôt chez lui, tantôt chez l'évêque de Beauvais, pour se concerter sur le procès qui était pendant, et aviser aux moyens de perdre l'accusée... Plusieurs chefs anglais et quelques juges dévoués avaient assisté à ces réunions nocturnes, dans lesquelles on avait discuté sans pudeur tous les moyens qui pouvaient être mis en usage pour surprendre la simplicité et la candeur de la pauvre Jeanne... Enfin on s'était arrêté à un expédient qui ne pouvait manquer son effet, et que l'on avait si bien revêtu des dehors de la légalité, qu'il fallait une longue expérience des affaires pour n'être point la dupe de cette trame infernale... Toujours est-il que c'était dudit projet, non dans sa hideuse nudité, mais déguisé par tout ce que la fourberie et la mauvaise foi offrent de subterfuges, que Pierre Cauchon voulait entretenir l'assemblée. Le plus grand silence s'étant établi, l'évêque prit la parole.

Pour couvrir ses perfides desseins du masque de la bonne foi, il commença d'abord, avec un art infini, par prévenir les juges que son intention était d'appeler encore quelques docteurs et gens habiles *en droit divin et humain*, pour recueillir parmi les aveux de l'accusée ceux qui paraîtraient les plus propres à jeter de nouvelles lumières sur le procès... Que si, après avoir scrupuleusement examiné *ces aveux*, les docteurs pensaient que Jeanne dût être interrogée de nouveau sur quelques points, pour ne pas fatiguer inutilement les juges qui étaient en grand nombre, il chargerait seulement *quelques uns de ceux-ci* de cette commission délicate; ajoutant que tout ce qui serait *fait et dit alors* serait soigneusement mis en écrit, afin que lesdits *docteurs et gens habiles* pussent en prendre communication. Enfin Pierre Cauchon termina sa harangue par défendre à tous et à chacun des juges de quitter sans permission, avant la fin du procès, la ville de Rouen.

Il aurait fallu pousser la bonhomie au dernier point pour ne pas pénétrer le but perfide du prélat. En restreignant le nombre des juges, ou plutôt en les réduisant à trois ou quatre assesseurs dévoués, c'était évidemment s'assurer de l'issue du procès, c'était condamner Jeanne d'avance; c'était la condamner sans appel; c'était empêcher désormais que quelque homme intègre, courageux, un autre Jean Fabry, par exemple, n'élevât une voix généreuse au milieu de juges iniques et prévaricateurs. Cette mesure exorbitante donnait encore la facilité d'induire en erreur ceux qui allaient cesser d'être présents... Enfin ces prétendus *docteurs et gens habiles* choisis par Pierre Cauchon n'étaient en réalité que des bourreaux que le prélat s'adjoignait pour jouer jusqu'au bout son rôle de sang dans le drame épouvantable où il devait être le principal acteur.

CHAPITRE IX.

Tout s'assombrit autour de l'infortunée...

Samedi, 10 mars.

Il était écrit que tout devait être monstrueux, la forme comme le fond, dans ce procès inique intenté à l'innocence... Par un nouveau caprice de Pierre Cauchon, ou plutôt par une violation manifeste des formes judiciaires déjà usitées en ce temps-là, ce septième interrogatoire eut lieu dans le cachot même où depuis si longtemps l'accusée gémissait dans les fers... Non seulement cet interrogatoire se fit à huis-clos, sous les verrous, sous le poids des chaînes dont Jeanne était indignement chargée, mais encore presque sans témoins; car on ne peut donner ce nom à des hommes prévaricateurs et gagnés d'avance. On ne pouvait donc pousser plus loin l'abus de la force et l'oubli des formes protectrices qui doivent toujours entourer un accusé.

Toujours est-il que, le samedi 10 mars, l'évêque de Beauvais, accompagné de Jean de La Fontaine, commissaire choisi par lui, *et seulement de deux asses-*

seurs, Nicolas Midy et Gérard Feuillet, qui lui étaient dévoués, se rendit de grand matin dans le sombre cachot où Jeanne gémissait dans les fers ; là, en présence de Jean Fécard, avocat, et de l'appariteur Jean Massieu, témoins *pour la forme*, il procéda à un nouvel interrogatoire. Il est inutile de dire que l'évêque ouvrit la séance par son éternelle injonction à l'accusée (1), sans plus de succès que dans les séances précédentes.

Jean de La Fontaine, sur l'ordre du prélat, procéda à l'interrogatoire.

— Jeanne, quand vous entrâtes à Compiègne, de quelle ville veniez-vous ?

— De Crespy en Valois.

— Fûtes-vous plusieurs jours avant de faire une sortie ?

— Non, ce fut le jour même de mon arrivée et sur le soir.

— Lorsque vous fûtes prise, ne sonna-t-on pas les cloches pour avertir du danger que vous couriez ?

—Si on les sonna, ce ne fut pas par mes ordres.

— Fites-vous cette sortie par le conseil de *vos voix ?*... et vous dirent-elles que vous seriez prise ?

— Oui, mais elles me dirent en même temps d'avoir bon courage... Toutefois, si j'avais bien *sceu* que je dusse être prise dans cette occasion, *je n'y fusse point allée voulontiers*... et pourtant

(1) C'est-à-dire de dire la vérité sur toutes les choses qui lui seraient demandées.

j'aurais toujours fini par obéir, *quelque chose qui me dût arriver*...

La religion peut seule inspirer cette héroïque résignation; on peut même dire que tout ce qu'il y d'extraordinaire, de surnaturel, dans la *céleste mission* de Jeanne, s'explique par cette admirable réponse.

— Racontez-nous, comment fûtes-vous prise.

— J'avais traversé le pont attenant aux boulevards, et, avec mes gens, je venais de *rebouter* (repousser) jusqu'à deux fois les ennemis dans leurs logis... La troisième fois, il y eût un instant d'hésitation parmi les miens, et je fus forcée de rebrousser à mi-chemin... Alors les Anglais qui s'en étaient aperçus nous coupèrent la retraite... Toutefois, j'espérais encore pouvoir m'échapper du côté de la Picardie, lorsque je fus entourée et prise près du boulevard... La rivière me séparait seule de la ville de Compiègne.

En prononçant ces derniers mots, une larme brûlante s'échappe des yeux de Jeanne... L'infortunée! c'était là toute la vengeance que son cœur magnanime tirait de l'infâme trahison dont sans doute elle n'ignorait pas avoir été la victime (1).

— Que devint votre étendard?

(1) On ne peut se dissimuler que Jeanne, en insistant à plusieurs reprises sur cette circonstance, qu'elle avait été prise près du boulevard, et que la rivière la séparait seulement de la ville, n'ait voulu donner à entendre que si on l'eût secourue (et cela était bien facile) au lieu de lui fermer les portes au nez, elle n'eût pas été prise.

— Il demeura dans la mêlée, et fut brisé peut-être (1).

— Que signifiaient ce monde, ce père éternel, ces anges que l'on y voyait?

— J'avais fait peindre ces symboles par le conseil de *mes voix*... Je ne sache rien de plus...

— Aviez-vous des armoiries sur votre écu?

— *Je n'en eus oncques point*... Mais mon roi en donna à mes frères, à savoir : *Un écu d'azur, deux fleurs de lis d'or et une épée parmi*... Ce précieux don de mon roi fut fait à mes frères sans nulle requête de moi.

— Étiez-vous à cheval quand vous fûtes prise?

— Oui, sur un demi-coursier.

— Qui vous l'avait donné?

— Mon roi.. J'avais encore cinq autres coursiers, et, pour le moins, sept chevaux *trotiers* qui venaient également de lui, ainsi que la pécune qu'il me faisait *bailler* par son argentier Jacques Cœur.

— Reçûtes-vous d'autres richesses de votre roi?

— Je ne demandais rien à ce noble sire, fors (excepté) de bonnes armes, de bons chevaux, et quelques saluts d'or pour payer les gens de mon hôtel.

— N'aviez-vous point de trésor?

(1) Cette réponse et la question qui y donna lieu sont omises dans les grosses du procès; mais ce qui suit prouve qu'elle a dû être faite. Quant à l'étendard de Jeanne, quelle précieuse relique s'il pouvait être retrouvé!... Peut-être quelques fragments existent-ils encore...

— Dix à douze mille écus *que j'ai* (1) vaillant, ne sont pas un gros trésor pour faire la guerre... Je pense que mes frères en ont la garde en ce moment... Au reste, cet argent et tout ce que j'ai provient de mon roi.

— Jeanne, pourriez-vous bien nous dire maintenant quel est *le signe* qui détermina votre roi à ajouter foi à vos promesses?

— *Ce signe* est beau, honorable, et le plus riche qui se puisse voir, répond l'accusée avec le ton de l'inspiration...

— Pourquoi ne voulez-vous pas nous dire en quoi il consiste? N'eûtes-vous pas aussi le désir de voir celui de Catherine de La Rochelle, pour savoir si vous deviez croire à ses paroles?

— Ah! vraiment, il y a une grande différence. Si *le signe* de cette femme eût été aussi scrupuleusement examiné que le fut *le mien*, par les gens d'église, les évêques, les princes, les grands seigneurs, et même par Charles de Bourbon, le duc d'Alençon, le sire de La Trémouille, *qui le virent et l'entendirent*, aussi bien que je vous vois et que je vous entends, j'eusse tout d'abord ajouté foi aux paroles de cette Catherine de La Rochelle.

— Dure-t-il encore ce signe?

(1) L'expression dont se sert Jeanne est à remarquer : *que j'ai*, dit-elle, et non pas *que j'avais*, qui semblerait plus logique pour nous gens de l'an 1844, et qui le serait moins cependant, à prendre les choses comme on les comprenait alors. Car en ce temps-là la privation momentanée de son bien, pour le seigneur, n'établissait et ne pouvait établir de droit au profit d'un tiers ni de personne. Jeanne fait donc ici acte de féodalité.

— *Il est bon à savoir!* (plaisante question) répond Jeanne en souriant; il durera mille ans et plus...

— Est-ce or, argent, pierre précieuse ou *couronne*(1)?

— Je ne vous en dirai pas davantage, répond l'accusée en prenant un ton sévère, si ce n'est qu'homme au monde ne pourrait *deviser* (imaginer) rien de plus riche, de plus précieux...

— Que vous dirent *vos voix* à ce sujet?

— Va hardiment! Quand tu seras devant le roi, *il aura bon signe* de te recevoir et de te croire...

— Quand votre roi reçut *ce signe*, que fîtes-vous alors?

— Je m'agenouillai humblement et je remerciai Notre-Seigneur, qui me délivrait des clercs qui *arguaient* (péroraient) contre moi, et qui se turent alors.

— Qui porta *le signe*?

— Un ange.

— Les gens d'église virent-ils *ledit signe?*

— Quand le roi et ceux qui étaient avec lui l'eurent vu, *et même l'ange qui le bailla*, je demandai à ce prince s'il était satisfait... « — Oui, » répondit-il. Alors je me retirai dans une petite chapelle tout

(1) Ce mot de *couronne* donne à penser que les juges voulaient voir là des talismans, et en arguer pour accuser Jeanne de magie. Au reste, il est aussi difficile de deviner ce que les juges entendaient par cette expression que de comprendre le sens des réponses allégoriques de l'accusée... On pourrait encore supposer que ceux-ci plaidaient le faux pour savoir le vrai, et que Jeanne répondait tout ce qu'elle supposait devoir les dérouter.

près de là ; et je sus que plus de trois cents personnes, à savoir, nobles chevaliers, gens d'église, princes, virent *ledit signe*...

— Votre roi et vous ne fîtes-vous point de révérence à l'ange quand il apporta *le signe?*

— Oui, je m'agenouillai, et j'ôtai mon chaperon...

On se ferait difficilement une idée de l'étonnement ou plutôt de la stupeur des deux assesseurs et de Pierre Cauchon en entendant tous les aveux, si précis, si circonstanciés de l'accusée... L'air de candeur, le ton de persuasion ou plutôt d'inspiration qui régnait dans toutes les réponses de celle-ci, avait fait une profonde impression sur ces hommes pervers, vendus à l'étranger... Toujours est-il que l'évêque craignant peut-être qu'un plus long interrogatoire ne fît faire de trop sérieuses réflexions aux deux assesseurs, se hâta de clore la séance et d'emmener ceux-ci à son logis, pour les *travailler* et les *rassurer* sur ce qu'il venaient d'entendre (1).

(1) Nous avons cru devoir donner dans un grand détail les questions qui furent adressées à Jeanne dans ce septième interrogatoire et les réponses qu'elle fit. Les unes et les autres offrent une ample matière de réflexions. C'est au lecteur à les faire. Cela sera facile *à ceux qui croient en quelque chose*... Quant aux autres, c'est différent. Quoi qu'il en soit, il est aisé de voir que les juges, tout prévenus qu'ils étaient, traitaient fort sérieusement la *mission* de Jeanne, et surtout ce qu'elle offrait d'extraordinaire, d'incompréhensible, de surnaturel : seulement ils voulaient attribuer à l'esprit de ténèbres ce que l'accusée, dans sa tendre piété, disait être de célestes inspirations.

CHAPITRE X.

L'innocence peut être profanée, même en paroles.

Lundi, 12 mars.

Ce jour-là, l'évêque de Beauvais, accompagné de Jean de La Fontaine, de Nicolas Midy et de Gérard Feuillet, juges assesseurs; de Thomas Frenet, de Pasquier des Vaux et de Nicolas de Hubent, témoins, se rendit de grand matin dans la prison de Jeanne.

Jean de La Fontaine, sur l'ordre du prélat, procéda à l'interrogatoire.

—Jeanne, dites-nous : l'ange qui apporta *le signe* parla-t-il point ?

—Oui vraiment; il dit au roi qu'on me mît en besogne, et que la France serait bientôt *allegiée* (délivrée).

— Etait-ce saint Michel qui parlait ainsi ?

— Lui ou un autre ange, c'est toujours tout *ung*, et *oncques* ne me faillit (ne m'abandonna).

— Il vous a *failli* (abandonnée), puisque vous avez été *prinse*...

— C'était la volonté de Dieu; ainsi le mieux était que je fusse prinse.

— Et quant à votre âme, ne vous a-t-il pas abandonnée ?

— Vraiment non, puisqu'il me *conforte* tous les jours dans ma prison, ainsi que les deux saintes.

— Appelez-vous celles-ci ?

— *Elles* viennent sans que j'aie besoin de les appeler.

— Saint-Denis vous est-il quelquefois apparu ?

— Non que je sache...

— Dites-nous, Jeanne, quand vous fîtes vœu à Notre-Seigneur de garder votre virginité, parliez-vous à lui ?

A cette indécente question, qui était presque un sacrilége, la pauvre jeune fille répond avec candeur :

— Ne suffisait-il pas que je *le* promisse à *mes voix*, qui étaient envoyées par lui?

— Quel âge aviez-vous alors ? ajoute encore l'impudent interrogateur en levant sur l'accusée un regard profanateur.

— Treize ans environ, et je fis ce vœu *tout tant* qu'il plairait à Dieu...

— Qui vous conseilla de faire citer un jeune homme à Toul, pour qu'il eût à vous épouser ?

— Ce fut lui qui me fit citer pour que j'eusse à le prendre pour mari... Et là, ayant promis devant les juges de dire la vérité, je jurai ne lui avoir jamais fait aucune promesse de mariage; aussi gagnai-je mon procès, ce que *mes voix* m'avaient prédit.

— N'avez-vous jamais parlé de vos révélations à votre curé ?

— Non, mais seulement à Robert de Beaudricourt

et à mon roi. Et si d'abord j'en fis mystère, ce n'était pas que *mes voix* m'eussent défendu d'en parler, mais je craignais que les Bourguignons ne connussent mes projets ; surtout je craignais moult que mon père ne s'opposât à mon voyage.

— Croyiez-vous bien faire de vous enfuir ainsi de la maison paternelle, sans la permission de vos père et mère? N'était-ce pas violer le commandement de Dieu, *Père et mère honoreras?*

— En toute autre chose, je leur ai toujours obéi... depuis, leur ayant écrit à ce sujet, ils m'ont pardonné.

— Pensez-vous que vous ne péchiez point d'agir ainsi ?

— Puisque Dieu le voulait, il fallait bien me soumettre. *Et j'eusse eu cent pères et cent mères, et j'eusse été fille de roi, que je serai partie*, ajoute Jeanne avec l'accent de l'inspiration (1).

En ce moment, les juges se regardent avec l'expression de la plus vive surprise... L'héroïque réponse de l'accusée semble avoir fait une profonde impression sur eux... Après une assez longue interruption, l'interrogatoire est repris.

— Jeanne, dites-nous : quand saint Michel et les anges vous apparaissaient, leur faisiez-vous la révérence?

— Vraiment oui ! et même après qu'ils étaient partis

(1) Cette réponse est peut-être une des plus fortes de toutes celles que fit Jeanne. Elle prouve jusqu'à l'évidence que cette jeune héroïne était vraiment sous l'empire d'une inspiration surhumaine.

je baisais la terre, là où leurs pieds avaient posé.

— Restaient-ils longtemps ?

— Eh ! mon Dieu, ne savez-vous pas que notre ange gardien ne nous abandonne jamais, bien que nous ne le voyions pas ? répond avec une admirable présence d'esprit l'accusée, qui par là met au néant la sotte question de son juge.

— Avez-vous eu des lettres de saint Michel, de vos saintes ?

— Je ne puis, je ne dois vous répondre à cette question...

— *Vos voix* ne vous appelaient-elles pas *fille de Dieu... fille de l'église... fille au grand cœur ?*

— Quand *mes voix* me parlaient, souventes fois elles m'appelaient *Jehanne la pucelle, fille de Dieu.*

— Puisque vous êtes *fille de Dieu*, reprend alors avec perfidie le cauteleux Jean de La Fontaine, pourquoi avez-vous refusé, à la requête du seigneur évêque, de dire votre *Pater noster* ?

— C'était pour que monseigneur de Beauvais consentît à recevoir ma confession.

Comme on était dans le saint temps de carême, Pierre Cauchon leva la séance, afin que tous les juges pussent assister aux offices et se *refectionner* ensuite. L'accusée fut bien avertie que l'interrogatoire serait repris le même jour sur le soir.

Ainsi qu'il avait été convenu, il fut fait, et Jean de La Fontaine prit derechef la parole.

— Jeanne, racontez-nous le songe que fit votre père avant votre départ.

— Quand j'étais encore à la maison, ma mère

me dit un jour que mon pêre avait songé que je m'en allais avec des gens de guerre. Aussi, depuis lors, redoubla-t-il de vigilance à mon égard, et avait-il *grand cure* (grand soin) de me bien garder... Ma mère me raconta encore une autre fois que mon père, dans un moment de vivacité, avait dit à mes frères : « Si je cuidois (croyais) que le songe que j'ai » en dût se réaliser, je voudrois que vous noyassiez » votre sœur, et si vous ne le faissiez, je la noierois » moi-même. » Toujours est-il que j'ai su depuis que mon père et ma mère perdirent presque la raison du chagrin qu'ils éprouvèrent de me voir partie.

Ah! Jeanne! quel aveu faites-vous là!... Comment! vous auriez contristé les auteurs de vos jours? vous auriez répandu la coupe d'amertume sur leurs vieux ans?.. vous seriez peut-être la cause de leur trépas?... Jeanne! je vous le dis, en vérité, vous avez violé le précepte divin.

C'était le remords qui faisait entendre ces sévères paroles au cœur de l'accusée... Mais de sa voix stridente le juge s'écrie :

— Fut-ce à la requête de Robert de Beaudricourt que vous prîtes habit d'homme?

— Non, ni par le conseil de personne.

— *Vos voix* ne vous disaient elles rien à cet égard?

— Je ne puis vous répondre... seulement vous saurez que tout ce que j'ai fait de bien, ç'a été par le conseil de *mes voix*.

— Pensiez-vous mal faire en quittant les vêtements de votre sexe?

—Non...et telle est encore ma pensée... Ne fallait-il pas, en effet, que je prisse cet habit puisque *la mission* que j'avais reçue m'appelait à vivre parmi les hommes?...

En prononçant ces derniers mots, une vive rougeur colore les joues de la jeune vierge de Domremy... Il est aisé de juger que sa pudeur souffre d'avoir à s'expliquer sur un tel sujet, et que ses juges iniques, qui sans doute s'en aperçoivent, se font un infernal plaisir d'y revenir sans cesse.

— Jeanne, reprend Jean de La Fontaine, comment auriez-vous fait pour délivrer le duc d'Orléans?

— Oh! j'aurais pris des Anglais pour sa rançon, et si je n'avais pu trouver à en prendre assez en France, j'aurais passé la mer pour aller porter le dernier coup à cette nation perfide, l'ennemi juré de mon pays (1).

— Auriez-vous fait cela par le conseil de *vos voix?*

— Certainement.

— Jeanne, ne voulez-vous donc pas nous dire quel était *ce signe* qui fut apporté à votre roi?

— Je ne puis... *mes voix* ne me l'ont pas permis.

Cependant un nouvel incident allait surgir et rendre s'il était possible la position de l'accusée encore plus affreuse... L'évêque de Beauvais venait de

(1) N'est-il pas à remarquer que tous les grands capitaines, et Jeanne peut être mise au nombre, ont eu la même idée de terrasser le léopard dans son repaire?... C'était aussi le projet favori du grand homme.

faire suspendre l'interrogatoire et de donner ordre qu'on introduisît Jean le Maître, vice-inquisiteur, qui n'avait jusque là assisté au procès qu'en qualité de simple juge assesseur.

Bientôt celui-ci parut, fit un profond salut au prélat et alla prendre place vis-à-vis de lui... Le plus profond silence s'étant établi, Pierre Cauchon prit la parole pour récapituler brièvement tout ce qui s'était passé depuis l'ouverture du procès jusqu'à ce jour... puis il ajouta que le grand inquisiteur de France avait donné commission pour le remplacer à Jean le Maître... Ce dernier produisit alors la cédule par laquelle il était désigné pour diriger le procès *jusqu'à sentence définitive*... En conséquence, Jean le Maître, frère prêcheur, bachelier en théologie, vice-inquisiteur de la foi en France, déclara à haute et intelligible voix qu'en vertu de ladite commission, il consentait à prendre communication de tout ce qui avait été fait et dit jusqu'à ce jour, afin de pouvoir donner son avis et remplir, *dans toute sa force, jusqu'à sentence définitive inclusivement*, son office de vice-inquisiteur.

Enfin, pour revêtir tout ce grimoire diabolique *de formes légales*, le vice-inquisiteur donna, séance tenante, la commission de promoteur et celle d'exécuteur des mandements aux personnes déjà choisies par le prélat, et de plus, désigna un certain nombre d'hommes d'armes pour garder étroitement l'accusée et répondre d'elle à la sainte inquisition.

CHAPITRE XI.

> Les fictions d'une âme inspirée sont au-dessus de la portée du vulgaire.

Mardi, 13 mars.

Par suite de ce qui avait été décidé la veille, le vice-inquisiteur et l'évêque de Beauvais, accompagnés de deux ou trois juges assesseurs, venaient d'entrer dans le cachot de Jeanne.. Deux témoins seulement, Nicolas de Hubert et frère Isambert de La Pierre, avaient été appelés... Ainsi tout s'assombrissait de jour en jour autour de l'accusée, et pour elle l'avenir, enveloppé de noirs nuages, ne présageait que des tempêtes.

Pour parler sans figures, Jeanne à dater de ce jour se trouvait devant le redoutable tribunal de l'inquisition... C'était bien lui avec son huis-clos, ses cachots infects et profonds, *ses plombs* brûlants, ses chaînes pesantes, ses fers rivés et doublement rivés, ses effroyables tortures, ses crochets acérés, ses chevalets, ses fouets, ses cordes à nœuds, ses torches à la lueur blafarde, ses bûchers... C'était encore lui avec ses pleurs, ses cris, son désespoir...

C'était lui enfin, avec son affreux cortége de bourreaux à la science infernale, démons vomis par l'enfer pour prêter leurs bras sanglants à l'intolérance, à la tyrannie, ces deux monstres hideux, à la face blême, à l'œil louche, au regard de travers, à la démarche boiteuse, au souffle empesté, à la parole de haine et de mensonge...

Et toi! jeune fille aux balances d'or, fuis de ce funèbre séjour!... Ne sais-tu pas que si tu osais paraître devant eux, si tu osais leur reprocher leurs forfaits, dans leur rage infernale, ils te poignarderaient... Fuis, encore une fois, fuis... Tu ne peux la sauver, il faut que l'innocence succombe sous les coups redoublés de ces monstres à face humaine... Mais, silence! silence! la séance est ouverte.

Jean de La Fontaine prend la parole, et exige que l'accusée ait à faire connaître *le signe* donné au roi.

Celle-ci, d'une voix qui semble implorer la pitié de ses juges sans pitié, répond humblement :

— Voudriez-vous donc que je me parjurasse?

Le vice-inquisiteur s'écrie alors :

— Jeanne, serait-il vrai que vous eussiez juré à *vos voix* de ne point divulguer ce secret?

— Oui, j'ai juré de ne le point divulguer à personne.

— Bien! mais à vos juges, c'est différent. Dites-nous donc ce que vous savez à ce sujet (1).

(1) Nous rétablissons ici quelques questions qui ne sont point dans l'original du procès, mais qui ont dû être faites, d'après ce qui suit. M. Le Brun des Charmettes prétend que tout ce que dit

Et comme l'accusée hésite encore de répondre, le vice-inquisiteur ajoute :

— Jeanne, vous avez juré de dire la vérité, toute la vérité, dites donc ce que vous savez !

— Eh bien ! s'écrie la pauvre jeune fille profondément émue et en levant les yeux au ciel, *ce signe* vénéré que vous voulez absolument connaître, c'était la riche couronne que l'ange apporta à mon roi, en lui disant moult séraphiquement qu'il récupérerait, à l'aide de Dieu et avec mon bras, le beau royaume de France : ainsi donc qu'il eût à me mettre en *besoigne*, et à me *bailler* gens d'armes pour guerroyer.

Jeanne touchant le *signe* est une allégorie continuelle. Cela est possible. Toutefois il est plus simple de supposer que cette jeune fille, pour donner le change à ses juges, leur répond tout ce qui lui passe par la tête. Voici les considérations sur lesquelles nous nous fondons : d'abord on ne peut se dissimuler que si de pareils prodiges eussent été vus de la cour de Charles VII, les historiens contemporains en eussent certainement dit quelques mots, à moins qu'on ne suppose que la jeune inspirée et son roi étaient seuls *dans les secrets du ciel*. Il est donc bien plus simple d'admettre que toutes ces merveilleuses fictions inventées par Jeanne, le furent dans le but de cacher aux juges l'état de découragement où était plongé Charles de Valois lorsqu'elle vint le trouver. N'en doutons pas, la vierge de Domremy aima mieux *raconter* les poétiques inspirations de son cœur, que de peindre avec le pinceau de la vérité ce Valois si inconcevable dans *ses hésitations* perpétuelles. Elle préféra, la noble jeune fille qui a sauvé la France au prix de sa liberté, elle préféra sauver encore son roi de la honte qui aurait rejailli sur lui, si elle eût dit à ses ennemis tout ce dont elle avait été témoin. Ah ! pourquoi faut-il que tant d'héroïsme ait été payé par tant d'ingratitude ?

— L'ange mit-il la couronne sur la tête du prince ?

— Il la remit à un évêque qui la donna à mon roi.

— Où cela se passait-il ?

— *En la chambre* de Charles de Valois, au castel de Chinon.

— De quelle matière était la couronne ?

— *C'est bon à savoir !* (plaisante question) elle était de l'or le plus pur, et si riche que je ne le saurais dire.

— La touchâtes-vous ? *la baisâtes-vous ?*

— Non.

— L'ange venait-il d'en-haut?

— Il venait d'en-haut; et quand il fut en présence du roi, il s'inclina profondément en présentant la couronne.

— Tous ceux qui étaient là présents virent-ils l'ange?

— Je pense que l'archevêque de Reims, les sires d'Alençon, de La Trémouille et de Bourbon, le virent.

— Avez-vous su où l'ange avait eu cette couronne ?

— Elle venait *par la grâce de Dieu.*

— Ne répandait-elle pas une odeur agréable ?

— Certainement !

— Comment le roi sut-il que c'était un ange qui lui baillait cette couronne?

— Par les gens d'église qui étaient présents.

— Comment ceux-ci le surent-ils ?

— Par leur science, et parce qu'ils étaient clercs.

Il se fit un moment de silence, pendant lequel les juges et surtout le vice-inquisiteur semblèrent *moult s'esbahir* de ce qu'ils venaient d'entendre... Quant à Jean de La Fontaine, il paraissait se recueillir ou plutôt réfléchir profondément... Après quelques instants, il reprit en ces termes :

— Jeanne, racontez-nous maintenant ce que vous avez su d'un certain prêtre qui menait concubine avec lui, et d'un vase précieux qui aurait été égaré.

— Vraiment, répond l'accusée, je ne sais ce que vous voulez me dire, *et oncques n'en ouïs parler* (1).

— Quand vous vous présentâtes devant Paris et devant la Charité, était-ce par le conseil de *vos voix ?*

— Non, mais bien à la requête des guerriers de mon parti, qui voulaient *faire une escarmouche*, *une vaillance d'armes.*

— Pensez-vous qu'il était bien décent, qu'il était bien convenable, le jour de la nativité de Notre-Dame, qui est une moult grande fête, d'aller assaillir Paris?

— C'est très bien de garder les fêtes de Notre-Dame, et, en ma conscience, il me semble qu'il est louable de les observer dévotement depuis le matin jusqu'au soir.

(1) Cette question fut posée à Jeanne ; l'original du procès en fait foi. Mais on ignore à quel fait, vrai ou faux, elle fait allusion. C'est un *mystère*.

— N'avez-vous point dit, étant devant Paris: *Rendez-vous! de par Jhesus!*

— Non pas, mais bien : Rendez-vous au roi de France!

L'interrogatoire fut clos en cet endroit, et la séance suivante indiquée pour le lendemain.

CHAPITRE XII.

Perfidie sur perfidie...

Mercredi, 14 mars.

La redoutable inquisition ne pouvait guère *s'emparer* du procès en question sans y introduire quelqu'un des siens. Il fallait bien que Jean le Maître, ce digne représentant de ce tribunal de sang, sût à qui se *fier*, ou, en d'autres termes, que la rédaction des séances confiée aux deux anciens tabellions, gens probes et honnêtes, fût contrôlée par un troisième tabellion, entièrement dévoué au vice-inquisiteur. Toujours est-il que Pierre Tasquel, prêtre, *notaire public de l'autorité impériale et de la cour archiépiscopale de Rouen*, fut revêtu par le vice-inquisiteur de la charge de *tabellion et de scribe en la cause.* Et comme il était de droit que l'inquisition primât toujours où elle apparaissait, Pierre Tasquel ne devait pas écrire, mais seulement écouter, et les deux autres tabellions soumettre respectueusement à celui-ci ce qu'ils écrivaient.

Quoi qu'il en soit, la séance, qui se tenait toujours dans le cachot de l'accusée, fut ouverte avec les formalités ordinaires, et les questions suivantes ainsi posées :

— Jeanne, dites-nous, pourquoi essayâtes-vous de vous évader, en sautant de la tour de Beaurevoir ?

— Ayant ouï dire que ceux de Compiègne devaient tous être mis à feu et à sang, j'aimai mieux mourir, si je devais succomber, en volant à leur secours, que survivre à la destruction de tant de braves gens... J'avais aussi appris que j'étais vendue aux Anglais, mes implacables ennemis... C'est assez dire que je préférai mille fois la mort à ce sort affreux.

— *Vos voix* vous l'avaient-elle conseillé?

— Vraiment non! bien au contraire. Chaque jour *elles* me disaient que je ne *saillisse* (sautasse) point du donjon où j'étais prisonnière... que Dieu m'aiderait et ceux de Compiègne... Mais je répondais que je voulais aller rejoindre les braves habitants de cette ville.

— N'auriez-vous point dit à *vos voix* : «Est-ce que » Dieu laissera mourir *si mauvaisement* ces bonnes » gens de Compiègne?»

— N'ai jamais parlé ainsi ; mais bien que je ne pouvais croire que Dieu permît la mort de ceux qui lui étaient si fidèles.

— Fûtes-vous moult blessée de votre chute?

— Je fus tant *grevée* (blessée) que l'on me croyait morte, et que je ne pus boire ni manger pendant trois jours. Mais *mes voix* me reconfortèrent et me dirent de rendre grâce à Dieu, ce que je fis ; et fus *tantôt* (bientôt) guérie.

— Est-ce que vous ne craigniez pas de vous tuer? s'écrie avec perfidie le vice-inquisiteur.

—Vraiment non! Je m'étais recommandée à Dieu, répond la pieuse jeune fille.

— Ne maugréâtes-vous pas, quand vous vîtes que vous aviez échoué?

—Je n'ai renié ni maugréé oncques Dieu et ses saints, s'écrie avec l'accent de la vérité l'infortunée captive.

— Jeanne, dites-nous : quand *vos saintes* viennent vous visiter, sont-elles entourées d'une grande lumière?

— Cela se pourrait bien...

— Que leur demandiez-vous le plus instamment?

— Trois choses, à savoir : que je pusse secourir mon roi ; que Dieu protégeât la France, et que je fisse mon salut... Quant à vous, qui vous dites mes juges, ajoute avec feu l'accusée, qui semble à la fin perdre patience, je vous requiers de me faire conduire à Paris et de me donner le double de mon interrogatoire, afin que je puisse dire à ceux de cette ville : — Voyez comme j'ai été interrogée à Rouen, et les réponses que j'ai faites... Enfin je vous requiers encore de ne plus me fatiguer de tant de questions oiseuses et inutiles.

En prononçant ces mots, l'indignation de Jeanne était visible. Ses yeux lançaient des éclairs; et pour ses juges prévaricateurs c'était presque la foudre que les énergiques paroles qu'elle venait de leur jeter à la face, avec cet irrésistible ascendant que donne toujours l'innocence.

Le vice-inquisiteur s'irrite de la blessure qu'il vient de recevoir. Sans perdre de temps, il veut rendre coup pour coup ; d'un ton sévère il s'écrie :

— Jeanne, vous avez menacé monseigneur de Beauvais (1). Vous lui avez dit irrévéremment qu'il courait grand danger de vous mettre en cause... Que vouliez-vous dire par là ? Expliquez-vous.

— Vraiment ! j'ai dit ce qui est, et j'ai fait ce que j'ai dû faire, en l'avertissant. Car, enfin, si Dieu un jour le châtiait d'avoir mal jugé, d'avoir prévariqué méchamment, je n'aurais rempli que mon devoir de le prévenir, et je n'aurais rien à me reprocher.

— Mais enfin quel est ce danger éminent, quel est ce grand péril dont vous l'avez menacé ?

— J'en ai dit assez, vous devez m'avoir comprise, répond avec une noble fermeté la jeune captive.

A ces mots, le vice-inquisiteur fronce le sourcil ; on s'aperçoit qu'il est profondément blessé des réponses de l'accusée, et plus encore de ce qu'elle laisse à entendre d'une façon non équivoque.

Après un instant de silence, il s'écrie de nouveau :

— Jeanne, *vos voix* vous ont-elles prédit que vous seriez délivrée ?

— Certainement ! elles m'ont prédit que je serais délivrée, et par une grande victoire. Elles m'ont dit encore : *Prends tout en gré* (en patience) ; ne te

(1) Les originaux du procès ne nomment point Pierre Cauchon comme ayant assisté à cette séance. Cette question du vice-inquisiteur semble prouver évidemment que ce prélat n'était point présent.

chaille (soucie) de ton martyre, et tu viendras au royaume de paradis.

A ces prophétiques paroles, une joie perfide éclate dans les yeux baignés de sang des juges de l'innocente victime. La réponse que celle-ci vient de faire sera une source de questions captieuses.

— Depuis que *vos voix* vous ont dit que vous iriez en paradis, vous tenez-vous pour assurée d'être sauvée ?

— Je crois fermement ce qu'*elles* m'ont dit.

— Jeanne, cette réponse *est de grand poids.*

— Aussi estimé-je ce que m'ont dit *mes voix* comme le plus grand des trésors.

— Croiriez-vous, d'après cette révélation, que vous ne pouvez plus pécher mortellement?

— Je ne sais... mais j'attends tout de mon Dieu, et surtout je garderai de tout mon pouvoir *cette virginité* de corps et d'âme que je lui ai vouée.

L'interrogatoire fut suspendu, mais pour être repris le même jour.

Les réponses que venait de faire l'accusée donnaient une nouvelle face au procès. Les juges, et surtout le vice-inquisiteur, l'avaient bien senti : aussi, avec une perfidie consommée, avaient-ils jugé à propos d'aller se concerter sur le parti qu'ils pourraient tirer, pour perdre Jeanne, d'une suite de questions insidieuses basées sur ses dernières réponses. Toujours est-il qu'après avoir rédigé, dans un conciliabule secret, lesdites questions, ils se rendirent le même jour, dans l'après-midi, à la prison. Un certain Jean Manchon et frère Isambard durent figurer comme témoins. Quant à Pierre Cauchon, il fit encore défaut, s'en rapportant au *zèle* et aux *lumières* de son digne acolyte, le vice-inquisiteur.

— Jeanne, s'écrie celui-ci, depuis que vous êtes en prison, n'avez-vous point renié et maugréé Dieu ?

— Non pas; et si d'aucuns le disent, ils ont mal entendu.

— Puisque vous nous avez dit que vous seriez certainement sauvée, est-il donc encore besoin de vous approcher du tribunal de la pénitence?

— Je crois qu'on ne saurait trop *nectoyer* sa conscience.

— Dites-nous, Jeanne, faire mourir un prisonnier, bien qu'il ait droit à rançon, n'est-ce pas commettre péché mortel?

— Je n'ai jamais fait telle chose.

— Comment? ne vous rappelez-vous plus de cet infortuné Franquet d'Arras qui fut supplicié à Lagny?

— Voici le fait : je voulais échanger Franquet contre *ung* homme de Paris, *maître d'auberge à l'enseigne de l'Ours* (1) ; mais, ayant su que le pauvre hôtelier avait péri de male-mort pour la cause du roi, et, de plus, le baillif m'ayant représenté que je faisais grand tort à la justice de vouloir délivrer ledit Franquet, qui s'avouait *meurdrier*, *larron et traictre*, je me désistai et je l'abandonnai à son malheureux sort. Toutefois, s'il fut condamné, s'il

(1) *Magistrum hospitii ad Ursum.* (Grosses latines.)

paya de sa tête ses crimes, ce fut légalement, ce fut par ceux de la justice de Lagny. Son procès dura bien quinze jours. Vous le voyez, je suis innocente de sa mort et n'y pouvais rien.

— Baillâtes-vous ou fîtes-vous bailler de l'argent à celui qui avait pris Franquet?

— Suis-je trésorier de France pour bailler argent? répond Jeanne en souriant.

Une assez longue interruption eut lieu en cet endroit. Toutefois, les juges ne quittèrent pas la prison, mais seulement se retirèrent dans l'enfoncement d'une haute fenêtre en ogive, garnie d'énormes barreaux de fer, où ils se consultèrent entre eux et à voix basse... Il était facile de s'apercevoir, à la chaleur qu'ils mettaient dans leurs discussions, qu'ils n'étaient pas tous du même avis, qu'un grave sujet de dissidence s'était élevé. Mais il était tout-à-fait impossible à l'accusée, reléguée dans un coin obscur du vaste cachot où elle était confinée, de saisir la moindre chose des paroles que ceux-ci échangeaient entre eux. Cela lui était d'autant plus impossible, qu'alors les gardes, les tabellions, les deux témoins faisaient cercle autour d'elle, et s'entretenaient eux aussi, et à voix haute, de choses tout-à-fait étrangères au procès.

L'interrogatoire est repris pour la troisième fois, et le vice-inquisiteur s'écrie :

— Jeanne, prêtez bien attention à ce que je vais vous dire : Vous convenez avoir attaqué Paris un jour de grande fête; vous avez permis qu'on prît la haquenée de monseigneur de Senlis; vous vous êtes précipitée du sommet de la tour de Beaurevoir, au risque de vous tuer, ce qui est un véritable suicide; vous portez orgueilleusement et indécemment habit d'homme; vous avez donné votre assentiment au meurtre de Franquet... N'est-ce pas, Jeanne, vous convenez de tout cela? ajoute le vice-inquisiteur d'une voix tonnante. Eh bien! pensez-vous que tous ces faits, et chacun d'eux en particulier, ne soient pas péchés mortels? Répondez.

L'accusée paraît réfléchir... L'infortunée comprend la gravité des chefs d'accusation qu'une perfidie étudiée vient d'élever contre elle... Toutefois, son courage ne l'abandonnera pas... elle est forte de son bon droit... sa conscience ne lui reproche rien... Silence! écoutez les nobles accents de l'innocence :

— De l'attaque de Paris, un jour de fête, s'écrie-t-elle, c'est à Dieu, à Dieu seul d'en juger... Toutefois, je *ne cuide point* (je ne crois pas) avoir péché... Touchant la haquenée de monseigneur de Senlis, non seulement elle fut estimée deux cents saluts d'or, dont il reçut le billet, mais encore je la renvoyai au sire de La Trémouille pour la rendre au prélat, par la raison qu'elle n'était point propre à soutenir les fatigues de la guerre, et que j'avais appris que ledit prélat *était mal content* et désirait fort ravoir sa monture. Ainsi, de ce fait ne crois pas non plus avoir péché. Toutefois, je ne sais si l'évêque fut payé et si on lui rendit sa haquenée... Je croirais même volontiers que non... Quant à m'être évadée de la tour de Beaurevoir, ce fut, non pour sauver mon corps, mais bien pour aller au secours des braves habitants de Compiègne... Je crois cependant avoir mal fait *de saillir* (sauter)... mais grâce à mon repentir, Dieu me pardonnera... Enfin pour ce qui est de porter habit d'homme, je vous répondrai que c'est par l'ordre de Dieu, ainsi je ne crois pas pécher... Au reste, s'il lui plaisait que je quittasse ce vêtement, aussitôt je le mettrais *jus* (bas)... Si je ne m'excuse point du fait de Franquet, c'est que je m'en suis déjà expliquée.

On ne pouvait s'exprimer avec plus de candeur et de bonne foi : aussi le vice-inquisiteur se garda-t-il bien d'insister et de demeurer plus longtemps sur un terrain où l'accusée avait tout l'avantage... La séance fut levée immédiatement pour être reprise le lendemain.

On remarquera sans doute que plus le terme fatal approchait, plus les juges se montraient ardents à torturer leur victime par des questions insidieuses... à la fatiguer par des séances longues, multipliées, renouvelées presque coup sur coup... En effet, trois interrogatoires avaient eu lieu ce jour-là... Aussi Jeanne qui ne prenait qu'une nourriture grossière, qu'un pain baigné de ses larmes, qu'une eau d'angoisse, était-elle exténuée de fatigue... Mais le ciel la soutenait... la réservait pour l'holocauste.

CHAPITRE XIII.

> Quand le génie fait gronder sa grande voix, on croirait entendre les éclats de la foudre... Mais si quelque sot imitateur veut le singer, on dirait la harpe éolienne minaudant à tous les vents.
>
> Oh ! que l'impossible est une cruelle chose !

Jeudi, 15 mars.

Ce jour-là l'évêque de Beauvais n'assista point encore à l'interrogatoire. Jean de La Fontaine le remplaça en qualité de *commissaire examinateur*. Les assesseurs furent Nicolas Midy et Gérard Feuillet; les témoins, Nicolas de Hubenc et frère Isembard de La Pierre. Inutile de dire que le vice-inquisiteur était à la tête de toute cette bande noire.

Il ouvrit la séance par des *monitions* adressées à l'accusée, et d'un ton sévère, d'une voix forte, l'interpella en ces termes :

— Jeanne, dites-nous : n'auriez-vous point commis quelque action contraire à la foi?... S'il en est ainsi, nous requérons et nous exigeons que vous vous en rapportiez au jugement de l'église.

Mais sans se troubler de cette brusque apostrophe, aussi insidieuse pour la forme que pour le fond, l'accusée, avec une prudence au-dessus de son âge, s'écrie d'une voix qui aurait touché des juges moins prévenus qu'elle désire que ses réponses soient examinées par des *clercs*... qu'alors, s'ils y trouvent quelque chose de blâmable, elle saura bien, par le conseil de ses voix, se rétracter... Mais, ajoute-t-elle, s'il n'y a rien de contraire à la foi dans tout ce qu'elle a dit, elle y persiste et serait moult peinée *d'aller à l'encontre*.

— Jeanne, vous a-t-on dit ce qu'on entend par l'église triomphante et l'église militante?

— Non pas que je sache...

— Quoi qu'il en soit, il faut que vous vous soumettiez à l'église sur tout ce que vous avez fait, soit en bien, soit en mal.

— Je ne puis rien vous répondre autre chose pour le présent, que j'ignore la distinction que vous établissez.

Le vice-inquisiteur entre alors dans de longs détails à ce sujet... On se doute bien que la simplicité d'une pauvre jeune fille élevée aux champs ne comprend rien, ne peut rien comprendre à l'argot scolastique du pédant en jaquette noire... Aussi Jeanne s'écrie-t-elle plusieurs fois d'un ton humble qu'elle ne comprend pas; mais que bien volontiers elle se soumet d'avance aux clercs qui examineront ses dits et gestes.

— Eh bien, répond le vice-inquisiteur, nous vous donnons jusqu'à tantôt pour réfléchir.

Et en disant ces mots, les juges se lèvent de leurs siéges, et l'interrogatoire est remis à l'après-midi du même jour.

Il n'est pas inutile de savoir que la dissertation embrouillée que venait de *brailler* le vice-inquisiteur avait trouvé des contradicteurs même parmi ses vils suppôts, les juges assesseurs, et que la suspension de l'interrogatoire était nécessitée par le besoin de se concerter pour mieux s'entendre aux séances suivantes... Ainsi, chose monstrueuse, des hommes vieillis dans tous les dédales de la scolastique n'étaient pas même d'accord quand il s'agissait de discuter les questions épineuses qu'ils posaient, avec une perfidie sans exemple, à la simplicité d'une pauvre jeune fille élevée dans les champs, qui n'avait jamais rien su que son *Pater* et son *Credo*. Quoi qu'il en soit, le soir du même jour, l'interrogatoire fut repris avec les formalités accoutumées.

— Jeanne, s'écrie le vice-inquisiteur, racontez-nous la tentative que vous fites pour vous échapper du castel de Beaulieu.

— J'avais trouvé le moyen de tromper la vigilance de mes gardes, et je descendais précipitamment les degrés de la haute tour, quand je fus rencontrée par le portier, qui donna l'alarme... Je compris alors que ce n'était pas la volonté de Dieu que je m'échappasse.

— Sortiriez-vous encore aujourd'hui de votre prison si vous le pouviez ?

A cette ridicule question, la jeune captive répond aussitôt avec une noble franchise :

— Certainement! si je voyais l'huis ouvert... car je croirais alors, je croirais fermement que c'est la volonté de Dieu que je m'en allasse... Le proverbe ne dit-il pas: *Aide-toi! et le ciel te sera en aide...* Au reste, en attendant que *messire* (Dieu) vienne à mon secours, je désirerais bien que l'on me permît d'assister au saint sacrifice de la messe.

— Puisque vous demandez à ouïr la messe, il serait plus décent pour l'entendre que vous fussiez en habit de femme... Lequel préféreriez-vous donc, ajoute avec perfidie le vice-inquisiteur, lequel préféreriez-vous de prendre les vêtements de votre sexe et d'assister au saint sacrifice, ou de conserver l'habit désordonné que vous portez, et de ne pas y assister?

— Promettez-moi, répond la jeune captive avec une vive émotion, promettez-moi qu'il me sera *octroyé* de ouïr la messe, si je prends l'habit de femme, et alors je vous répondrai.

— Eh bien! je vous jure que vous *l'orrez* (l'entendrez), si vous reprenez les habits de votre sexe.

— Que me conseillerez-vous maintenant, s'écrie Jeanne en poussant un profond soupir, si je vous dis que j'ai juré à mon roi de ne point mettre *jus* (bas) cet habit?

Voyant que le vice-inquisiteur garde le silence, l'accusée ajoute: — Je consens cependant bien volontiers à revêtir une longue robe, mais seulement pour ouïr messe... et au retour, je reprendrai l'habit que je porte.

— Jeanne, s'écrie encore l'inquisiteur avec une

perfidie étudiée, est-ce que vous refusez de reprendre tout-à-fait et pour toujours les vêtements de votre sexe, pour assister au saint sacrifice. ?

— Ah! vous me poussez trop! répond la pauvre prisonnière en levant au ciel ses yeux baignés de larmes; vous me poussez à bout... Laissez-moi me consulter... et je vous répondrai... Mais en attendant, je vous supplie instamment, je vous demande en grâce, je vous requiers, en l'honneur de Messire (Dieu) et de Notre-Dame, de pouvoir ouïr messe en cette bonne ville de Rouen.

— Eh bien! prenez les habits de votre sexe *simplement et absolument.*

— Oui, j'y consens, et prendrai même le chaperon de femme, mais seulement pour aller dans la maison de mon Dieu.

Et comme si elle se repent déjà de violer la promesse qu'elle a faite à son roi, Jeanne ajoute : Toutefois, si cela est possible, je supplie instamment qu'on me laisse l'habit que je porte (1).

Les juges se regardent et échangent à voix basse quelques mots avec le vice-inquisiteur... Après une assez longue interruption celui-ci s'écrie :

— Jeanne, revenons au sujet de ce matin ; dites-nous, ne voulez-vous point vous soumettre au jugement de l'église?

(1) Il ne faut pas oublier que, outre le motif de l'obéissance à Dieu, dont Jeanne croyait avoir reçu l'ordre de prendre l'habit viril, elle avait encore une autre raison bien puissante, l'immoralité de ses gardes et les tentatives coupables auxquelles sa pudeur était journellement exposée.

— De tout mon cœur, je m'en réfère humblement à Dieu... et je vous jure bien que je ne voudrais rien faire ni dire contre la foi... Que si les *clercs* prétendent que j'ai failli, certes je ne soutiendrai pas mon erreur, mais je la *bouterai hors*.

— Répondez clairement : voulez-vous vous soumettre à l'église ?

— Je viens de vous répondre, je ne puis vous dire autre *chose* (1).

Il y eut un moment d'interruption, et derechef, Jean de La Fontaine et le vice-inquisiteur se parlèrent bas ; puis celui-ci reprit en ces termes :

— Jeanne, quand *vos saintes* viennent vous visiter, leur faites-vous la révérence comme vous feriez à un saint ou à une sainte ?

— Oui, et je ne crois pas trop faire.

— Ainsi vous leur avez sans doute fait aussi offrande de cierges ou d'autres oblations dévotieuses ?

— Non pas, mais en l'honneur de sainte Catherine, j'ai brûlé des cierges devant son image, lorsque le prêtre célébrait les saints mystères à son autel.

— Ainsi donc, les cierges que vous mettiez devant l'image de sainte Catherine étaient pour honorer *celle* qui vous apparaissait ?

(1) Il ne faut pas perdre de vue que Jeanne était fondée à croire que, par l'Église, ses juges entendaient leur tribunal. Or, de bonne foi, pouvait-elle se soumettre sans restriction à cette horde de juges iniques, ou plutôt de bourreaux, qui la torturaient sans cesse sans pitié, sans miséricorde ? Non !!! mille fois non !!!

— Non pas, mais pour honorer Dieu dans ses saints.

— Mais enfin, ces cierges, vous les allumiez en l'honneur de *la sainte* qui vous apparaissait?

— Oui, car je ne fais point de différence entre *elle* et *celle* qui est dans les cieux.

En répondant ainsi, l'infortunée captive vient encore de fournir des armes contre elle. Il était évident, en effet, que l'opiniâtreté que le vice-inquisiteur venait de mettre dans ses questions, au sujet du culte rendu *aux saints* qui apparaissent à l'accusée, avait pour but de la convaincre plus tard des *crimes énormes d'idolâtrie, de superstition*; crimes prévus par les saints canons, et réservés au saint office, au tribunal redoutable de l'inquisition. Toujours est-il que Jean le Maître, le digne suppôt de celle-ci, et Jean de La Fontaine, se parlèrent longuement à voix basse, et qu'il était facile de lire sur leur grosse trogne épanouie d'un rouge de sang la satisfaction intérieure qu'ils éprouvaient: c'étaient des bouchers qui avaient tressailli de joie en palpant la victime qu'ils allaient égorger.

Après quelques instants d'interruption, le vice-inquisiteur reprend en ces termes:

— Jeanne, dites-nous, faites-vous toujours ce que *vos voix* vous commandent?

— Oui, de tout mon pouvoir, j'obéis à Dieu, qui me fait savoir ainsi sa volonté.

— N'avez-vous point d'autres *esprits* qui vous visitent?

— Saint Michel.

— Comment avez-vous su que c'était lui?

— A son langage : c'était celui des anges.

— Comment pouvez-vous connaître le langage de ces esprits célestes?

— Telle était *mon inspiration*, que les conseils qu'ils me donnaient venaient de Dieu.

— Mais si Satan prenait la forme d'un ange, comment le reconnaîtriez-vous?

— Oh! *je cognoistrois* bien vite si c'était saint Michel *ou une chose contre-faisante comme luy*... Toutefois, la première fois que je vis ce saint j'eus grand'peur.

— Que vous dit-il?

— Sur toutes choses, il me recommandait d'être sage, et que Dieu m'aiderait; puis il me dit encore de venir au secours du roi de France.

Après quelques questions insignifiantes, et d'autres *fort inconvenantes*, touchant la stature de saint Michel et *ses formes corporelles*, le vice-inquisiteur, qui n'avait eu que trop de preuves de la sincérité et de la candeur de l'accusée, lui demanda avec une atroce perfidie *si elle savait avoir commis quelque crime qui méritât la mort*... Ce à quoi Jeanne, sans hésiter, répondit négativement.

La séance alors fut close, et la suivante indiquée pour le surlendemain.

CHAPITRE XIV.

> Le prêtre, ou plutôt le monstre qui révèle le secret de son pénitent, est digne du dernier supplice.

Pierre Cauchon venait d'apprendre par le vice-inquisiteur le résultat du dernier interrogatoire de Jeanne, et que celle-ci refusait obstinément de se soumettre au jugement de l'église. C'était une excellente nouvelle pour le perfide prélat; sa joie était grande de voir que la victime était enfin tombée dans le piége; mais, comme d'un moment à l'autre l'accusée pouvait se *rétracter*, il se hâta d'envoyer un message à l'Oiseleur, ce prêtre éhonté qui avait su capter la confiance de celle-ci, pour qu'il eût à venir recevoir des communications de la plus haute importance. L'Oiseleur, qui était l'âme damnée de Pierre Cauchon, l'Oiseleur, qui était vendu depuis longtemps à l'infâme parti de l'étranger, accourut en toute hâte chez son seigneur et maître.

Voici ce dont il était question : il ne s'agissait de rien moins, le croirait-on? que d'abuser du secret de la confession pour tromper indignement et sacrilégement la pauvre Jeanne. Or, comme ledit l'Oiseleur, grâce à son langage hypocrite, avait su capter la confiance de cette infortunée, qui avait été jusqu'à le prendre pour son confesseur, le prélat le choisissait pour lui faire jouer le rôle infâme d'un prêtre oubliant ses devoirs les plus sacrés, ou plutôt d'un monstre infidèle à ses serments et à son Dieu !!!

Ainsi l'évêque avait recommandé, je faux, l'évêque avait ordonné à l'Oiseleur d'employer tous les moyens de persuasion pour engager Jeanne à persister dans le refus de se soumettre au jugement de l'église. Cela était d'autant plus facile à obtenir de l'accusée, à part la tendance qu'elle y avait déjà, qu'il ne s'agissait que de lui donner à entendre que ses juges faisant parti de cette église, c'était se perdre infailliblement que de s'en rapporter au jugement de celle-ci. Si donc, au moyen de cette trame infernale, on parvenait à obtenir que Jeanne ne se rétractât pas, et il n'y avait pas de doute qu'on y parvînt en lui présentant la question sous ce faux jour, c'en était fait de cette infortunée. L'accusation de schisme et d'hérésie pesait sur sa tête, et l'on sait quel sort on réservait, à cette époque, à ceux qui étaient convaincus de ces *crimes énormes*.

Toujours est-il que l'Oiseleur, bien endoctriné par son évêque, venait d'entrer dans la prison de Jeanne... C'était le brûlot incendiaire portant dans ses flancs la destruction et la mort, et qui s'est glissé à la faveur des ténèbres au sein des populations sans défiance.

Quoi qu'il en soit, l'Oiseleur, le perfide l'Oiseleur, d'une voix doucereuse s'informa tout d'abord à l'accusée du dernier interrogatoire qu'elle avait subi. Celle-ci, sans défiance, ou plutôt pleine de confiance dans le prêtre infâme qui la trompait si indignement, lui avoua qu'elle avait refusé de se soumettre à la décision des docteurs, ne voulant s'en rapporter qu'au jugement de Dieu... Toutefois, ajouta-t-elle, comme le sujet en question a été remis au prochain interrogatoire, pour que j'aie le temps de la réflexion, je vous supplie de m'aider de vos conseils.

Déguisant la plus noire perfidie sous le voile officieux du plus vif intérêt, alors l'Oiseleur s'écria, en affectant une grande joie, que Jeanne avait fait non seulement la réponse qu'elle devait faire, mais encore qu'elle se serait grandement compromise si elle eût accepté la décision des docteurs.

A ces mots, un rayon de joie et d'espérance semble effleurer les traits flétris par la douleur de l'infortunée prisonnière.

— Savez-vous, ajoute le prêtre d'un air cafard d'un ton patelin, savez-vous bien à quoi vous vous exposiez si vous eussiez accepté le jugement de l'église militante?

— Non, répond la pauvre captive avec candeur, car je n'ai rien compris aux explications que me donnait le vice-inquisiteur.

— Eh bien! je vais vous le dire : c'étaient vos ennemis mortels que vous preniez pour arbitres de votre sort.

La jeune fille tressaille, joint ses mains dévotieusement, et, levant les yeux au ciel, semble le remercier du danger auquel elle vient d'échapper.

— Oui, s'écrie derechef le vil suppôt de l'infâme prélat, si vous eussiez accepté ce qu'on vous proposait, vous tombiez entre les mains de vos plus cruels ennemis, et c'en était fait de vous.

— Ah! que j'ai été bien inspirée!

— Écoutez-moi, Jeanne, écoutez-moi bien, je vais vous expliquer ce mystère d'iniquité... Vous frémirez quand je vous aurai dévoilé l'abîme où vous avez failli tomber.

Lorsque vos juges vous pressaient de questions insidieuses pour que vous eussiez à reconnaître l'autorité de l'église militante, c'était un piége qu'ils vous tendaient... c'était une trame infernale qu'ils ourdissaient... c'était votre perte, c'était votre condamnation qu'ils machinaient... que dis-je? c'était votre mort... oui, l'arrêt de votre mort qu'ils signaient!!!

Et, en effet, ce tribunal redoutable auxquel ils exigeaient que vous vous soumissiez sans restriction, ce tribunal sans appel que, pour tromper votre bonne foi, votre simplicité, ils déguisaient sous le beau nom d'église militante, c'étaient eux, eux, vos plus implacables ennemis, qui devaient le composer... eux, vos juges... eux, qui ne siègent sur leurs chaises curules que pour les teindre de votre sang... de votre sang innocent.

Ah! Jeanne, quel affreux danger vous avez couru!... que votre étoile vous a bien inspirée, de refuser de vous soumettre à ce tribunal prévaricateur, à ce tribunal de mort... Vous frémissez, ma chère enfant! ah! remerciez plutôt le ciel qui vous protège, qui m'envoie pour vous donner de sages conseils, qui m'envoie pour vous prémunir contre les embûches que la perversité de vos juges s'efforce de dresser sous vos pas.

A ces paroles, qui n'étaient que le grincement de dents du loup dévorant couvert de la peau du tendre agneau, Jeanne, l'innocente Jeanne, se précipite en fondant en larmes aux pieds de celui qu'elle regarde comme son libérateur... Son libérateur!!! Ah! pauvre jeune fille! si tu savais, si tu pouvais savoir tout ce qu'il y a de l'enfer, je ne dirai pas dans le cœur, les tigres n'en ont pas, mais dans le langage de certains hommes, tu serais bien plutôt saisie d'une mortelle horreur que tentée d'embrasser les genoux d'un monstre qui, sous l'habit du prêtre, cache tout ce que le poison des serpents et des reptiles les plus redoutables peut vomir de plus fatal pour les mortels.

D'un ton paterne, le Judas en soutane continue ainsi .

— Gardez-vous bien, ma fille, c'était à Jeanne que le monstre parlait, gardez-vous donc bien d'acquiescer aux perfides suggestions de vos juges... car il y va de votre vie!... de votre vie!!! entendez-vous bien? Quoi qu'ils puissent dire, rejetez bien loin leurs insidieuses propositions... Peut-être alors, si votre fermeté ne vous abandonne pas, pourrez-vous, sinon attendrir ces hommes méchants, du moins les mettre dans l'impuissance de consommer le crime qu'ils méditent...

Le prêtre s'arrêta... La source de la bave dont il s'efforçait de souiller sa victime était tarie...

Je pourrais maintenant vous raconter tout ce que la naïve reconnaissance de Jeanne lui inspira envers l'être maudit qui la trahissait si lâchement; je le pourrais, mais je n'en ai pas le courage... La fumée de l'encens que l'on offre aux furies fait mal aux yeux ou plutôt elle est mortelle : c'est la vapeur méphitique qui s'échappe de la bouche d'un volcan.

Adieu, Jeanne, adieu! le terme fatal approche! Rappelle-toi la voix mystérieuse : *Dans quarante jours Ninive sera détruite!* Adieu!!! Jeanne, adieu (1)!!!

(1) Les dépositions du procès de révision de Jeanne attestent positivement que l'Oiseleur joua près de la jeune captive le rôle d'un prêtre infidèle à ses devoirs et à son Dieu. Nous avons cru ne pouvoir trop *flétrir* la conduite infâme du prêtre sacrilége et renégat. *Honni soit qui mal y pense!!!*

CHAPITRE XV.

C'est une rude tâche de suivre les méchants... d'assister à leurs conciliabules...

Samedi, 17 mars.

L'évêque de Beauvais fut encore remplacé ce jour-là par Jean de La Fontaine. Les assesseurs furent Nicolas Midy et Gérard Feuillet; les témoins, frère Isambard de la Pierre et Jean Massieu.

Le vice-inquisiteur ouvre la séance en sommant l'accusée de déclarer sous quelle forme lui était apparu l'archange Michel.

— Sous la forme d'un *vrai preud'homme* (1), répond Jeanne ; et je crois aussi fermement l'avoir vu, ajoute-t-elle, que je crois que Notre Seigneur Jésus-Christ a souffert mort et passion pour nous.

A ces mots prononcés avec le ton de l'inspiration, les juges se regardent comme frappés d'étonnement... Ils ne savent que penser; ils ne savent que dire de celle dont la conviction paraît si forte... Après une

(1) Ce mot signifie un homme d'un extérieur grave, décent, mais n'exclut point l'idée de l'éternelle jeunesse dont notre imagination se plaît à embellir le chef de la milice céleste.

longue interruption, le vice-inquisiteur, d'une voix tonnante, s'écrie :

— Jeanne, il faut absolument que vous vous en remettiez, touchant vos faits et gestes, au jugement de l'église.

Mais l'accusée, induite en erreur ou plutôt indignement trompée par le perfide l'Oiseleur, qui lui a persuadé qu'elle se perdrait infailliblement en se soumettant au jugement de l'église, dont ses juges font partie, l'accusée répond avec fermeté : — Si c'est vous qui êtes l'église, je ne veux pas me soumettre à mes ennemis.

Alors, pour la seconde fois, le vice-inquisiteur entre dans de longues discussions théologiques :

— Jeanne, s'écrie-t-il, apprenez qu'il y a l'église triomphante où est Dieu, les saints, les anges et toute la milice céleste, et l'église militante, à savoir, notre saint père le pape, les cardinaux, les évêques, et toute la chrétienté, laquelle, assemblée en concile général, ne peut errer, étant *illuminée* par l'Esprit saint... Voulez-vous maintenant vous en référer au jugement de cette église militante?

Mais la jeune captive, toujours dans la persuasion qu'on veut l'induire en erreur, répond :

— Je suis venue trouver le roi de France par le commandement de Dieu et de Notre-Dame... Je m'en réfère donc bien volontiers à cette église triomphante de *là-haut*... Quant à l'église militante, *je n'en répondrai maintenant autre chose*...

C'était ce que demandaient les juges de Jeanne pour ensuite la convaincre de schisme : aussi, tandis que ces hommes pervers, dignes d'une éternelle réprobation, semblaient pousser l'accusée à se soumettre à l'église universelle, ils faisaient insinuer à cette infortunée, par l'infâme l'Oiseleur, de se refuser à cette soumission, laquelle, lui avait persuadé celui-ci, la mettait de fait en la dépendance de ses ennemis.

— Vous persistez? s'écrie derechef, d'un ton sévère, le vice-inquisiteur.

— Oui, répond Jeanne avec fermeté.

— Maintenant, qu'avez-vous à dire touchant cet habit de votre sexe que l'on vous offre, afin que vous puissiez ouïr messe?

— Que je ne le prendrai pas, n'ayant pas la permission de Dieu... Puis, tout-à-coup se reprenant, comme sous l'inspiration de l'arrêt fatal qui pouvait avancer pour elle le moment où il faut tout quitter, Jeanne s'écrie : — Je supplie que l'on me donne à ma mort un long suaire de femme, et un couvre-chef en ma tête; car j'aime mieux faire mon martyre tout d'un coup que de révoquer ce que Messire m'a ordonné de faire.

— Eh bien! alors, pourquoi demandez-vous un long suaire de femme à l'article de la mort? Vous le voyez bien, vous vous contredites.

— Ah! même après la mort, la pudeur ne commande-t-elle pas?...

La jeune vierge n'ose achever... Une vive rougeur colore ses joues. Se rasseyant, elle garde le silence, et baisse ses yeux gros de larmes.

Les juges alors se regardent, se concertent entre eux à voix basse, ou plutôt semblent jouir de l'embarras d'une pauvre fille dont ils ont alarmé la pudeur... Après un moment de silence, le vice-inquisiteur continue :

— Jeanne, dites-nous, votre marraine, qui vit, selon votre dire, les fées sous le beau Mai, est-elle réputée *bonne et digne femme?*

— Oui, vraiment! et non pas *devine ou sorcière.*

— Saviez-vous que les fées fussent des *mauvais esprits?*

— Je n'en savais rien.

— Jeanne, vous avez dit que vous reprendriez les vêtements de votre sexe si on vous mettait en liberté... Pensez-vous que cela plairait à Dieu ?

— Ah! vraiment! *si l'on me donnait congié* (si l'on me mettait en liberté) en habit de femme, j'aurais bientôt repris celui d'un homme, *ce étant la volonté de Dieu...* Car, pour rien au monde, ne voudrais faire serment de ne plus porter les armes.

A ces mots, le vice-inquisiteur fronce le sourcil et s'agite dans son vaste siége à bras... puis il demande perfidement à Jeanne si ses *saintes* haïssent les Anglais.

— Elles aiment ce que Dieu aime et haïssent ce qu'il hait.

— Dieu hait-il les Anglais?

— De cela je ne sais rien... Mais, las! ce que je sais fort bien, c'est qu'ils seront *boutés* (chassés) hors de France, et que Messire enverra la victoire aux Français.

— Dieu était donc pour les Anglais quand ils étaient victorieux?

— Dieu alors permettait sans doute, pour les punir, que les Français fussent battus.

— Jeanne, dites-nous, qu'offrîtes-vous à saint Denis?

— *Un blanc harnais entier* (une armure complète) et une épée.

— A quelle fin fîtes-vous cette offrande?

— Par dévotion, ainsi font les guerriers quand ils ont été blessés.

— N'était-ce pas pour qu'on adorât cette armure?

— Non, certes!

— Pourquoi y avait-il cinq croix sur votre épée de Fierbois?

— Je l'ignore.

— Par quelle raison fîtes-vous peindre sur votre bannière les esprits célestes sous la forme humaine?

— Parce qu'ils sont ainsi représentés dans les églises.

— Ne serait-ce pas plutôt parce que saint Michel vous aurait apparu sous cette forme?

— Je n'ai rien à vous répondre à ce sujet...

— Pourquoi ne fîtes-vous pas peindre aussi cette *vive clarté* qui vous venait avec *vos voix*?

— Cela ne me fut point commandé.

L'interrogatoire fut suspendu en cet endroit pour être repris le même jour sur le soir.

Cette séance, qui devait être la dernière du procès préparatoire, se distingua des précédentes par la présence d'un plus grand nombre de juges. L'évêque de Beauvais y assista. Les assesseurs furent Jean

Beaupère, Jacques de Tourraine, Nicolas Midy, Pierre Morice, Gérard Feuillet, Thomas de Courcelles et Jean de La Fontaine, ce dernier en qualité de commissaire examinateur. Frère Isambard de La Pierre et Jean Gris, gardiens de l'accusée, figurèrent comme témoins. Bien entendu que le vice-inquisiteur n'avait pas fait défaut. Il ouvrit la séance par demander à Jeanne si les anges que l'on avait peints sur sa bannière représentaient les archanges Michel et Gabriel.

— Ils n'y étaient, répond l'accusée, que pour rendre honneur à Dieu, qui s'y voyait aussi.

— Demandâtes-vous à *vos saintes* si par la vertu de cette bannière, vous seriez toujours victorieuse ?

— Elles me dirent que je la prisse hardiment et que Messire me serait en aide.

— Était-ce vous qui donniez *la vertu* à l'étendard, ou bien celui-ci à vous ?

— Dieu, Dieu seul était le dispensateur de la victoire, répond la pieuse jeune fille avec l'accent de l'inspiration.

— Si un autre eût porté votre bannière, eût-elle été fortunée ?

— Je ne sais.

— Jeanne, dites-nous pourquoi mettiez-vous les noms de *Jhésus* et de *Marie* au commencement et à la fin de vos lettres ?

— Des *clercs* écrivaient toutes mes lettres et me disaient que cela était convenable.

— Ne vous a-t-il point été révélé, s'écrie le vice-inquisiteur avec un cynisme révoltant, ne vous a-t-il point été révélé que si vous perdiez votre virginité, c'en était fait de votre bonne fortune à la guerre, et que *vos voix* ne viendraient plus?

— Non, cela ne m'a jamais été révélé, répond la jeune vierge en rougissant et en baissant les yeux.

— Et si vous étiez mariée, entendriez-vous toujours *vos voix*?

— Je ne sais... il en serait ce qu'il plairait à Dieu.

Les juges se concertent alors à voix basse, et, sur un signe de l'évêque, le vice-inquisiteur pose la question suivante, qui semble indiquer que, par un raffinement de perfidie, dont on ne trouve nulle part d'exemple, l'on veut en quelque sorte rendre Jeanne responsable des actions des autres.

— Pensez-vous, s'écrie Jean le Maistre, pensez-vous que votre roi fit bien de tuer ou de faire tuer le duc de Bourgogne?

— Certes! ce fut un grand malheur pour la France.

— Jeanne, vous avez promis de répondre à monseigneur de Beauvais comme vous répondriez à notre saint père le pape en personne... et pourtant il y a plusieurs questions auxquelles vous ne voulez pas répondre...

— J'ai dit ce que je savais.

— Croyez-vous que vous seriez tenue de répondre la vérité au pape, sur tout ce qui vous serait demandé touchant la foi?

—Je requiers d'être menée devant lui, et alors je dirai tout ce que je dois dire.

A ces paroles, l'évêque fait la grimace, s'agite violemment sur son siége et échange à voix basse quelques mots avec l'interrogateur... Il est facile de juger que cet appel de l'accusée à une autorité si fort élevée au-dessus de toutes les autres, contrarie vivement ces deux hommes.

— Jeanne, s'écrie le vice-inquisiteur, dites-nous pourquoi, lorsque vous alliez au combat, considériez-vous attentivement les anneaux que vous portiez (1)?

— En mémoire de mon père et de ma mère qui me les avaient donnés... et aussi parce que de ces anneaux j'avais touché *les saintes* qui m'apparaissaient.

— A quelle *partie du corps* les touchâtes-vous?

— Je ne puis vous répondre à cette question...

— Les avez-vous jamais embrassées (2)?

— Certainement.

— Répandaient-elles une odeur agréable?

— *Il est bon à savoir!* (plaisante question)... Oui, certes!

— Ne leur avez-vous point offert des couronnes?

— Non, mais en ai quelquefois déposé devant leurs images et au pied de leur autel.

(1) Cette question et beaucoup d'autres prouvent jusqu'à l'évidence que Jeanne avait été continuellement entourée d'espions qui épiaient ses moindres actions. Une pareille circonstance, si fatale à tant d'autres, attesta encore la pureté de cette jeune fille.

(2) Cette question et les suivantes ont toutes pour but de chercher à convaincre Jeanne des crimes d'idolâtrie, de superstition et de magie.

— Quand vous suspendiez des couronnes de fleurs à l'arbre des fées, quel était votre motif?

— Ce n'était point d'honorer *mes saintes*, et encore bien moins les fées... répond l'accusée avec une présence d'esprit admirable.

— Jeanne, dites-nous, savez-vous rien de ceux qui vont *en leurre* (1) avec les fées?

— Oncques n'en ai jamais rien su... J'ai ouï dire seulement qu'on y allait le jeudi... mais n'y crois point, et pense que ce serait *sorcellerie* d'y croire.

— Fit-on point flotter votre bannière sur la tête de votre roi?

— Non que je sache.

— Pourquoi portâtes-vous votre bannière en l'église de Reims, lorsque l'on sacrait le roi?

— Vraiment! après avoir été à la peine, n'était-il pas juste qu'elle fût à l'honneur? s'écrie Jeanne avec une noble fierté.

Cette réponse pleine de sens et de sagesse, comme toutes celles que fit cette infortunée, termina l'interrogatoire et la série de questions dont les juges allaient faire la base du procès qu'on voulait intenter à l'innocence.

(1) Ce mot n'est pas aisé à expliquer. Toutefois on peut se douter de la pensée des juges en l'employant. Il est encore à remarquer que ce terme appartient à la fauconnerie, espèce de chasse fort à la mode en ce temps-là et dans laquelle on se servait d'un morceau de cuir en forme d'oiseau pour rappeler le faucon : *jeter le leurre en l'air*. Enfin, *leurre* se dit d'une chose dont on se sert artificieusement pour attirer quelqu'un et le tromper.

Toujours est-il que la jeune captive venait d'épuiser jusqu'à la lie le calice nauséabond de tout ce que l'antre de la chicane peut vomir de sophismes, d'arguties, de paradoxes. En effet, la grande affaire des juges prévaricateurs de la bergère de Domremy était de faire surgir des motifs de condamnation, et dans l'esprit de ces hommes pervers, de ces hommes vendus à l'étranger, tous les moyens étaient *bons* pour parvenir à ce but exécrable. Ainsi tantôt on s'efforce d'incriminer les moindres actions de Jeanne, tantôt on scrute ses plus secrètes pensées. Presque toujours on met tout en œuvre pour la troubler par des demandes ambiguës, épineuses étrangères au procès, souvent *indécentes*, plus souvent encore au-dessus de sa portée, et l'amener par là à faire des réponses qui doivent nécessairement la compromettre. Une autre perfidie est de passer subitement d'une question à une autre, qui n'a pas le moindre rapport avec la précédente. Quelquefois aussi plusieurs juges l'interrogent en même temps. En vain l'infortunée se récrie, en vain elle réclame, non quelque peu de pitié, les bourreaux n'en ont point, mais au moins l'emploi de ces formes sévères de l'inflexible justice : les monstres sont sourds à la voix suppliante de l'innocence; peut-être même s'oublient-ils jusqu'à se rire de ses larmes, jusqu'à se faire un jeu de ses angoisses (1).

(1) Un témoin au procès de révision dépose que c'était de la part des juges plutôt une persécution qu'un jugement, et *qu'ils faisaient du pis qu'ils pouvaient*. Qui n'admirerait après cela la prudence et la sagesse des réponses de la jeune captive?

Bien souvent encore (et on aurait peine à le croire si des témoins respectables n'en faisaient foi), l'évêque Cauchon pousse la perfidie jusqu'à défendre aux tabellions d'écrire certaines réponses qui auraient pu sauver l'accusée... Enfin, pour mettre le comble à tant d'iniquités, des êtres infâmes abusent du ministère sacré qu'ils déshonorent, pour tromper la candeur de l'infortunée captive, jusque dans le tribunal de la pénitence (1).

(1) Toute personne un peu versée dans la jurisprudence et qui a quelques notions de la marche que l'on suit ordinairement dans l'instruction d'une affaire, surtout au *criminel*, sera frappé en lisant avec attention les interrogatoires que l'on fit subir à Jeanne, du machiavélisme que déployèrent ses juges. Il est impossible de pousser plus loin l'astuce et la perfidie que ne le firent Pierre Cauchon, Jean le Maître, Jean de la Fontaine et leurs confrères. Il est douteux que maintenant les choses soient discutées aussi sévèrement, quand il s'agit de démasquer le crime. D'après ces considérations nous avons cru devoir donner dans un grand détail tous les interrogatoires, et aussi parce que là se trouve toute la vie de Jeanne, en d'autres termes sa carrière politique, et que les pièces du procès font connaître une multitude de circonstances dont l'histoire ne dit pas un mot. Nous avons donc consulté avec un soin extrême les *originaux* de ce mémorable procès. Toutefois, ces documents si précieux pour l'histoire sont loin d'offrir tous les incidents de ce drame terrible, dont le dénouement fut un assassinat. A cette époque reculée, la rédaction était très imparfaite et devenait souvent inintelligible, par les lacunes que se permettaient les juges, ou le sens torturé qu'ils donnaient à certaines réponses. Rien de plus vague, par exemple, que plusieurs questions, dont quelques unes n'offrent même pas de réponses, ou des réponses tout-à-fait incohérentes. Aussi avons-nous cru pouvoir suppléer quelquefois à ces lacunes, en prêtant aux juges et à l'accusée le langage qu'ils avaient pu, qu'ils avaient dû vraisemblablement tenir. Une autre source d'incer-

Ah ! Jeanne ! pauvre Jeanne ! du courage... tes bourreaux vomis par l'enfer sont sans pitié.

titude, lorsque l'on compulse ces vieilles paperasses, provient de ce qu'elles sont fort difficiles à déchiffrer, même après les travaux de l'Anglais Du Frenoy, de l'Averdy et de M. Le Brun des Charmettes. Enfin, si nous avons quelquefois pris la liberté d'allonger *les grosses* du procès, en revanche nous avons bien souvent abrégé certaines répétitions fastidieuses, et même passé sous silence des puérilités qui n'eussent offert aucun intérêt. En résumé, nous avons toujours rapporté avec un soin religieux le texte original des principales réponses de l'accusée, sauf quelques expressions vieillies qui n'eussent pas été comprises de la grande majorité des lecteurs.

FIN DU LIVRE DIXIÈME.

LIVRE ONZIÈME.

CHAPITRE Ier.

Ordinairement, c'est le crime qui, en présence de la balance de Thémis, craint la lumière...... Ici ce sont les juges.....

Malgré le grand nombre d'interrogatoires que Jeanne avait déjà subis, malgré les formes inquisitoriales que ses juges iniques avaient suivies et les nombreux dénis de justice qu'ils s'étaient permis, le procès de l'infortunée n'était guère plus avancé que le premier jour... Pierre Cauchon, le promoteur d'Estivet, le vice-inquisiteur Jean le Maître, et toute cette séquelle en jaquette noire, vendue corps et âme à l'odieux parti de l'étranger, s'en désolaient... Cette bande éhontée de jugeurs était loin, bien loin de s'être attendue à trouver tant de courage, tant de présence d'esprit dans une pauvre jeune fille élevée aux champs... Et, en effet, toutes ses réponses, dans les nombreux interrogatoires qui venaient d'avoir lieu, étaient véritablement le langage d'un esprit supérieur, ou plutôt de célestes inspirations.

D'un autre côté, Pierre Cauchon, qui conduisait cette intrigue ténébreuse, et par conséquent en assumait toute l'iniquité sur sa tête; Pierre Cauchon, qui avait déjà vu bon nombre d'assesseurs s'éloigner pour ne pas tremper leurs mains dans le sang innocent; Pierre Cauchon, qui se rappelait les décisions du docte et intègre Jean Lohier, qui tout d'abord avait condamné le procès et pour le fond et pour la forme (1); Pierre Cauchon, de concert avec quelques assesseurs, comme lui dévoués à l'Anglais, résolut de faire prendre, s'il était possible, une marche plus tortueuse au procès. Et pourtant celui-ci avait déjà plusieurs fois changé de formes, aussi devait-on en conclure que ces *formes nouvelles* que l'on allait suivre n'avaient d'autre but qu'une prompte condamnation. Ainsi, à mesure que l'on avance dans cette cause à jamais déplorable, on croit assister à quelque drame terrible, où tout se complique, prend une teinte plus sombre, de scène en scène, où chaque nouvel incident redouble l'effroi des spectateurs, et fait pressentir l'inévitable et sanglante catastrophe.

(1) Il est bien positif, quoique cela n'ait été remarqué jusqu'à présent par aucun historien, que les nouvelles formes que l'on allait suivre n'étaient que pour parer à l'illégalité dont Jean Lohier avait frappé le procès.

18 et 19 mars.

Après plusieurs conciliabules tenus chez le prélat, où l'on examina dans le plus grand détail les réponses de l'accusée, et tout ce que les livres de droit canonique offraient de relatif à ce sujet, il fut décidé qu'on rédigerait le tout *sous forme de propositions*, pour ensuite les soumettre aux docteurs afin d'avoir leur avis, et prévenir par ce moyen *tout vice de procédure*. Car, il ne faut pas se le dissimuler, malgré la mauvaise foi des juges, malgré surtout la haine furibonde que Pierre Cauchon et d'Estivet portaient à l'accusée, ou plutôt par cela même qu'ils n'étaient qu'un vil ramas de jugeurs vendus à l'étranger, ils cherchaient, par tous les moyens, à revêtir de formes légales, au moins en apparence, le procès en question... L'incident suivant en est une nouvelle preuve.

Samedi, 24 mars.

Et, en effet, afin de constater, d'une manière irréfragable la vérité des interrogatoires sur lesquels on allait statuer, il fut décidé qu'on se rendrait à la prison de Jeanne, et qu'on lui donnerait lecture de tous ses *dires*... ce qui eut lieu en présence d'un grand nombre de juges et d'assesseurs... En suite de quoi celle-ci, ayant fait serment de ne rien ajouter que de vrai à ses réponses antérieures, n'y fit effectivement que de légères additions sans importance.

Lundi, 26 mars.

Quelques jours après, le promoteur présenta *les articles* ou *propositions* qu'il avait rédigés et sur lesquels Jeanne devait être interrogée. Ces articles étaient au nombre de plus de soixante! Mais comme on voulait aller vite en besogne, on décida que ceux sur lesquels l'accusée refuserait de répondre seraient considérés comme bien et dûment avérés.

Mardi, 27 mars.

Le lendemain (27 mars) (1), l'évêque de Beauvais, le vice-inquisiteur et les assesseurs, au nombre de trente-huit, se rendirent dans la grande salle du château de Rouen; Jeanne d'Arc, entourée de ses gardes, fut immédiatement amenée.

A la vue de cette infortunée, qui depuis longtemps n'avait pas dépassé le seuil de son cachot, plusieurs juges que la crainte seule amenait là ne purent se défendre d'une vive émotion... Quelques larmes furtives s'échappèrent de leurs yeux; mais la terreur qu'inspirait l'étranger comprima presque aussitôt cet hommage rendu à l'innocence persécutée, et les malheureux *jugeurs* furent contraints, sous peine d'aller peut-être voguer dans les eaux de la Seine, de prendre leur place, *avec un visage serein*, au milieu de ce tribunal de sang.

(1) Les grosses portent qu'à dater de ce jour commença le *procès ordinaire*; tout ce qui avait précédé n'étant que le *procès préparatoire fait d'office*.

Le plus profond silence s'étant établi, le promoteur d'Estivet prit la parole, et d'une voix aigre, chevrotante, posa plus de trente chefs d'accusation contre Jeanne; requérant, en outre, qu'elle fût tenue pour contumace et les chefs d'accusation pour avérés, si elle refusait de répondre.

Or il est bon de savoir qu'il n'était pas un de ces trente griefs qui n'emportât, d'après les lois de ce temps-là, la peine du feu!!! Vous frémissez, lecteur, attendez! vous n'êtes pas encore au bout, vous n'avez pas encore mesuré de vos regards l'abîme creusé sous les pieds de l'infortunée.

Puis, pour colorer des formes de la légalité son barbare réquisitoire, le promoteur *juravit de calumnia*, c'est-à-dire fit serment qu'il serait *juste*. On aurait pu lui répondre : *Summum jus, summa injuria.* Mais alors les avocats faisaient fort mal leur métier, ou, si vous l'aimez mieux, n'osaient remplir que fort imparfaitement leur devoir d'avocat.

Ensuite, par une amère dérision, l'évêque, prenant ce langage mielleux que l'on dit être celui de la sainte inquisition, *remontra l'accusée moult charitablement*... l'assurant que tous les juges étaient *des gens fort doctes* qui désiraient la traiter *avec la plus grande douceur*... qu'ils cherchaient moins à *la punir corporellement* qu'à la ramener à la voie de la vérité et du salut... que, n'étant pas assez instruite pour répondre à des matières aussi *ardues*, ils lui offraient de choisir... Un avocat? allez-vous dire. Eh! mon Dieu, non! mais bien deux de ses juges si *bienvaillants* pour lui servir de *conseils*... Toutefois, le charitable prélat consentait à lui donner d'autres *conseils*, si ceux-là lui répugnaient quelque peu... Véritablement on ne pourrait être de meilleure composition. Enfin Pierre Cauchon terminait sa *harangue bénévole par sommer* l'accusée de dire la vérité, toute la vérité, rien que la vérité.

Jeanne, que sa candeur devait rendre dupe jusqu'au dernier moment de toutes les atroces perfidies dont elle était entourée, Jeanne remercia avec effusion de cœur des *bons avis* qu'on venait de lui donner *pour son bien*... Elle remercia encore, l'infortunée; elle remercia le prélat, mais en refusant toutefois des *conseils* qu'il offrait, ne voulant pas, ajouta-t-elle, *se séparer du conseil de Dieu*... Enfin Jeanne jura de dire la vérité, mais toujours avec la restriction, *en ce qui touche le procès*.

Ces longs préambules terminés, on lut à l'accusée tous les nouveaux *articles* sur lesquels elle allait être interrogée. Cette lecture et les longs commentaires qui l'accompagnèrent complétèrent cette séance, qui ne fut close que fort tard.

CHAPITRE II.

Un long sermon est un poison.

Mercredi, 28 mars.

Ce jour-là, trente-cinq assesseurs étaient présents de bon matin dans la grande salle du château de Rouen. Jeanne devait répondre aux trente articles ou chefs d'accusation qui lui avaient été lus la veille. Mais, préalablement, Jean Châtillon, un des juges, fut chargé d'*admonester* l'accusée, ce qu'il fit *moult longuement et catégoriquement*, au grand déplaisir de toute l'assemblée, que la faim pressait fort; car on était alors dans le saint temps du carême, et tous ces gros jugeurs étaient, ou du moins étaient censés être à jeun.

Quoi qu'il en soit, l'*admonestation* de Jean Châtillon ne finissait point... On aurait dit que le malin personnage, qui était un tout petit homme tout rond, à la face enluminée, à la trogne fleurie, se faisait un jeu du martyre qu'enduraient ses doctes confrères. Il termina enfin, il termina sa prolixe harangue; mais ce ne fut pas sans peine, je vous assure, que ce moulin à paroles s'arrêta. Je crois même qu'il parlerait encore, ce Jean Châtillon, si Pierre Cauchon, qui, tout prélat qu'il était, enrageait au moins autant qu'un autre d'entendre ce bavard en jaquette noire, ne lui eût fait signe de mettre un terme à sa verbeuse éloquence. Toujours est-il que, immédiatement après ce flux de paroles, les débats commencèrent, et la discussion s'engagea sur l'église militante.

Pressée de questions, Jeanne convenait, à la vérité, que cette église militante ne pouvait faillir, ne pouvait errer; mais, quant à ses faits et gestes et à ses dits, Jeanne ne voulait s'en rapporter qu'au jugement de Dieu.

Et quand on demandait à l'accusée si notre saint père le pape n'était pas son juge?... si elle ne voulait pas croire à l'église universelle (*ecclesiam catholicam*)?...si elle ne redoutait pas, en un mot, en se refusant à ces aveux, *de se déclarer hérétique*, et de courir les risques d'*être arse?*... elle répondait avec fermeté: — Quand bien même je verrais le bûcher allumé devant moi, et le bourreau prêt à me précipiter dans les flammes, je ne dirais pas autre chose. Dieu, Dieu seul est mon juge. Je n'en veux point d'autres; je n'en connais point d'autres.

En répondant ainsi, Jeanne se compromettait. Chaque mot qu'elle prononçait dans ce sens était un pas vers le bûcher. En résultat, cette séance fut remarquable par la faconde de Jean Châtillon et par l'héroïque fermeté d'une pauvre jeune fille.

Comme il ne devait pas y avoir de séances les deux jours suivants (jeudi et vendredi-saint), quelques juges que le sort de Jeanne intéressait vivement résolurent, au risque de leur vie, de l'aller trouver dans son cachot pour lui faire de sérieuses remontrances sur les réponses qu'elle avait faites... Ces amis secrets, qui se dévouaient ainsi pour la cause de l'innocence opprimée, étaient Jean de La Fontaine, frère Isambard de la Pierre et Martin l'Advenu.

Ils représentèrent à Jeanne qu'elle se compromettait gravement en refusant de se soumettre au jugement de l'église; que celle-ci renfermait autant de *nobles clercs* du parti français que d'*ailleurs*. Enfin ces âmes charitables insistèrent beaucoup pour que l'accusée se rétractât, et surtout pour qu'elle eût à se défier de *certaines gens* (on ne les nommait pas) qui la trompaient indignement.

Ces avis firent une profonde impression sur l'esprit de la jeune captive ; mais ils la mirent aussi dans une affreuse perplexité : car il n'y a pas de position pire que celle de ne plus savoir à qui se fier. On ressemble alors à ces malheureux suspendus sur les bords de l'abîme, et n'ayant pour salut qu'un faible roseau qui va se briser au premier souffle de l'aquilon.

Cependant le temps pascal approchait. Il ne se passait pas de jour que Jeanne n'implorât de la pitié de ses juges de pouvoir assister au saint sacrifice de la messe, et surtout de recevoir son Dieu aux solennités de Pâques. On parut enfin céder aux prières de cette infortunée! Mais, hélas! c'était un nouveau piége qu'on allait lui tendre. Quoi qu'il en soit, l'évêque de Beauvais, accompagné du promoteur d'Estivet et de quelques juges, vint la visiter dans le sombre cachot qu'elle arrosait de ses larmes.

— Jeanne, s'écrie d'un ton grave l'astucieux prélat, vous avez déjà requis plusieurs fois de notre indulgence de pouvoir assister à la célébration des saints mystères. Nous approuvons votre désir; nous sommes même tout disposés à y faire droit; mais il faut vous montrer digne de cette haute faveur; il faut d'abord quitter cet habit *désordonné* que vous portez. Dites, y consentez-vous?

— Ah! seigneur évêque, ne puis-je donc le conserver? répond d'un air suppliant l'infortunée captive.

— Non, Jeanne, non, vous ne le pouvez pas. Pour entrer dans la maison de Dieu, il faut absolument reprendre les vêtements de votre sexe.

— Mais je n'en ai pas encore la permission de Messire...

— Eh bien, s'écrie le perfide prélat, consultez *vos voix*... consultez les *deux saintes* qui vous apparaissent...

A ce conseil étrange, dont elle a le droit d'être surprise surtout de la part de l'évêque, Jeanne, trop candide pour pouvoir soupçonner le piége qu'on lui tend, soupire et paraît réfléchir un instant... Après un moment de silence, elle répond d'un air suppliant:

— Du moins, vous pourriez en attendant me permettre d'assister à la messe avec cet habit?

— Non pas, s'écrie Pierre Cauchon d'un ton sévère.

— Ah! que vous êtes cruel pour moi!

— Jeanne, ajoute celui-ci en radoucissant sa voix, nous éprouverions une véritable satisfaction de contenter votre désir, mais seulement dans le cas où vous vous soumettriez à changer d'habit.

— Seigneur évêque, reprend la pieuse bergère avec le ton de l'inspiration et en levant les yeux au ciel, si ça dépendait de moi, cela serait bientôt fait.

— Et bien! consultez *vos voix*... répond de nouveau le perfide prélat.

Jeanne garde le silence, et des larmes abondantes s'échappent de ses yeux.

L'évêque croit alors le moment favorable pour adresser, d'un ton hypocritement bienveillant, quelques mots d'exhortation à la jeune prisonnière... Mais celle-ci, tout entière à sa douleur, y demeure insensible...

Alors le promoteur d'Estivet, qui jusque là n'avait pas soufflé, prend sa grosse voix, et d'un ton sévère requiert qu'il lui soit donné acte de tout ce qui vient de se passer.

— Nous vous l'octroyons, répond avec une gravité affectée le cauteleux prélat.

Et en disant ces mots, l'évêque, le promoteur et les juges se lèvent brusquement, et sortent du cachot sans adresser seulement une parole de consolation à celle qu'ils ont mission de torturer jusqu'au dernier moment (1).

(1) Il ne faut pas oublier les motifs qu'avait Jeanne pour refuser de prendre les vêtements de son sexe. *On les connaît*... Si cette jeune fille n'en disait rien au prélat, c'est sans doute la pudeur qui l'empêchait de retracer de tels tableaux... de faire à des hommes des aveux si pénibles... et puis cela était-il nécessaire? n'était-il pas plus probable que Pierre Cauchon et consors étaient dans le secret des houcepailliers, et que Jeanne ne l'ignorait pas... Notre plume se refuse à en dire davantage.

CHAPITRE III.

Le *secret* est une torture non moins terrible que la *question*.

Samedi-saint, 30 mars.

L'évêque de Beauvais, le vice-inquisiteur, et seulement neuf assesseurs, assistèrent à la séance qui eut lieu ce jour-là, samedi 30 mars. De nouveau on *admonesta* l'accusée de se *submectre* à l'église... Mais elle répondait toujours « que *voulontiers* elle se submec- » troit au Saint Père, requérant estre menée à lui, » et, quant à elle, point ne se submectroit au juge- » ment de ses ennemis... »

Jeanne éprouvait une affreuse perplexité... Les avis mystérieux qu'elle avait reçus, loin de lui être salutaires, lui avaient enlevé cette force morale si nécessaire quand on paraît devant son juge... Elle hésitait maintenant... elle flottait entre ses premiers dires et les conseils qui lui avaient été donnés... Frère Isambard, présent à l'interrogatoire, s'en aperçut. Il aurait bien voulu pouvoir glisser à demi-voix quelques conseils à l'accusée... mais cela était impossible : il y avait là tout alentour des yeux et des oreilles.

Frère Isambard prend alors le seul parti que pouvait lui suggérer le vif désir qu'il avait d'arracher la victime à la rage de ses bourreaux... — Jeanne, s'écrie-t-il à haute voix et comme ayant l'air d'abonder dans le sens de l'évêque, Jeanne, vous feriez bien de vous soumettre au concile de Bâle....

A ces paroles de salut, la pauvre jeune fille hésite encore... elle redoute de nouveaux piéges... — Qu'entend-on par ce concile de Bâle? se dit-elle intérieurement... Encore faut-il que je le sache pour m'y soumettre.

— Frère Isambard, s'écrie-t-elle alors, qu'est-ce que ce concile dont vous me parlez?

— C'est, répond celui-ci, une assemblée de toute la chrétienté, où il y a autant de clercs de votre parti que du parti anglais.

— S'il en est ainsi, répond l'accusée, je veux bien me *submectre* et *je me submect* au concile de Bâle et à notre saint père le pape.

Jeanne est sauvée par cette réponse non équivoque... elle vient de déjouer la perfidie de ses juges... ils frémissent de rage de voir que la victime leur échappe... Mais non! non! la perfidie a mille moyens de perdre l'innocence... Pierre Cauchon le sait... l'infâme prélat ne reculera pas devant un nouveau crime.

— Taisez-vous, de par le diable! s'écrie-t-il d'une voix de tonnerre en apostrophant frère Isambard, taisez-vous!... Et vous, tabellions, je vous défends d'écrire le moindre mot de cette *prétendue* soumission au concile de Bâle.

— Et moi, seigneur évêque, reprend Jeanne en interrompant vivement le prélat, je vous adjure de faire écrire la réponse que je viens de faire.

— Ce n'est point votre réponse, c'est celle de ce frère maudit! s'écrie de nouveau Pierre Cauchon dans le paroxysme de la colère.

—Seigneur évêque, reprend l'accusée, qui a compris la position où elle vient de se placer, je vous somme au nom de la justice de faire droit à ma demande, et d'ordonner aux tabellions d'écrire.

—Non! vous dis-je, non! mille fois non!... je le défends, et malheur à qui transgresserait mes ordres!

— Eh bien! je vous en rends responsable devant Dieu, s'écrie la pauvre jeune fille en levant les mains au ciel.

— Jeanne, vous oubliez que vous êtes ici devant vos juges ..

— Et vous, prélat, vous oubliez votre devoir.....

— Malheureuse! vous vous compromettez, s'écrie l'évêque qui peut à peine parler, tant la rage le dévore.

— C'est bien plutôt vous qui compromettez votre ministère sacré en me déniant justice.

— J'ordonne qu'on passe outre, ajoute Pierre Cauchon d'une voix étouffée par la colère, j'ordonne qu'on passe outre, et que l'accusée soit reconduite dans son cachot pour réfléchir...

— Ah! s'écrie alors Jeanne en fondant en pleurs, vous écrivez ce qui est contre moi, et vous omettez ce qui pourrait me sauver (1).

(1) Cette réponse de Jeanne est historique.

C'était le dernier cri de la victime... ou plutôt les paroles que l'accusée venait de prononcer étaient le plus sanglant reproche qu'on pût faire à un juge.

Toujours est-il que l'infortunée venait d'être reconduite dans sa prison... La séance avait été levée, et les juges s'étaient séparés au milieu d'une vive agitation... Quant à l'évêque, dont la fureur était à son comble, il fit sur-le-champ mander le geôlier, se doutant bien que Jeanne avait communiqué avec quelqu'un pour s'être ainsi rangée tout-à-coup de l'avis de frère Isambard, avec lequel elle paraissait être d'intelligence... Effectivement, le geôlier fut forcé d'avouer qu'il avait introduit auprès de la prisonnière, quelques jours auparavant, Jean de La Fontaine et deux religieux.

L'évêque furieux allait se porter à quelques fâcheuses extrémités... fort heureusement le vice-inquisiteur, dont le cœur n'était pas encore tout-à-fait pourri, et plusieurs juges révoltés de tant d'infamies, eurent le courage de déclarer nettement non seulement qu'il était de droit que l'accusée reçût des conseils, et qu'ils continueraient à lui en donner, mais encore qu'ils ne reparaîtraient plus au procès s'il arrivait le moindre déplaisir aux deux frères... L'inique prélat avait besoin de Jean le Maître et desdits juges pour l'aider dans son infernale *jugerie*... il crut donc prudent de ne pas les pousser à bout... Toutefois, comme on n'offensait pas impunément Pierre Cauchon, il donna secrètement avis aux chefs anglais de tout ce qui venait de se passer; surtout il n'oublia pas de nommer ceux qui avaient été assez osés pour lui résister, et, au mépris de ses ordres, s'étaient introduits et juraient de s'introduire encore dans le cachot de l'accusée pour donner à celle-ci des conseils.

Cette dénonciation devait porter ses fruits. Le comte de Warwick, un des chefs les plus fougueux du parti anglais, se rendit sur-le-champ avec trois ou quatre houcepailliers dans la prison de Jeanne, et là se tint en embuscade pour attendre les malheureux qui lui avaient été signalés par le prélat.

Il n'attendit pas longtemps... Bientôt se présentèrent à l'huis du cachot Jean de La Fontaine, Isambard de La Pierre et Guillaume Duval.

— Que venez-vous faire céans, beaux suppôts de Satan? que venez-vous faire céans, grimauds à la noire jaquette? s'écrie d'une voix de tonnerre le comte en se précipitant comme un furieux à leur rencontre... Par la morbleu! je ne sais qui me tient que je ne vous fasse jeter tous les trois dans un cul de basse-fosse... Et toi, vilain (c'était à frère Isambard que ce beau discours s'adressait), qui te fais si hardi de conseiller cette *méchante* en lui faisant des signes?... Si cela t'arrive encore, ajoute le comte en secouant de toute la force de ses bras le pauvre frère, si cela t'arrive encore, entends-le bien, je te fais jeter dans la Seine... Ah! maudits parpaillots, séquelle d'enfer, si je vous retrouve encore ici, par le nom de Dieu! je vous fais mourir tous de male-mort... Au large, graine de vipère, au large, et que le grand diable vous garde de reparaître davantage céans (1)!

Pas n'est besoin de dire que le comte maugréait encore, que nos vilains, nos parpaillots à la noire jaquette, étaient déjà bien loin, se promettant bien, avec la grâce de Dieu, de ne plus rien avoir à démêler avec ce brutal comte de Warwick, que je tiens pour l'homme qui savait le mieux comment il faut s'y prendre pour se faire obéir de la canaille.

Et, avant de sortir du castel, ledit comte défendit au geôlier, sous peine de la hart, de plus laisser entrer personne *vers icelle Jeanne, sinon monseigneur de Beauvais, ou de par lui.*

Jeanne, la pauvre Jeanne venait d'être mise au secret.

(1) Telle était la rage des Anglais contre quiconque prenait la défense de Jeanne, qu'un homme du peuple ayant pris le parti de cette fille, fut poursuivi l'épée dans les reins par un guerrier anglais, et qu'il eût été infailliblement tué s'il ne se fût réfugié dans une église. (*Procès de révision.*)

CHAPITRE IV.

> Pierre Cauchon était le grand maître des hautes-œuvres du roi d'Angleterre, ou, en d'autres termes, c'était le bourreau crossé et mitré de ce temps-là.

Le tribunal redoutable de l'inquisition procède non seulement avec des formes mystérieuses, mais encore insolites et tout-à-fait différentes de celles des autres tribunaux... Ainsi, par exemple, il a des *consulteurs* du saint office qui donnent leur avis sur tel ou tel cas, mais en l'absence du coupable et même sans savoir son nom... C'est en quelque sorte le huis clos du huis clos... C'est l'arbitraire poussé jusque dans ses dernières limites... En d'autres circonstances, l'inquisition fait des *monitions* (avertissements) à l'accusé, et souvent sur des crimes imaginaires, que celui-ci entend pour la première fois arguer contre lui, et sur lesquels il est pourtant obligé de répondre... C'est le pouvoir discrétionnaire poussé jusqu'à l'absurde... Rien enfin n'est oublié, non pour donner des garanties au malheureux qui gémit sous les verrous, mais bien pour le perdre par tous les moyens imaginables.

Il fut décidé qu'on procéderait ainsi contre Jeanne.

Sans perdre de temps, sans respect pour les fêtes de Pâques qui se célébraient, Pierre Cauchon réunit chez lui (lundi 2 avril et jours suivants) un certain nombre de docteurs qui décidèrent que tout le procès, réduit à douze chefs d'accusation, serait présenté aux consulteurs du saint office... Et afin d'ouvrir une porte encore plus large à l'arbitraire dans la rédaction de ces douze chefs d'accusation, ladite rédaction fut confiée à un certain Nicolas Midy, l'âme damnée du prélat, et les anciens tabellions furent éconduits.

Dévoiler tous les mystères d'iniquité de ce conciliabule auquel présidait le prélat, serait trop long, trop révoltant... Qu'il suffise de savoir que, loin de rédiger ces chefs d'accusation sur les propres termes dont Jeanne s'était servie, on le fit d'après des *conjectures* soi-disant *vraisemblables* du sens qu'elle avait dû y attacher... Toujours est-il que ses paroles furent torturées à tel point que l'ombre même de la vérité disparut... Ainsi les faits les plus indifférents en eux-mêmes furent présentés sous un jour criminel... On alla encore plus loin... A certaines réponses de l'accusée, qui l'auraient sauvée infailliblement si on les eût rapportées textuellement, on substitua d'absurdes, d'atroces mensonges... Enfin on parvint à rendre celle-ci si évidemment coupable sur tous les points, qu'il était désormais impossible que les *consulteurs* du saint office ne la condamnassent pas.

Ces douze chefs d'accusation ne furent discutés et rédigés qu'en présence d'un très petit nombre de personnes dont on se croyait sûr, dont on supposait le dévouement à toute épreuve. On se trompait pourtant... Un des docteurs fit de notables corrections à cet infâme libelle, et celles-ci auraient peut-être sauvé l'accusée, si Pierre Cauchon et ses lâches satellites n'eussent pas reculé devant une nouvelle perfidie.

Avec une audace qui n'appartient qu'aux êtres consommés dans le crime, l'évêque se hâta d'envoyer aux *consulteurs* du saint office les douze articles en question, sans y joindre les corrections qui avaient été faites... C'était un atroce déni de justice... Pour combler la mesure de l'iniquité, l'infâme prélat invita les *consulteurs* à donner leur avis *dans le plus bref délai*, sur les propositions qui leur étaient soumises, c'est-à-dire à décider si elles n'établissaient pas suffisamment les crimes d'hérésie, de magie, d'idolâtrie, de superstition, de mensonge, de trahison, et de plus, si elles n'étaient pas contraires à la foi orthodoxe, opposées aux saintes écritures, aux décisions de l'église, aux saints canons, scandaleuses, téméraires, de nature à troubler l'ordre et la paix, injurieuses, criminelles, dissolues, etc., etc.

Quoi qu'il en soit de cette longue kyrielle, où rien n'avait été oublié de ce qui pouvait amener une condamnation capitale, nous dirons seulement que le premier de ces douze chefs d'accusation était ainsi formulé :

« Une certaine femme (on ne la nommait pas, » car telle était la forme usitée par l'inquisition), » une certaine femme dit et affirme qu'étant âgée » de treize ans environ, elle a vu de ses yeux cor- » porels saint Michel et saint Gabriel... d'autres » fois une grande multitude d'anges... d'autres fois » encore sainte Catherine et sainte Marguerite... »

Nous nous arrêtons... Il serait aussi fastidieux que révoltant de dérouler la longue série de ces douze articles, affreux chaos de perfidie et de malice, véritable tour de Babel, où le mensonge le plus éhonté a pris la place du langage naïf de l'innocence... Et pour n'en donner qu'une seule preuve, il suffira de dire qu'il n'était nullement question dans cette pièce, que l'on croirait rédigée par le génie du mal, de la soumission de l'accusée à l'église... bien que Jeanne ait fini par en appeler formellement au pape et au concile général.

Quoi qu'il en soit, plus de cinquante docteurs furent consultés, ainsi que le chapitre de Rouen et l'Université de Paris. Pas n'est besoin de dire que, en présence de cette œuvre de ténèbres, toutes ou prsque toutes les décisions furent défavorables à l'accusée.

12 avril.

Peu après cette première consultation, seize docteurs assemblés dans la chapelle de l'archevêché de Rouen donnèrent leur avis... Des affidés de l'évêque de Beauvais étaient présents pour intimider les récalcitrants ou plutôt pour stimuler les tièdes. Il fut décidé « que les apparitions de

» Jeanne ne venaient ni de Dieu ni des anges, » que c'étaient des mensonges et des illusions de » l'esprit de ténèbres... qu'on remarquait dans le » fait de l'accusée une sorte d'idolâtrie... que ses » paroles téméraires et présomptueuses sentaient » le schisme et l'hérésie... enfin que ladite Jeanne » blasphémait quand elle attribuait à Dieu l'ordre » à elle donné de porter l'habit d'un homme... » Ce qui avait été cause, avait-on soin de faire re- » marquer, qu'elle avait mieux aimé ne pas s'appro- » cher de la sainte table aux solennités de Pâques, » que de reprendre les vêtements de son sexe. »

Des abbés, des religieux, des chanoines, des avocats, et trois évêques, ceux de Coutances, de Lisieux et d'Avranches, donnèrent également leur avis... Presque tous furent défavorables... Ainsi l'évêque de Coutances décide que *Jeanne est livrée au démon...* L'évêque de Lisieux déclare « ne rien voir d'extraordinaire dans l'ac- » cusée qui puisse faire présumer que Dieu ait mis » en elle l'esprit de prophétie... » Enfin l'évêque d'Avranches fut d'avis qu'ès choses douteuses qui » touchent la foi, on doit toujours recourir au » pape et au concile... » Toutefois le prélat ajoutait qu'on avait été bien trop loin dans le procès... C'était donner un soufflet à Pierre Canchon... Aussi ce dernier trouva-t-il plus facile de supprimer l'avis de son docte confrère que de le réfuter.

Quant au chapitre de Rouen et à l'Université de Paris, leurs décisions furent également défavorables à la pauvre Jeanne.

CHAPITRE V.

> Le poison est le dénouement de bien des crimes. C'est une sorte de *mezzo termine.*

Un forfait plus exécrable que tous ceux qui s'accumulaient chaque jour dans l'inique procès intenté à Jeanne manquait encore à ce hideux tableau de la perversité humaine... Le poison devait aussi jouer son rôle avant que le sang ne coulât sur l'échafaud... Les monstres sur lesquels pesaient tant de crimes, ne pouvant porter plus longtemps ce lourd fardeau, avaient résolu de s'en débarrasser par un nouveau crime... espérant sans doute que la tombe, en recevant la victime, déroberait aussi les traces accusatrices de cette innombrable série d'iniquités... C'était un calcul tout comme un autre... c'était de la politique à l'usage des juges prévaricateurs... c'était celle de Pierre Cauchon et consorts... Toujours est-il que la nouvelle venait soudain de se répandre que Jeanne était tombée dangereusement malade.

La mort de cette infortunée avant qu'elle n'eût été *condamnée*, avant qu'elle n'eût subi l'affreux supplice auquel elle était destinée, était ce que le parti anglais redoutait le plus... Aussi le comte de Warwick, qui, tel qu'un autre Caron, menait cette barque infernale, que l'on appelait le procès; le comte de Warwick s'était-il hâté d'envoyer querir les plus habiles médecins de la cité... En ce temps-là, comme à présent, médecins ne manquaient pas à Rouen... Il y en avait, par ma foi, il y en avait quatre fois plus qu'il n'en eût fallu pour le repos des pauvres citains... Quoi qu'il en soit, Guillaume Des Jardins, Guillaume de La Chambre, docteurs ès-arts et en médecine et plusieurs autres maîtres mires et physiciens venaient d'arriver chez ledit comte de Warwick.

— Çà, dépêchez-vous donc, vous autres à la noire jaquette, s'écrie-t-il tout d'abord en voyant ces enfants dégénérés d'Esculape, dépêchez-vous... Cette femme qu'on appelle Jeanne, cette malheureuse mécréante que nous tenons sous les verrous a si bien fait qu'elle se meurt, si vous n'y portez remède... Hâtez-vous de secourir cette méchante femme, car pour rien au monde, le roi d'Angleterre, mon redouté seigneur, ne voudrait qu'elle mourût de mort naturelle... Il a, pardieu! payé assez cher la ribaude, et ne veut pas qu'elle meure, *si ce n'est par justice*, et entend bien qu'elle soit *arse*... Faites donc en sorte, vous autres, qu'elle guérisse, et beaux *saluts* d'or vous seront comptés.

Véritablement ce comte de Warwick, bien que tant soit peu Anglais, je voulais dire brutal, parlait cependant de façon à être compris, même des médecins de ce temps-là, lesquels, pas plus que ceux d'à présent, ne faisaient fi de la clef d'or... Sans perdre de temps, ils se mirent bravement à la besogne, et, pour *guérir* la malade, commencèrent par l'assommer de questions, puis la palpèrent ensuite sans façon par tous les bouts, et, pour l'achever, lui administrèrent fort dextrement, par devant et par derrière, force remèdes... Heureusement la pauvre Jeanne avait un excellent tempérament, car, par ma foi! sans cela, grâce à tous ces Purgons, à tous ces Diafoirus, c'en était fait d'elle... M'est avis même que l'*aqua toffana* du prélat Cauchon était peut-être moins dangereuse que la pharmacie de tous ces gredins en robe noire.

Quoi qu'il en soit, ceux-ci enfantèrent des merveilles ce jour-là... On ne saurait dire toutes *les humeurs peccantes* qu'ils firent évacuer... au grand soulagement de la pauvre malade, piteusement étendue sur son grabat... et ne se doutant pas le moins du monde que ce *saint homme* d'évêque fût pour quelque chose dans tout ce gâchis-là... C'est bien le cas de dire, on ne se doute jamais de tout.

Cependant, pour que rien n'y manquât, les suppôts d'Esculape ayant jugé convenable de *phlébotomiser* (en argot de médecin cela veut dire saigner), de phlébotomiser, dis-je, la pauvre Jeanne, s'en vinrenttrouver le comte de Warwick pour lui expliquer longuement et inintelligiblement en quoi ladite saignée pourrait être utile... Mais le comte ne voulant pas qu'on lui fît tort seulement d'une goutte du sang de sa victime, quand bien même ce dût être en l'honneur de la médecine, s'écria : — Gardez-vous-en bien, de par Dieu ! de saigner cette vilaine ; ne voyez-vous pas qu'elle est rusée, qu'elle pourrait bien se tuer ?... Voyez un peu la belle affaire !... Voyez un peu comme le roi, mon redouté seigneur, serait mal content de vous !!!

— Oh ! sire comte, fit un grimaud de la bande noire (je ne sais plus lequel), sire comte, nous saurons bien l'en empêcher... nous en savons encore plus long que cette truande... et, avec votre permission, nous la *phlébotomiserons* et nous la *rephlébotomiserons* jusqu'au blanc si cela est nécessaire, sans aucun danger pour les droits du roi d'Angleterre et pour les vôtres... Les humeurs peccantes sont évacuées, c'est maintenant au tour du sang vicié qu'il faut expulser largement du corps de ladite femme... Pour Dieu ! laissez-nous faire... nous en répondons.

— A la bonne heure ! s'écria d'un ton sévère le comte de Warwick... mais prenez garde à vous, ou mal vous arriverait.

Quoi qu'il en soit, Jeanne ayant éprouvé un peu de soulagement, on le mit sur le compte de la saignée... qui n'en pouvait mais.

Sur ces entrefaites, le promoteur d'Estivet, qui, lui aussi, *prenait beaucoup d'intérêt* à la prisonnière dans le but de la *retrouver* plus tard, le promoteur d'Estivet, en compagnie de Jean Tiphaine, maître mire fort en renom, venait d'arriver à la prison... Tâter le pouls de Jeanne, lui faire tirer la langue, la palper, lui demander ce qu'elle avait, où elle souffrait, fut de la part de maître Jean Tiphaine l'affaire d'un instant.

A toutes ces questions, la malade répondit fort dolemment que son mal lui était venu immédiatement après avoir mangé d'une carpe que lui avait envoyée l'évêque de Beauvais... et qu'elle soupçonnait fort que ladite carpe fût la cause de son indisposition (1)...

Pour toute réponse, Jean Tiphaine, d'un air doctoral, hocha la tête... ce qui est, voyez-vous, l'indice d'un profond savoir chez un médecin.

Mais le fougueux promoteur, véritable sanglier incarné, ne pouvait prendre ainsi la chose, et entendre de sang-froid la candide allégation de Jeanne.

— *Paillarde* (2)! s'écrie-t-il tout-à-coup d'une voix tonnante, tu mens!

— Non pas, seigneur, répond avec douceur la pauvre malade.

— Tu mens, te dis-je, *p....n*, si tu n'avais pas mangé, comme une sale gourmande que tu es, des

(1) Tous ces détails sont historiques; seulement le fait de l'empoisonnement n'est pas prouvé. M. de L'Averdy est le premier qui ait soupçonné ce crime et l'ait mis sur le compte de Pierre Cauchon, par la raison qu'on ne prête qu'aux *riches*.

(2) Toutes ces *expressions inconvenantes* du promoteur sont historiques, et rapportées au procès de révision. Jean Tiphaine dépose entre autres que le promoteur et Jeanne s'étaient adressé beaucoup de *paroles injurieuses*; et que celle-ci en fut tellement blessée que la fièvre la reprit à l'instant. Les choses même allèrent si loin, que le comte de Warwick, cet Anglais *mal appris*, défendit à d'Estivet d'*injurier* Jeanne à l'avenir.

harengs et d'autres choses à toi contraires, tu ne serais pas ainsi...

— Seigneur, je vous jure n'avoir rien mangé de ce que vous dites.

— Tais-toi, *ribaude.*

— Je ne sache pas jamais avoir ribaudé, répond en rougissant la jeune captive.

— Tu n'es qu'une mauvaise femme... un tison d'enfer... un vrai gibier de Satan...

— Révérence gardée, j'ose bien dire que je ne suis pas ce que vous dites.

— Tais-toi, te dis-je... tais-toi... je te défends d'ouvrir la bouche davantage.

— Encore ai-je le droit de me justifier.

— Tu n'as pas celui de calomnier *un saint homme* tel que le seigneur évêque de Beauvais.

— Qui vous dit que je le calomnie?... Le maître mire m'interroge, mon devoir n'est-il pas de lui répondre?...

— Eh bien! tu raisonnes... tu oses me résister!

— A vous autant et peut-être plus qu'à un autre.

— Je te dis de te taire, insolente!... Au reste, je pense que maître Jean Tiphaine sait à quoi s'en tenir sur ton compte, et qu'il n'est pas la dupe des absurdes mensonges d'un être aussi vil que toi.

— Permettez-moi de vous dire que jamais de ma vie je n'ai été insultée aussi injustement.

— C'est qu'on ne te connaissait pas.

— Et j'ajouterai aussi lâchement, s'écrie Jeanne avec le ton de l'indignation.

— Sais-tu bien, langue de vipère, qu'en attendant que tu sois *arse*, pour les méfaits passés, présents et futurs, je pourrais bien te faire jeter dans un cul de basse fosse?

— Ma foi! ce me serait un grand bonheur si cela m'évitait d'entendre tant d'atroces injures, répond la jeune captive à qui le rouge commençait à monter au visage.

— Maître Jean Tiphaine, s'écrie alors le promoteur écumant de colère, n'y aurait-il pas moyen de faire taire cette femme?

— Seigneur, répond avec un grand sang-froid le suppôt d'Esculape, je ne sache pas de secret pour empêcher femme ou fille de parler,..

— Vous êtes encore un pauvre homme, maître Jean Tiphaine, s'écrie d'Estivet d'un ton méprisant.

— Seigneur, reprend le maître mire sans avoir l'air seulement de faire attention au ton de celui-ci, seigneur, si vous m'en croyez, nous sortirons d'ici pour ne plus rien entendre : cela sera tout comme si Jeanne se taisait. D'ailleurs, ajoute Jean Tiphaine après avoir tâté derechef le pouls de la malade, m'est avis qu'il y a en ce moment un redoublement de fièvre causé sans doute par les *dures* paroles que vous venez d'adresser à cette femme...

— Vous ne voyez cependant pas de danger imminent pour elle? répond le promoteur qui se contenait à peine.

— Non pas pour le moment; mais cela pourrait venir.

— Eh bien! raison de plus pour nous hâter d'en

finir avec cette méchante carogne, cette rusée coquine, cette... cette...

Et, en maugréant ainsi, Jean d'Estivet, suivi du maître mire, sortit du cachot de Jeanne, non toutefois sans avoir recommandé aux gardes et au geôlier de bien surveiller la prisonnière en attendant... Le bruit des verrous empêcha d'entendre le reste de la recommandation charitable de monsieur le promoteur.

CHAPITRE VI.

Per sordes et inimicitias.

Tandis que les consulteurs du saint office discutaient les douze chefs d'accusation et donnaient leur avis, Pierre Cauchon, d'Estivet et quelques autres, qui tenaient les fils de cette trame ténébreuse, résolurent, pour en finir plus vite et satisfaire l'impatience du parti anglais, qui commençait à se fâcher de tant de lenteurs, de faire à l'accusée ce que l'on appelait alors des *monitions*.

Dans le langage de l'inquisition, *les monitions* étaient des espèces de sermons juridiques adressés à un coupable, et par lesquels on l'exhortait à s'amender, à quitter l'erreur, à revenir à la vérité. En théorie, cela paraît fort beau, fort louable, fort orthodoxe. Eh bien! pourtant les monitions ne devaient être, entre les mains des juges iniques de Jeanne, qu'un nouveau moyen de la tromper, de l'abuser, de la perdre.

Pour empêcher que rien ne vînt désormais éclairer l'esprit de celle-ci, on commença par éloigner d'elle tous ceux qui auraient pu lui donner de salutaires conseils. On l'isola encore plus qu'elle ne l'avait été jusque là. Mais en revanche, le perfide l'Oiseleur reçut l'ordre de l'obséder plus que jamais, et surtout de lui présenter sous un faux jour toutes les questions que les juges lui adressaient. Ainsi, par exemple, il fit tant qu'il persuada plus que jamais à la jeune captive que cette *église*, à laquelle on lui avait déjà demandé tant de fois de se soumettre, et à laquelle elle s'était soumise, n'était composée que des consulteurs et des assesseurs, qui figuraient au procès, en un mot, de ses ennemis les plus acharnés... Ainsi fascinée, l'accusée eut à recevoir une première *monition*.

Ce jour-là (18 avril), Jeanne était encore fort faible, peut-être même en danger de mort : ce qui n'empêcha pas l'évêque de Beauvais, accompagné de ses satellites, de venir s'asseoir près du lit de douleur de l'infortunée. Ah! quels ne durent pas être les remords de l'infâme prélat en contemplant sa victime, en entendant la voix défaillante, la voix presque éteinte de celle que la Providence semblait avoir préservée du trépas pour qu'elle eût à subir plus tard une mort cent fois plus cruelle,.. Mais n'anticipons pas sur les événements.

Jeanne, qui n'osait plus quitter ses vêtements de crainte des tentatives lubriques de ses gardes, Jeanne était étendue dolemment sur une mauvaise couche fort basse, fort dure, et comme jetée dans un des angles du sombre cachot où elle gémissait dans les fers. Des chaînes pesantes l'étreignaient, lui laissaient à peine la faculté de se mouvoir. Tout d'abord, en la considérant, on s'apercevait que le crime avait laissé des traces profondes... Une pâleur effrayante voilait les traits de la pauvre prisonnière; une sueur froide inondait son front et sa poitrine; sa voix était faible, cassée; ses yeux, naguère si brillants, reflétaient à peine le peu de lumière qui se glissait à travers d'énormes barreaux de fer; sa respiration était haletante; à chaque instant, une toux fatigante expulsait les dernières parcelles du poison versé par l'infâme prélat, qui n'était venu, sans doute, dans ce lieu de misère, de larmes et d'angoisses, que pour se repaître des douleurs de sa victime, que pour être témoin de son trépas.

A ce lamentable spectacle, qui eût fait reculer d'effroi des êtres moins pervers, Pierre Cauchon et ses dignes suppôts demeurèrent ou plutôt feignirent de demeurer insensibles... On avait préparé là pour eux de grands siéges à bras bien garnis de velours, dans lesquels ils s'étendirent en face d'une pauvre malheureuse presque mourante et étendue sur un peu de paille.

La loquacité de ces monstres ne se fait pas attendre. Sans égard pour l'état de faiblesse où est Jeanne, ils lui adressent d'une voix aigre, perçante, une multitude de questions épineuses, auxquelles des *clercs* très doctes n'auraient pu que très difficilement répondre. Par un surcroît de malice, ils parlent tous à la fois, de façon que l'infortunée ne peut entendre, encore moins comprendre ce flux de paroles, sans suite, sans liaison : c'est la tour de

Babel transportée au milieu d'une troupe de démons en robe noire.

Mais le courage n'a point abandonné la jeune captive. La religion vient à son secours. Au lieu de répondre aux barbares questions pour le fond et pour la forme de cette bande de jugeurs éhontés, qui ont pour la centième fois déroulé à ses yeux le sort affreux qui l'attend, Jeanne supplie en sanglotant qu'il lui soit *octroyé* de recevoir son créateur. « Car, ajoute-t-elle en se signant, je me vois en » grand péril de mort; et s'il est ainsi que Dieu » veuille faire son *plaisir* de moi, je voudrais avoir » confession, recevoir mon sauveur et être inhumée » en terre sainte. »

Mais, d'une voix sévère, Pierre Cauchon s'écrie :

— Jeanne, si vous voulez recevoir les sacrements de l'église, il faut vous en montrer digne; il faut que vous vous soumettiez sans restriction aucune. Jeanne, voulez-vous vous soumettre à notre mère, la sainte église?... Répondez!

— Seigneur évêque, ne devez-vous pas être satisfait? ne vous ai-je pas déjà répondu bien des fois sur ce sujet?

— Expliquez-vous plus catégoriquement.

— Je ne puis que répéter ce que j'ai déjà dit.

— Eh bien! s'écrie d'une voix de tonnerre le fougueux prélat, nous vous sommons de vous soumettre; et si vous vous y refusez, nous vous déclarons ici, en présence de nos frères, que vous serez traitée, pendant votre vie et après votre mort, comme une mahométane (*sicut Saracena*).

— Ah! que vous êtes dur pour moi! Au moins que je sois ensevelie en terre sainte... Je vous proteste et j'en prends Dieu à témoin, je suis bonne chrétienne; je veux mourir dans la foi de mes pères...

Il se fit alors un moment de silence, pendant lequel on entendit les sanglots et les gémissements de Jeanne, qui se lamentait pitoyablement de ce qu'on lui refusait un peu de terre pour recevoir ses dépouilles mortelles. Ah! si tu savais, infortunée! si tu savais le sort affreux qui t'est réservé, tu ne conjurerais pas ainsi ces cœurs de bronze. A peine si les monstres pourront jeter aux flots du fleuve quelque peu de tes cendres révérées...

Soudain l'esprit des ténèbres vient de souffler dans l'âme de l'évêque une nouvelle perfidie. — Jeanne, s'écrie-t-il en se radoucissant, vous serait-il agréable qu'on fît une belle procession (*pulchra processio*) pour demander à Dieu de vous mettre en bon état?

— Ah! répond avec effusion de cœur la pieuse captive, je ne demande pas mieux qu'on prie Dieu pour moi, pauvre pécheresse...

Cette réponse, pleine d'humilité et de foi, déjouait le piége que l'inique prélat avait voulu tendre à sa victime. En effet, cette proposition, louable en apparence, qu'il venait de faire à Jeanne, n'avait d'autre but que de s'assurer si elle croyait à l'efficacité des prières de l'église.

Ainsi, telle était la trame infernale dont on entourait cette infortunée, qu'il était presque impossible qu'elle ne fît pas, un peu plus tôt, un peu plus tard, quelque réponse peu orthodoxe. En effet, on était parvenu à confondre tellement dans son esprit, par des définitions équivoques et inintelligibles, les vérités les plus simples de notre religion, que c'était miracle qu'elle eût pu jusqu'à présent éviter l'abîme creusé sous ses pas.

Toujours est-il que, ce jour-là, Pierre Cauchon et ses satellites, ne pouvant rien tirer autre chose de la pauvre prisonnière, furent contraints de s'en retourner comme ils étaient venus, ou plutôt d'aller assouvir la rage qui les possédait en ourdissant dans l'ombre de nouvelles trames.

Bien que la maladie de Jeanne eût cessé de faire des progrès, et qu'une amélioration sensible se manifestât de jour en jour, cependant une sorte de malaise général, chez la jeune captive, prouvait que le poison, il faut bien le dire, avait fait de profonds ravages. Sur son lit de douleur, elle avait eu tout le temps de réfléchir à son affreuse position et d'en prévoir l'issue fatale : aussi ne se faisait-elle plus illusion. La rage furibonde de ses bourreaux avait déchiré le bandeau qui couvrait encore naguère ses yeux, et un horrible trépas lui était apparu.

Mais avant qu'elle eût à monter sur ce calvaire d'angoisse, il fallait qu'elle bût jusqu'à la lie le calice d'amertume. Oui, tous les genres d'humiliation, d'opprobre, étaient réservés à Jeanne... elle devait subir toutes les tortures morales et physiques... Ce n'était pas assez de la menace et de ses réalités, il fallait encore que le sarcasme, cette lâcheté de la parole, vînt souiller cet ange de résignation, ou plutôt que l'être qui avait traîtreusement sacrifié l'héroïne d'Orléans s'avilît une seconde fois en venant la braver jusque dans son cachot... C'était le *nec plus ultra* de l'infamie.

Le lecteur a déjà compris sans doute qu'il s'agit du déloyal Jean de Luxembourg (1), celui-là même qui vendit pour un peu d'or son honneur... Honte et infamie, mille et mille fois, à sa mémoire exécrée !!!

Toujours est-il que ledit Jean de Luxembourg, comte de Ligny, arrivait avec ses écuyers, ses pages, et une suite nombreuse de varlets, dans la cité de Rouen. Il venait sans doute recevoir les félicitations des infâmes marchands de la trahison... peut-être aussi se récréer de la cruelle agonie de sa victime, et savourer tout à son aise son râle de mort... Pas n'est besoin d'ajouter que sa noble épouse et sa sœur ne l'avaient point accompagné dans ce voyage, mais qu'elles pleuraient, qu'elles devaient pleurer longtemps encore, dans la solitude de leur féodal manoir, celle à laquelle elles avaient prodigué, au nom de la plus sincère amitié, la plus tendre hospitalité.

(1) C'est ce même Jean de Luxembourg qui, ayant fait soixante à quatre-vingts prisonniers français, commença par en faire pendre une bonne partie, puis fit *occire* le reste, en manière de passe-temps, par son neveu, jeune garçon de quinze ans, lequel, disent les vieilles chroniques, *y prenoit moult plaisir*... (*Monstrelet*, t. II, fol. 92, et *Villaret*, vol. XV, p. 160.)

Quoi qu'il en soit, Jean de Luxembourg, poussé par une coupable curiosité, voulut voir Jeanne... On ne pouvait refuser cette satisfaction au Judas de l'époque. Les comtes de Warwick, de Scanffort, le chancelier d'Angleterre, Raymond sire de Macy et plusieurs autres guerriers, accompagnèrent *le lâche* visiteur au cachot où gémissait l'infortunée.

—Bonjour, Jeanne ; bien me reconnaîtrez sans doute? s'écrie d'un ton goguenard, en levant la visière de son casque, le félon chevalier.

A cette voix, et plus encore à cette soudaine apparition qui est pour elle un affreux cauchemar, Jeanne a tressailli.

— Dites-moi, ma fille, comment vous en va?

Un horrible souvenir vient tout-à-coup assaillir la jeune captive... elle se met vivement sur son séant, et considère attentivement l'être vil qui lui adresse la parole...

— C'est bien moi, fait de nouveau le déloyal, en regardant l'infortunée sous le nez...

— Le sire de Luxembourg!!! s'écrie celle-ci qui vient de reconnaître le discourtois chevalier.

— Lui-même! et qui vient pour *vous mettre à finance* (pour traîter de votre rançon).

—Lui!...

—Oui, vous dis-je, pourvu que vous vouliez promettre de ne jamais prendre les armes contre nous, ajoute ironiquement le comte.

— Ah! répond la pauvre prisonnière en soupirant, vous vous riez de moi... je ne sais que trop que vous n'avez ni la volonté ni le pouvoir de faire ce que vous dites.

— Si fait, nous le voulons et nous le pouvons, reprend derechef le traître avec un sourire sardonique.

— Non, vous dis-je, vous ne le voulez, ni le pouvez... d'ailleurs ne sais-je pas bien que ces Anglais me feront mourir ?

— Eux? ils n'y pensent pas le moins du monde.

— Ils y pensent, et le feront comme je vous le dis. Ils s'imaginent après ma mort *gagner le beau royaume de France*... Mais, fussent-ils cent mille *goddam* (1), ils ne l'auront pas...

Jeanne avait à peine prononcé ces imprudentes paroles, que le comte de Scanffort tirant sa dague, s'élance comme un furieux vers le grabat où gît l'infortunée... Le sang va peut-être couler... Un lâche assassinat consommé sur une jeune fille chargée de chaînes couronnera dignement tant d'atrocités.

Fort heureusement pour l'honneur de l'irascible goddam, le comte de Warwick était là.. Lui aussi, il avait frémi de colère... lui aussi, il aurait volontiers puni l'audacieuse prisonnière... mais il s'est dit : Ce n'est point dans l'ombre que doit mourir Jeanne... Il faut plus de pompe, plus d'éclat, plus de témoins à son holocauste...

— Arrêtez, s'écrie-t-il en saisissant d'une main vigoureuse, le bras du comte de Scanffort, arrêtez, no-

(1) Il paraît qu'à cette époque on désignait déjà par cet ignoble jurement la gens d'outre-Manche.

ble chevalier, calmez votre ire, suspendez vos coups... La malheureuse qui vient de vous insulter n'en est pas digne... Plus tard, j'en jure sur mon épée! justice sera faite...

Et en disant ces mots, le comte de Warwick entraîne son *valeureux* compagnon d'armes, qui ne s'éloigne toutefois qu'après avoir vomi tout son fiel, en lâches injures, sur une pauvre fille sans défense.

Telles étaient les scènes de violence qui se renouvelaient presque tous les jours dans le sombre cachot où gémissait Jeanne.

CHAPITRE VII.

> Que la perversité ait seulement une ligne du juste, et c'en est fait de lui....

Cependant le chapitre de l'église de Rouen, vivement sollicité par le parti anglais de donner son avis sur les douze chefs d'accusation, le chapitre de Rouen hésitait, cherchait à gagner du temps... Il n'osait prendre une détermination avant de connaître celle de l'Université de Paris, et des deux facultés de théologie et de droit. Il fallait bien pourtant, si l'on voulait que le procès marchât, trouver le moyen de vaincre cette hésitation, qui pouvait faire ouvrir les yeux, même aux moins clairvoyants, sur les moyens iniques dont on s'était servi. Aussi les *habiles* qui étaient à la tête de cette sale et ténébreuse intrigue se donnaient-ils un mal infini pour *en finir*...

Après y avoir mûrement réfléchi, Pierre Cauchon et consorts ne trouvèrent pas de plus sûr expédient que d'adresser une seconde *monition* à l'accusée, où elle comparaîtrait en personne, afin que ses réponses, que le perfide l'Oiseleur lui inculquerait d'avance, pussent convaincre même les plus incrédules. Ainsi la trahison sacrilége d'un prêtre éhonté, et la courageuse fermeté d'une pauvre jeune fille à soutenir ses dires, étaient la base sur laquelle reposait cet infâme complot.

2 mai.

Quoi qu'il en soit, ladite *monition* eut lieu dans la grand'salle du château; beaucoup d'assesseurs y assistaient. L'évêque de Beauvais ouvrit la séance par un résumé succinct *des avis* reçus jusqu'à ce jour sur le procès. Jeanne fut ensuite amenée. A sa vue, il se fit un grand silence; tous les regards se portèrent avidement sur elle. Ses traits étaient profondément altérés; une grande pâleur avait remplacé le vif incarnat qui colorait jadis ses joues. Il était facile de s'apercevoir qu'elle avait beaucoup souffert, et que peut-être *le mal* faisait intérieurement des progrès... Ses yeux ne semblaient supporter qu'avec peine la lumière... De temps en temps, une larme furtive s'échappait, venait rebondir sur les larges dalles de marbre, et faisait l'effet, aux regards attristés, de ces larges gouttes de pluie qui suintent des voûtes d'un vieil édifice battu par la tempête et les autans.

Jeanne s'était à peine assise sur le siége solitaire qui lui avait été préparé en face de ses juges, que l'évêque Cauchon prit derechef la parole pour l'exhorter *charitablement* à écouter avec docilité les *sages* avis de maître Jean de Chastillon, *qui avait beaucoup de choses à lui dire pour le salut de l'âme et du corps*... Le prélat termina sa belle harangue en prévenant l'accusée que *si elle agissait autrement elle se mettrait gravement en péril du corps et de l'âme*... Cela dit, de cet air cafard que vous connaissez tous, Pierre Cauchon invita ledit maître Jean de Chastillon à procéder aux saintes *monitions* qu'il avait mission de faire à l'accusée.

Celui-ci prit immédiatement la parole, ou pour mieux dire, déroulant de ses mains crasseuses et livides un énorme rouleau de parchemins jaunis, d'une voix aigre et chevrotante, donna lecture du contenu.

C'était, par ma foi, un triste orateur que ce Jean de Chastillon... Je ne sache de ma vie avoir entendu, pour mes péchés, prédicateur plus ennuyeux, plus rabâcheur, plus soporifique, plus commère, plus vieille femme, plus assommant, en un mot, que ce cuistre en jaquette noire... Ce devait être, je vous assure, un double supplice pour la pauvre Jeanne d'être obligée de dévorer en silence tant de sottises, tant de balivernes, taut d'absurdes mensonges...

Fort heureusement pour vous, lecteur, j'ai retenu fort peu de chose de ce détestable sermon; par politesse et pour ne pas vous faire perdre patience, j'abrégerai encore beaucoup ce dont je me rappelle... En voici les principaux passages.

Maître Jean de Chastillon débuta d'abord par reprocher à Jeanne son obstination à porter des *culottes*, et son refus de se soumettre à l'autorité de l'église... On voit déjà avec quel art l'orateur, passait sans transition d'un sujet à un autre. Le prédicateur enuméra ensuite *charitablement* toutes les autres peccadilles de Jeanne... Ainsi il insista surtout sur la persistance de celle-ci *dans la folie de ses apparitions... de ses voix...* Point n'oublia les *revenants...* je crois même me rappeler qu'il toucha un peu le chapitre des *loups-garous...* Ensuite il s'étendit fort au long sur l'espèce de *culte* qu'elle avait souvent rendu à des *choses insolites* (*res insolitæ*), et la complaisance, la petite vanité de femme avec laquelle elle avait reçu des hommages qui *odoraient* moult l'idolâtrie... Il reprocha encore à l'accusée la vanité de ses orgueilleuses prophéties, et surtout sa confiance téméraire et présomptueuse dans la clémence de Dieu... Enfin maître Jean de Chastillon termina sa belle *monition* par établir que l'église ne pouvant errer, ne pouvant condamner personne injustement, il conseillait fort à Jeanne, pour le salut de son âme et de son corps, de se soumettre à celle-ci, sous peine d'être déclarée hérétique, schismatique et tout ce qui s'ensuit...

Maître Jean de Chastillon assaisonna toutes ses doctes remontrances de beaux gestes, de grands éclats de voix, de tendres soupirs... de ah!... d'hélas!... et surtout de maintes fleurs de rhétorique, qui sentaient (je parle des fleurs de maître Chastillon), qui sentaient, dis-je, leur pédant d'une lieue à la ronde... Le prédicateur, en un mot, n'oublia rien... si ce n'est peut-être de persuader l'accusée... C'était l'essentiel pourtant... L'oublier était peu de chose pour un cuistre de sa force.

Après avoir repris haleine (notre homme suait à

grosses gouttes dans son harnais), il demanda d'un ton prétentieux à Jeanne si elle consentait à s'amender, et surtout si elle se rendait aux *sages remontrances* qu'il venait de lui donner?...

Soit que la défiance de l'infortunée captive, en face de tant d'atroces sottises, se fût encore accrue, soit qu'un sombre désespoir eût troublé ses esprits, elle répondit soudain avec une sorte de fierté mêlée d'amertume, qu'elle s'en rapportait au jugement de Dieu seul, *qu'elle aimait de tout son cœur*, qui était son juge, le seul qu'elle voulût reconnaître, et qu'elle ne changerait ni ne prétendait rien changer à toutes ses réponses précédentes...

— Vous ne voulez donc pas répondre à la monition que je viens de vous faire, et vous soumettre à l'église?... s'écrie maître Chastillon d'un ton ridiculement affecté.

— Je crois bien que l'église ne peut errer, mais de mes faits et gestes, de mes dires et paroles, je ne m'en rapporte et ne veux m'en rapporter qu'à Dieu... à Dieu seul.

— Est-ce que par hasard vous ne vous reconnaîtriez pas de juges sur la terre? reprend avec perfidie l'homme à la robe noire.

— Je ne vous répondrai rien autre chose, s'écrie Jeanne avec le ton de l'inspiration, si ce n'est que j'en appelle à Dieu, mon maître et mon créateur, *et non à autre...*

Grâce à leurs perfides arguties, les juges ont enfin obtenu de funestes réponses... L'innocente victime vient de tomber dans le piége... C'était ce que demandaient, c'était ce que cherchaient depuis longtemps ces hommes iniques... Mais ce n'est pas encore assez, il faut pousser davantage, s'il est possible, l'accusée dans la voie de l'erreur... Or, avec un caractère de sa trempe, le meilleur moyen est d'employer le ton de la menace... Ainsi font ceux-ci.

— Jeanne, s'écrie maître Jean Chastillon, qui ressemble en ce moment au tigre qui va déchirer sa victime, Jeanne, si vous ne voulez pas vous soumettre, vous êtes hérétique... *et vous serez pugnie d'estre arse* (brûlée)...

Mais l'infortunée dont l'imagination s'échauffe de plus en plus en face du danger qu'on lui fait entrevoir, l'infortunée s'écrie avec fermeté qu'elle ne répondra rien autre chose... quand bien même elle verrait le bûcher...

En vain plusieurs voix se récrient... en vain on interpelle de tous côtés l'accusée... elle se rassied dédaigneusement et garde le silence.

Cependant une vive agitation se manifeste au milieu de cette bande de jugeurs à la noire jaquette... Et tandis que quelques assesseurs qui, en secret, portent intérêt à Jeanne, gémissent intérieurement de l'obstination qu'elle met à ne pas vouloir se soumettre à l'église, le parti dévoué à l'Anglais, le parti exécrable de l'étranger triomphe.

Maître Jean Chastillon s'écrie derechef :

— Jeanne, dites-nous : si le concile, si les cardinaux étaient là, voudriez-vous vous soumettre?

— Je n'ai rien autre chose à vous répondre.

— Et si c'était le pape en personne?

— Menez-moi en sa présence, et alors je répondrai...

Il y eut alors quelques instants de silence, pendant lesquels Jean Chastillon adressa à voix basse quelques mots à l'évêque.

— Jeanne, s'écrie derechef maître Chastillon, je vous exhorte à quitter cet habit désordonné que vous portez, au mépris de toutes les lois divines et humaines.

— Lorsque j'aurai accompli la mission dont le ciel m'a chargée, répond avec le ton de l'inspiration la jeune captive, *je le mettrai jus* (bas), et je reprendrai vêtements de femme.

— Vous croyez donc ne point pécher d'être ainsi *acoustrée?*

— Que Dieu me juge!!!

— N'est-ce point un blasphème que vous proférez là?

— Jamais je n'ai maugréé ni blasphémé Dieu et ses saints.

— Allons, Jeanne, croyez-nous, reprenez les vêtements de votre sexe... car vous faites mal d'être ainsi vêtue.

— Ah! c'en est trop, s'écrie l'infortunée, c'en esttr op...

— Eh bien! désavouez au moins vos *prétendues révélations...*

— Mes révélations viennent de Dieu, j'en appelle à son jugement, s'écrie derechef la pieuse jeune fille avec l'accent de l'inspiration.

— Et du signe donné à votre roi, voulez-vous vous en rapporter à des témoins notables, comme l'évêque de Reims, Charles de Bourbon, La Trémouille, La Hire ?

— Oui, si je leur envoie moi-même un message, répond l'accusée qui se défie de quelques nouvelles surprises.

— Jeanne, il faut vous désister de vos *prédictions téméraires*...

— Je m'en réfère sur cela comme sur tout le reste à mon juge suprême.

— Si on faisait venir trois ou quatre clercs de votre parti, vous en rapporteriez-vous à ce qu'ils diraient ?

— Qu'on les fasse venir, et alors je *m'aviserai*...

— Vous soumettriez-vous à l'église de Poitiers ?... C'est elle qui vous a examinée.

— Croyez-vous me surprendre ? répond vivement l'accusée qui comprend la perfidie d'une telle demande... Croyez-vous me surprendre ?

Et, en effet, cette question avait pour but, si la jeune captive eût répondu affirmativement, de lui objecter qu'elle ne pouvait alors refuser de reconnaître l'église de Rouen, dont ses juges faisaient partie.

— Jeanne, vous vous mettez en grand péril, s'écrie d'un air hypocrite maître Chastillon... Oui, je vous le dis en vérité, si vous persistez, vous avez à redouter le feu éternel là-haut, pour votre âme, et ici-bas le bûcher pour votre pauvre corps.

Un tel langage était le *nec plus ultra* du pathétique de l'époque... C'était la digne péroraison d'une si belle harangue.

Mais Jeanne s'écrie d'une voix inspirée :

— Vous ne ferez point ce que vous dites là *qu'il ne vous en pregne mal...*

En face de lâches bourreaux, cette réponse était la seule convenable.

Une dernière tentative est faite alors pour vaincre l'héroïque courage de la jeune captive

— Jeanne, reprend d'une voix de stentor Jean Chastillon en montant sur ses hauts chevaux et en se posant avec une dignité affectée, Jeanne, nous vous sommons, en vertu des pouvoirs dont nous sommes investis, de nous avouer la raison de votre refus de vous soumettre... répondez.

Mais, sans avoir l'air de faire attention à cette redoutable injonction, et encore bien moins de s'effrayer du ton ridicule avec lequel elle est faite, l'accusée garde le plus profond silence, et manie avec affectation son chaperon qu'elle tient dans ses mains.

Jeanne venait d'employer, pour repousser les perfides obsessions de ses juges, ce que l'on appelle la *force d'inertie...* qui a bien un *certain* pouvoir, surtout quand elle procède de l'être faible à celui qui a le pouvoir en main.

Quoi qu'il en soit, les juges voyant que l'accusée se renfermait dans un silence absolu, prirent le parti de tourner la question, ou plutôt abandonnèrent les définitions de Jean Chastillon, pour revenir assez adroitement à celle de Jean de La Fontaine... C'était un peu tard... aussi Jeanne, sans doute rebutée et ne sachant plus quel chemin tenir dans ce dédale inextricable, répondit sèchement qu'elle s'aviserait...

— Il faut vous aviser sur-le-champ, s'écrie d'un ton sévère l'évêque de Beauvais.

Pour toute réponse, l'accusée se renferme de nouveau dans un silence absolu... Ce que voyant le prélat, il ordonne avec colère qu'on reconduise la jeune captive dans son noir cachot.

Ainsi se termina cette séance mémorable, dans laquelle Jeanne montra une grande présence d'esprit, et surtout une fermeté bien supérieure à son sexe et à sa jeunesse. Toutefois si l'on veut bien réfléchir à ce que l'on exigeait d'elle, on sera peut-être moins surpris de cette persistante opiniâtreté... Et, en effet, toutes les questions qu'on lui adressait ne tendaient-elles pas à lui faire désavouer tout ce qu'elle chérissait le plus... sa patrie... son roi... la mission qu'elle disait avoir reçue de Dieu... sa vie tout entière, en un mot... cette vie si pure... si pleine de glorieux souvenirs?... N'exigeait-on pas encore (et c'était alors se reconnaître coupable d'odieux mensonges), n'exigeait-on pas qu'elle désavouât *ses apparitions*, *ses révélations*, *ses voix*, et jusqu'aux témoignages de respect, d'admiration, dont les populations entières lui avaient donné tant de fois des preuves multipliées?... Non! mille fois non! Jeanne ne pouvait pas, ne devait pas renier tant de gloire, tant de nobles souvenirs... C'eût été se ravaler... se déshonorer... c'eût été se placer plus bas que le siége couvert de fange où siégeaient des juges éhontés, prévaricateurs, vendus à l'infâme parti de l'étranger.

Quoi qu'il en soit, le but infernal que s'étaient proposé Pierre Cauchon et ses *satellites* était atteint : l'accusée, dans ses derniers interrogatoires, avait positivement refusé de se soumettre à l'*église*, dans le sens qu'elle attachait à cette soumission. Aussi le chapitre de Rouen, dupe de cette scène de perfidie, n'hésita-t-il pas à se prononcer immédiatement sur les deux chefs d'accusation, et à déclarer Jeanne *hérétique et schismatique*.

CHAPITRE VIII.

La périphrase est souvent plus indécente que le mot.

Bien que toutes les subtilités de la scolastique eussent été mises en jeu pour obtenir de Jeanne des réponses plus explicites que celles qu'elle avait faites jusqu'à ce jour, cependant elle n'avait pas encore dit *clairement* ce qu'on désirait qu'elle dît, pour que sa perte fût assurée. Force fut donc d'en venir à *des moyens plus énergiques*. La rage furibonde d'un prélat vendu à l'étranger ne recula pas devant ces mesures extrêmes, ou plutôt devant *ces horribles moyens*.

Toujours est-il que Pierre Cauchon, suivi de quelques assesseurs, venait d'arriver à l'huis de la grosse tour du château de Rouen. Peu d'instants après, le prélat et ses satellites à robe noire étaient dans le sombre cachot de la jeune captive. Toutefois, quelques individus à la figure sinistre étaient demeurés en dehors; et, si on ne les voyait pas, on les entendait, ou plutôt un bruit sourd, lugubre, un cliquetis de ferrailles, de chaînes, semblait annoncer que ces êtres mystérieux faisaient dans la salle voisine des *préparatifs extraordinaires*...

Peut-être désirez-vous, lecteur, savoir qui étaient ces gens-là, et ce qu'ils faisaient?... Je vais vous le dire. Ces gens-là n'étaient autre que *le tourmenteur juré* et ses *aides*, qui préparaient leurs machines... Vous comprenez.

Un affreux silence s'établit soudain... C'était celui de la mort!!! après toutefois une longue et douloureuse agonie...

—Jeanne, ma chère enfant, s'écrie alors l'évêque en prenant une voix douce, en affectant un air paternel, ma chère enfant, dites-nous, persistez-vous toujours?... Refusez-vous de vous soumettre?

—Oui, répond avec une angélique candeur la pieuse jeune fille, je persiste à mettre toute ma confiance en Dieu, mon créateur, et j'en appelle à son jugement.

Le promoteur, maître Jean d'Estivet, se lève alors, et d'un ton hypocritement larmoyant s'écrie :

— Puisque l'obstination de l'accusée nous réduit à ce fâcheux expédient, nous demandons, bien malgré nous, bien à regret, qu'elle soit immédiatement soumise à la question ordinaire et extraordinaire.

—Il va être fait ainsi que vous le requérez, répond d'un ton solennel le prélat.

Et dans le même instant un bruit affreux de chaînes fait retentir les sombres voûtes de la grosse tour.

Pour la première fois peut-être depuis qu'elle comparaît devant ses juges, Jeanne a frémi... Son cœur magnanime, qui a bravé cent fois la mort, bat soudain avec force. Une vive rougeur colore ses joues, et l'instant d'après la pâleur de la mort voile ses traits... Il vient de s'opérer une révolution subite chez l'infortunée... La douleur va peut-être arracher à l'héroïne des aveux mensongers...

Mais non! le véritable courage brave tout, même les tortures les plus affreuses; même celle de se trouver en présence d'êtres infâmes. Oui, pour Jeanne, la plus redoutable des tortures, c'est d'être obligée de regarder en face Pierre Cauchon.

— Paraissez, maître Mauger le Parmentier, s'écrie alors la grosse voix du promoteur.

Or ce maître Mauger le Parmentier n'était rien moins que le *tourmenteur juré;* ce que nous appelons si prosaïquement aujourd'hui le bourreau.

Ce dernier entre aussitôt; deux valets le suivent. C'était bien le plus infernal trio que vous puissiez voir. Outre qu'il était contrefait, cagneux, outre qu'il avait le crin couleur de sang, la figure couverte de dégoûtantes pustules, maître Mauger était encore borgne; un malheureux torturé, dans les angoisses de la douleur, lui avait, dit-on, arraché un œil... Quant à ses deux acolytes, tâchez de vous figurer ce que vous avez jamais vu de plus hideux, de plus sale, de plus repoussant, et vous n'aurez encore qu'une faible idée de ces trois monstres, véritables démons échappés de l'enfer.

— Faites votre devoir, maître Mauger! s'écrie encore la grosse voix en désignant l'accusée.

Semblables à des vautours affamés, les trois spectres s'abattent soudain sur Jeanne et l'entraînent dans la pièce voisine.

C'était là salle de *la question.*

Imaginez un réduit humide, sombre, enfumé, un antre!!! éclairé seulement par la pâle lueur d'une lampe suspendue à la voûte, et quelques bancs vermoulus entourant, comme une ceinture, ce capharnaüm d'angoisse... Imaginez encore un sale grabat, comme jeté au milieu de ce repaire affreux, et flanqué de quatre ais en bois garnis de fer, auxquels pendent de fortes chaînes... Dans un coin, voyez la rouge réverbération d'un réchaud allumé, garni de tenailles, de pinces, de crochets... Prenez garde de vous casser bras et jambes, car le sol est jonché de fers, de chevalets, d'instruments que vous n'avez jamais vus, destinés à épuiser lentement, au milieu des plus atroces douleurs, toutes les sources de la vie, en attendant que le gibet, la roue ou le bûcher achèvent la victime... N'oubliez pas surtout de laisser en entrant dans cet horrible réduit toute pitié, tout espoir, et vous aurez à peu près une idée de ce qu'était, au moyen-âge et bien longtemps encore après, *la chambre de la question ordinaire et extraordinaire...*

Maintenant que vous savez ce qu'il en est, entrez, si vous l'osez, dans cet enfer anticipé.

Rien que de voir la pauvre jeune fille au milieu de ses bourreaux qui l'étreignent de leurs bras nerveux, de leurs mains noires et calleuses, il y avait déjà de quoi vous glacer d'effroi et de terreur.

— Jeanne, s'écrie derechef le promoteur, qui

venait de prendre place au milieu de ses satellites, Jeanne, vous persistez ?

— Non seulement je persiste, répond celle-ci avec fermeté, non seulement je persiste, mais encore je vous déclare que si la douleur m'arrache de faux aveux, je prends Dieu à témoin que vous ne les aurez obtenus que par la violence.

— Jeanne, réfléchissez-y bien : c'est la question que l'on va vous donner; c'est le corset de fer que que l'on va vous mettre... Votre corps sera brisé peut-être... Alors votre triste existence, si toutefois vous résistez à cette épouvantable épreuve, votre triste existence ne sera plus qu'un long martyre, une longue agonie...

— Quand bien même vous me feriez arracher tous les membres; quand bien même vous les broieriez l'un après l'autre, je ne vous dirais rien autre chose, répond Jeanne avec un courage surnaturel.

— A l'œuvre, maître Mauger ! s'écrie de nouveau la grosse voix du promoteur, à l'œuvre !

Un sourd grincement se fait soudain entendre : c'est le corset de fer, l'effroyable corset de fer que le tourmenteur-juré vient d'exhumer d'un vieux bahut... Rien que de voir cette horrible machine, inventée par la plus atroce barbarie, il y a de quoi mourir de frayeur... Emprisonné dans ce fatal réseau, le corps le plus robuste n'offre plus bientôt qu'un amas informe de chairs meurtries, de membres disloqués, d'os brisés, broyés, moulus... A plus forte raison quand c'est le corps délicat d'une jeune fille que l'on soumet à cette redoutable épreuve : c'est la rose que le géant vient de fouler sous ses pas précipités ; c'est le papillon aux mille couleurs que la roue rapide du char vient d'anéantir.

Soudain paraît l'évêque : il vient de la salle voisine où sont restés les assesseurs pour délibérer sur le sort de l'accusée. L'avis du plus grand nombre est qu'on perd son temps d'*agir ainsi*... et que l'on a grand tort de faire violence à Jeanne... et puis, font encore observer ceux-ci, la matière est assez claire sans cela... Toujours est-il que Pierre Cauchon s'étant rangé du côté de la majorité, vient pour défendre qu'on aille plus avant, en cas qu'on ait déjà disloqué l'infortunée...

Jeanne, que le tourmenteur-juré et ses deux aides avaient déjà couchée sur le sale grabas, *à celle fin* de la revêtir du corset de fer, Jeanne est aussitôt reconduite en présence de ses juges.

En ce moment, l'embarras de ceux-ci était visible... comme cela se voit presque toujours à la suite d'une fausse mesure, que la force brutale du pouvoir est obligée de suspendre; on ne savait plus que faire, que dire, ou plutôt ce qu'on faisait, ce qu'on disait était marqué au coin de la sottise et de l'ineptie... Les questions les plus ridicules étaient adressées à l'accusée; et, par un remarquable contraste, celle-ci y répondait avec une présence d'esprit admirable, soutenant que Dieu seul est le juge de toutes ses actions; et quand on lui objecte, pour la centième fois, que *ses visions*, *ses apparitions*, *ses voix* ne sont que de vaines illusions, qu'elle est sous l'empire de l'esprit de ténèbres, Jeanne répond avec fermeté que ni sur son corps ni sur son esprit le malin n'a jamais exercé aucun empire.

Alors un assesseur, poussé, lui sans doute, par l'esprit de ténèbres, se permet la question la plus inconvenante, la plus indécente que l'on puisse faire à une jeune fille... C'était au sujet de l'ange Gabriel que l'accusée prétendait avoir vu, vu de ses yeux. Toujours est-il que, en ce moment, c'était bien plutôt le juge éhonté, qui se permettait de telles questions, qui aurait dû monter sur le bûcher pour cet horrible blasphème que la vierge pure et sans tache outragée par un pareil langage.

Maître Jean Chastillon lui-même, cet énergumène des monitions, n'a pu entendre de sang-froid cet infernal propos... Il se récrie, il s'indigne d'une pareille monstruosité, et, d'une voix forte, proclame, à la honte de son coupable confrère, que l'accusée ne peut, ne doit répondre à une question de cette nature (1)...

Mais l'infamie, sous quelque forme qu'elle se déguise, ou plutôt qu'elle ose se montrer, doit trouver un auxiliaire, un défenseur dans Pierre

(1) Cette question ne pouvant pas être reproduite, nous avons dû la passer sous silence. Heureux si nous n'avons pas alarmé la pudeur en ne faisant que rappeler ce *monstrueux incident*. Lebrun des Charmettes qualifie cette question de *captieuse* et d'*inconvenante*, sans rien ajouter de plus. Nous imiterons son silence.

Cauchon, dans ce prélat tout couvert de la fange de l'étranger.

— De quel droit, s'écrie-t-il en bondissant de fureur sur son siége, de quel droit Jean de Chastillon ose-t-il vitupérer un de ses confrères?

— Seigneur évêque, répond aussitôt l'homme aux monitions, je n'ai pas été appelé pour entendre de pareils discours, et je serais coupable, sauf votre bon plaisir, sauf le respect que je vous porte, si je les tolérais.

— Vous n'avez rien à tolérer ni à défendre céans.

— Mon devoir est de rester fidèle aux règles de la bienséance. Je ne puis entendre...

— Vous êtes ici pour entendre tout ce qui s'y dit.

— Et le blâmer quand il y a sujet.

— Vous devez attendre que je vous y autorise.

— L'indignation que j'éprouvais l'a emporté.

— Eh bien! sachez vous modérer, et surtout sachez garder le silence.

— Seigneur évêque, je dois vous le dire net, un procès ainsi conduit, un procès dans lequel on abuse de tout, où la voix de la justice est même étouffée, un tel procès, vous dis-je, révérence gardée, est nul, de toute nullité, et...

— Encore une fois, je vous ordonne de vous taire! s'écrie le prélat dont la fureur est à son comble, je vous l'ordonne, entendez-vous! et mal vous arriverait si...

— Peu m'importe; j'ai fait mon devoir, répond en se rasseyant maître Jean de Chastillon.

L'évêque lance un regard flamboyant à l'imprudent qu'il vient de condamner à garder le silence, mais qu'il ne peut contraindre à baisser les yeux.

Quoi qu'il en soit, l'infâme question ne fut pas reproduite... Après quelques paroles insignifiantes, les juges, « convaincus de l'endurcissement d'esprit » de l'accusée par la nature de ses réponses, » décidèrent qu'elle ne serait pas mise à la torture; puis la séance fut levée au milieu d'une vive agitation.

La décision qu'on venait de prendre était loin d'être dictée par l'humanité. Jeanne sortait d'une longue et cruelle maladie; Jeanne était à peine rétablie; on craignait qu'elle n'eût pas la force de supporter les étreintes de la douleur; on redoutait qu'elle n'expirât dans les tourments affreux de la question (1)... Cette fatale issue eût par trop contrarié les vues haineuses du parti anglais, qui voulait, en entassant perfidies sur perfidies, amener l'accusée à se parjurer, à se déshonorer peut-être par des aveux mensongers; puis, quand elle en serait venue à ce point, la condamner ensuite à subir une mort cruelle et ignominieuse.

(1) Ce qui le prouve, c'est que les juges délibérèrent encore trois jours après (12 mai) sur ce sujet, et décidèrent d'après les mêmes raisons, et de l'avis de douze assesseurs, que Jeanne ne serait pas soumise à la question.

CHAPITRE IX.

Le moindre *geste* est un outrage pour l'innocence.

Sur ces entrefaites, la réponse de l'Université de Paris aux douze chefs d'accusation contre Jeanne venait d'arriver. Cette pièce importante que l'on attendait avec une vive impatience n'avait tant tardé que par suite des intrigues de Pierre Cauchon, qui, pour assurer la réussite de son infernal complot contre l'accusée, avait mis en jeu tout ce que l'astuce, la duplicité, la fourberie, peuvent inventer. Ainsi, afin que l'Université ajoutât pleine et entière confiance à Jean Morice et à Nicolas Midy, chargés de lui présenter ledit acte d'accusation, ceux-ci étaient porteurs de lettres du roi d'Angleterre qui les reconnaissaient comme ses plénipotentiaires. De plus, il leur avait été expressément recommandé de donner, *dans un certain sens*, tous les renseignements que l'on pourrait exiger, et surtout d'attester, au nom du monarque anglais, que les douze articles étaient le résumé fidèle des réponses de l'accusée.

C'était plus qu'il n'en fallait pour obtenir ce que l'on désirait, la condamnation de Jeanne. En effet, l'Université de Paris ne comptait plus dans son sein que des gens dévoués, par peur ou par inclination, au parti de l'étranger. Le vertueux Gerson et tant d'autres docteurs, qui s'étaient montrés fidèles à leur roi légitime, avaient été obligés de fuir pour éviter la mort : c'était donc devant un tribunal de sang, devant le tribunal révolutionnaire de l'époque que la cause de Jeanne avait été portée : c'est assez dire que l'arrêt était signé d'avance.

Toujours est-il que Jean Morice et Nicolas Midy venaient d'arriver à Rouen, avec la sentence des facultés de droit et de théologie de Paris.

Cette sentence était rédigée dans les termes les plus hostiles, les plus véhéments... Chacun des douze articles avait motivé une peine capitale... En pouvait-il être autrement ? l'accusation, toute mensongère, toute pleine d'infâmes calomnies qu'elle était, avait été présentée par les deux députés, comme l'expression rigoureusement exacte des réponses de Jeanne. Il fallait donc que l'Université y ajoutât foi, sous peine d'encourir le courroux de très haut, très puissant, et très redoutable prince, Henri, roi d'Angleterre et de France.

L'Université avait en même temps écrit à l'évêque de Beauvais pour le féliciter de son zèle à instruire le procès et *à le mener à bonne fin*... Elle avait même chargé les deux députés de lettres pour le monarque anglais, dans lesquelles elle « louait la » sévérité qu'on avait tenue au fait de Jeanne d'Arc, » la sainte et juste manière de procéder des juges, » dont chacun devait être bien *content*... » Enfin l'Université terminait par émettre le vœu « que cette » affaire fût terminée par justice brièvement... la » longueur et la *dilacion* étant périlleuses pour le » peuple, qui sur icelle femme (Jeanne d'Arc) avoit » été moult scandalisé... »

Tel était le style de l'époque, ou plutôt telle était la terreur qu'inspirait l'étranger, que pas une voix, pas une seule au sein de cette Université qui siégeait dans la capitale du souverain légitime, n'osa parler en faveur de l'accusée, et représenter qu'elle n'avait fait que son devoir en combattant pour son roi... C'est qu'il est dans les annales des peuples certaines époques de lugubre mémoire où la vérité est muette, parce qu'alors il ne se rencontre pas d'hommes assez courageux pour la dire, et de mortels assez purs pour l'entendre.

Quoi qu'il en soit, Pierre Cauchon, fort de la sentence de l'Université de Paris, se hâta de convoquer les juges... Après une longue délibération de ceux-ci, il fut décidé que les douze articles, avec la réponse de l'Université, seraient lus à l'accusée, et celle-ci condamnée immédiatement si elle persistait dans ses dires criminels, dans ses idolâtres croyances, dans ses hérétiques refus de se soumettre... En conséquence, une nouvelle monition fut indiquée pour le lendemain des fêtes de la Pentecôte (23 mai).

Jeanne, qui n'avait été prévenue de rien, Jeanne qui ignorait complétement tout ce qui s'était passé, Jeanne qui ne connaissait ni les douze chefs d'accusation dirigés contre elle, ni l'avis des docteurs, fut amenée dans la grande salle du château, où étaient déjà rassemblés les juges en grand nombre.

Pierre Morice, docteur en théologie et chanoine de la cathédrale de Rouen, fut chargé de porter la parole. Abusant de la simplicité de l'accusée, il lui débita tout d'un trait, d'un ton sévère, à titre de reproche et sans attendre les réponses et les objections qu'elle aurait pu faire, le contenu des douze chefs d'accusation et la sentence de l'Université annexée à chacun d'eux... Une telle façon de procéder était monstrueuse... c'était, au lieu des formes protectrices de la justice, l'emploi de la force brutale poussé jusque dans ses dernières limites.

Toujours est-il que Pierre Morice débuta ainsi :

« Jeanne!

» Tu as dis que, dès l'âge de treize ans, tu as eu » des révélations, des apparitions d'anges et de » saints, que tu les as vus de tes yeux, qu'ils t'ont » parlé... — Sur ce premier point, les clercs de l'Uni» versité de Paris ont décidé que ces apparitions, » que ces révélations sont feintes, mensongères, ou » qu'elles procèdent des esprits de ténèbres, de Bé» lial, de Satan, de Belzéebut.

» Tu as encore dit que ton roi *a eu signe* qui lui » fit connaître que tu étais envoyée de Dieu; tu as » parlé d'anges qui lui apportèrent une couronne... » — Sur cet article, les clercs ont décidé que ton » récit était un mensonge présomptueux et déro» gatoire à la dignité angélique.

» Tu as dit que tu reconnais les anges et les saintes » qui t'apparaissent, par les bons conseils qu'ils te » donnent, que tu les crois aussi fermement que tu

» crois en J.-C...—Les clercs ont décidé que les signes » par toi énoncés ne sont pas suffisants ; que tu as » cru trop légèrement, affirmé trop témérairement, » et que la comparaison que tu établis de ces choses » avec la foi que l'on doit avoir en J.-C. prouve que » tu es dans l'erreur.

» Tu as dit encore que, par le moyen de *tes voix*, » tu pouvais prévoir certains faits qui doivent arri- » ver... — Les clercs ont répondu qu'il y a en toi » présomptueuse assertion, vaine jactance, super- » stition.

» Tu as dit que *tes voix* t'avaient commandé, par » l'ordre de Dieu, de prendre habit d'homme ; bien » plus, tu as préféré conserver cet habit désordonné, » plutôt que de recevoir les sacrements de l'église... » — Les clercs ont répondu qu'on doit te tenir pour » suspecte d'idolâtrie, d'avoir donné ta personne et » tes habits au démon, et qu'en refusant les sacre- » ments, *tu odores et sens mal en la foi.*

» Tu as écrit que tu ferais tuer ceux qui n'obéi- » raient pas à tes ordres...—Les clercs ont répondu » que tu es une femme cruelle, altérée de sang » humain, provoquant à la tyrannie, blasphémant » Dieu.

» Tu as avoué que tu avais quitté sans congé de » tes père et mère la maison paternelle, pour aller » trouver Charles de Valois et lui dire que tu étais » envoyée de Dieu pour *debeller* (combattre) ses ad- » versaires... — Les clercs sont d'avis que tu t'es » montrée mauvaise envers tes parents, prévarica- » trice du précepte de les honorer, et que tu as fait a

» Charles une promesse téméraire et présomptueuse.

» Tu as avoué que tu t'étais précipitée d'une » haute tour, aimant mieux mourir que de rester » entre les mains de tes ennemis... — Les clercs ont » décidé que cet acte de ta part était un véritable » suicide.

» Tu as prétendu que *tes voix* t'avaient promis que » tu irais en paradis si tu conservais ta virginité...— » Les clercs ont décidé qu'il y avait dans cette as» sertion témérité, mensonge.

» Tu as dit que Dieu aime certaines personnes » plus que d'autres... Tu as cité alors dans le premier » cas les chefs de ton parti. Tu as dit encore que tu » n'aimais pas les Bourguignons... — Les clercs » ont déclaré qu'il y avait là téméraire divination, » transgression du précepte de l'amour du pro» chain.

» Tu as avoué que tu avais fléchi les genoux de» vant tes *apparitions*, que tu leur avais rendu une » sorte de culte... — Les clercs ont décidé qu'il y » avait là idolâtrie, invocation des esprits de té» nèbres.

» Enfin, tu as refusé de te soumettre au jugement » de l'église... — Les clercs ont jugé qu'il y avait là » schisme, hérésie, apostasie, et que *tu erres per» nicieusement* en la foi de Dieu. »

Pierre Morice se tut... Il venait de terminer sa prolixe harangue, aussi perfide pour le fond que pour la forme, satire violente d'un bout à l'autre, où chaque mot, chaque phrase était une lâche menace, une personnalité révoltante, une infâme calomnie, et bien souvent tout cela à la fois. Tel est le langage qu'ont tenu à toutes les époques et que tiendront toujours le fanatisme et l'esprit de parti... Mais revenons.

Après un instant de repos, Pierre Morice se lève de nouveau pour commenter ce qu'il venait de dire, pour faire aussi, lui, une *monition* à l'accusée... Par un contraste hypocritement perfide, il prend alors un ton affectueux, presque amical. On dirait une tendre mère qui exhorte sa fille chérie... C'était, pour le dire en passant, la manière de procéder de la sainte inquisition : le miel sur les lèvres, le fiel dans le cœur. Ne fallait-il pas que ce tribunal exécrable déguisât ou plutôt couvrît de fleurs... de rhétorique ses tortures, ses bûchers, et, par un doucereux langage, abusât de la candeur de ses malheureuses victimes ?

— Ma chère amie, s'écrie le caméléon inquisitorial en s'adressant à Jeanne, ma chère amie, il est temps de penser à l'issue de votre procès... Il est temps de revenir à des sentiments meilleurs, de vous soumettre enfin à cette église qui ne demande que votre salut... En vain, vous en appelez à Dieu, qui, dites-vous, vous a envoyée, vous a donné mission... Mais ce langage présomptueux nous prouve que vous êtes sous l'influence de trompeuses *illusions*... Car enfin, « si votre roi vous avait baillé la » garde d'une place en vous défendant de laisser » entrer personne, vous seriez coupable de recevoir » quelqu'un qui n'exhiberait pas des lettres ou » autres signes qui annonçassent qu'il vient de la

» part du prince.... » Vous n'ignorez pas cela, vous qui avez porté les armes?... » Eh ! que diriez-vous » encore d'un guerrier qui ne voudrait pas obéir à » ses chefs, ni reconnaître l'autorité de son roi ?... » Vous êtes absolument dans ce cas, ma chère enfant, en refusant de vous soumettre à l'église... Jeanne, nous savons que vous avez été *dans de grands honneurs*... que vous avez approché des princes, des puissants du siècle... Peut-être le respect humain vous retient-il, peut-être de vains regrets vous détournent-ils de la voix du repentir?... Croyez-nous, rejetez bien loin ces puériles considérations; revenez à cette église, à cette tendre mère qui vous tend les bras... Car si vous persévérez dans l'erreur, sachez que votre âme sera damnée et votre pauvre corps *détruit... ce dont Dieu veuille vous préserver s'il lui plaît...* Amen !

En face des plus affreux supplices, tel était le langage atrocement perfide des prédicateurs de la sainte inquisition, langage également repoussant pour la forme, et même fort au-dessous de celui du plus humble capucin, débitant ses tristes et burlesques homélies dans une obscure bourgade.

Quoi qu'il en soit, Jeanne, prêchée et admonestée ne fut pas pour cela *convertie* comme l'entendaient ses juges... Car, ce jour-là encore, elle protesta très énergiquement qu'elle verrait là le bûcher allumé, et le bourreau tout prêt à la précipiter au sein des flammes, qu'elle ne rétracterait rien de ses discours ni de ses croyances... C'était clair.

Toutefois les juges lui ayant demandé une dernière fois, si elle n'avait rien autre chose à dire?... elle garda le silence... On n'insista pas davantage, et le prononcé du jugement fut remis au lendemain.

Jeanne était à peine réintégrée dans son cachot, qu'un inconnu, se disant porteur d'un message de la duchesse de Bedford, fut introduit dans la prison Soupçonnant quelques nouvelles trames de la part de ses ennemis, la jeune captive, à l'aspect de cet homme, éprouva d'abord une secrète défiance; elle se rassura toutefois en réfléchissant qu'il venait de la part de cette vertueuse princesse.

— Jeanne, fit celui-ci avec douceur, j'ai ici dans ma valise quelque chose pour vous : c'est un cadeau que vous envoie la duchesse de Bedford. Vous plairait-il de le voir?

Et en disant ces mots l'inconnu déploie une élégante robe de femme.

Or, il est bon de savoir que cette bonne et vertueuse duchesse de Bedford, bien qu'ignorant les sinistres projets du conseil anglais, avait cependant de fortes raisons pour soupçonner, que dis-je? pour redouter une issue fatale à ce fatal procès... Aussi s'était-elle imaginé que si l'on pouvait déterminer Jeanne à reprendre les vêtements de son sexe, ce serait un grand pas de fait dans l'intérêt de cette infortunée. La duchesse avait donc ordonné à son faiseur de robes (*sutor tunicarum*), maître Jeannot Simon, d'*acoustrer* une belle robe de femme, d'aller l'*ajuster* à la jeune fille, et de lui dire que c'était son amie, la duchesse de Bedford, qui lui envoyait *cela.* (*Historique.*)

En voyant ce riche vêtement, le premier mouvement de Jeanne fut de moult s'esbahir... En effet, cette robe était bien belle; jamais la jeune bergère n'en avait porté de pareille; tout au plus avait-elle pu en voir de semblables à des dames de haut parage, comme femme de chevaliers, de barons, de conseillers du roi; mais bourgeoises et femmes de vilains n'auraient jamais osé s'en parer : les nobles seuls portaient alors de la soie, de l'or et des broderies.

Toujours est-il que Jeanne examine curieusement la belle robe, et soit vanité de femme, soit tout autre motif, elle est tentée un instant de s'en revêtir... Peut-être va-t-elle violer le serment qu'elle a fait de ne mettre *jus* (bas) l'habit d'homme qu'elle n'ait accompli sa céleste mission... Mais non! non! mille fois non! la pieuse héroïne ne se parjurera pas; elle vient d'entendre *ses voix* mystérieuses, et de nouveau le courage est descendu dans son cœur.

— Reprenez votre belle robe, maître Jeannot Simon, s'écrie-t-elle avec douceur; reprenez-la, et allez dire de notre part à la noble duchesse de Bedford que nous avons ressenti une grande montjoie de son bon souvenir, mais que nous ne pouvons accepter pour le moment son riche cadeau.

— Comment, Jeanne, vous, une belle jeune fille, vous refuseriez cette robe? Cependant elle vous irait moult bien, beaucoup mieux que cette vilaine casaque d'homme dont vous êtes affublée.

— Il ne m'est pas encore permis de quitter cet habit d'homme.

— Eh! qui donc vous en empêche? Il me semble cependant que vous seriez bien la maîtresse de vous revêtir de cette robe, surtout quand une noble dame vous l'envoie.

— Je ne puis l'accepter.

— Jeanne, je vous assure que vous ferez beaucoup de peine à la duchesse de Bedford.

— Ah! c'est mon plus grand déplaisir en ce moment.

— Je puis vous assurer encore que monseigneur le régent et le seigneur évêque de Beauvais ne voient qu'avec peine que vous soyez accoustrée en homme : cela est peu séant.

— Cela m'est ordonné... quant au déplaisir de ces Anglais, les ennemis de mon pays, je m'en soucie fort peu; et j'en dirais autant volontiers du seigneur évêque.

— Vraiment, j'ai peine à vous comprendre; quel plaisir avez-vous donc à porter des chausses? Cela ne vous va pas; cela ne peut vous aller. Tenez, croyez-moi, quittez cette vilaine défroque, et revêtez cette robe qui vous siéra, par ma foi, à merveille; je l'ai faite avec autant de soin que pour madame la duchesse de Bedford.

— Je ne puis, quoiqu'il m'en coûte beaucoup de le refuser, accepter le cadeau de cette noble dame. Allez, maître Jeannot, allez le lui dire, et baisez-lui bien respectueusement ses blanches mains de ma part.

— Non pardi pas, je n'irai pas; elle croirait vraiment que j'ai mal fait sa commission, et Dieu m'est témoin que j'ai travaillé en conscience.

— Oh! je tiens pour sûr et certain que vous êtes aussi brave qu'habile.

— Eh bien! alors, pourquoi ne pas accepter?

— C'est que cela n'est pas en mon pouvoir...

— Bah! bah! vous voulez vous faire prier; c'est comme cela que font toutes les jeunes filles; elles ne disent jamais oui, bien qu'elles en meurent d'envie... Allons, ma belle enfant, décidez-vous; çà, que je vous débarrasse de cette vilaine défroque de soldoyer.

Et, en parlant ainsi, maître Jeannot Simon, comme ayant l'air de vouloir aider Jeanne à mettre *jus* (bas) sa casaque, porte une main téméraire sur ses charmes.

Une telle profanation ne pouvait rester impunie. Jeanne s'en indigne: une vive rougeur colore ses joues, et soudain, d'une main vigoureuse, elle lave sa pudeur offensée sur la grosse face de maître Jeannot Simon (1).

— Ah! ah! la belle, m'est avis que vous avez la main leste! Tudieu! vous y allez rudement, s'écrie celui-ci en portant sa main sur son visage, comme s'il eût voulu s'essuyer.

— C'est seulement pour vous apprendre à être plus circonspect à l'avenir. Il est bon que vous sa-

(1) Historique. Voyez, au procès de révision, la déposition de J. Marcel.

chiez, l'ami, qu'un vilain tel que vous n'insulte pas impunément Jeanne la Pucelle.

— Pucelle, je ne dis pas; mais est-ce une raison pour me démantibuler la mâchoire?

— Allez, allez conter votre cas à votre femme, maître Jeannot; elle a du baume pour ces choses-là...

— Non pardi pas! ce serait quelques bons coups de bâton de plus...

— Eh bien! videz de céans, je vous l'ordonne, et de ce pas allez remercier la noble duchesse de Bedford; et surtout dites-lui bien que si Jeanne n'accepte pas son beau cadeau, c'est qu'elle n'a pas encore congé de Messire.

— Adieu, madame la Pucelle, et que Dieu nous gard', moi et les autres, de vos horions, s'écrie maître Jeannot Simon d'un ton penaud.

— Adieu, l'ami, adieu.

Et, en disant ces mots, Jeanne s'est rassise, et maître Jeannot, après avoir remis fort proprement la belle robe dans la valise, se hâte de décamper, non toutefois sans essuyer en passant les railleries des houcepailliers que cette scène avait fort réjouis.

CHAPITRE X.

> Vous êtes vraiment par trop candide de vous imaginer que j'aie pu tenir des propos mal sonnants sur votre compte... Apprenez et n'oubliez jamais que je suis trop bien élevé pour dire tout haut ce que je pense.
>
> Tenez pour sûr et certain que celui qui affecte un ton rogue, brutal, grossier, malhonnête, manque essentiellement de tact... Or, le tact est la boussole des relations sociales.
>
> (*Pensées philosophiques de l'auteur.*)

Cependant les juges de Jeanne, sans perdre de vue le but criminel qu'ils se proposent, vont changer de système. Bien que la perte de l'infortunée soit écrite en caractères de sang dans leur esprit, ils en veulent encore plus peut-être à la gloire de l'héroïne. Non seulement il faut qu'elle périsse sur le bûcher, mais encore qu'elle soit déshonorée dans la mémoire des hommes, et qu'il ne reste d'elle qu'un honteux souvenir, qui rejaillisse sur la noble cause qu'elle a défendue. Oui, il faut jeter de la boue sur les lis, et à tout prix infamer le roi de France, Charles de Valois.

Telle est l'infernale pensée qui obsède sans cesse

le parti de l'étranger, dont Pierre Cauchon est le digne représentant, l'interprète juré.

L'inique prélat, sans doute inspiré par l'esprit de ténèbre, trouvera le moyen d'arriver à ce but. Ecoutons!!! — Il ne s'agit plus aujourd'hui d'arracher des *aveux* à Jeanne; il faut au contraire qu'elle *désavoue*, dans une abjuration publique et solennelle, les crimes d'idolâtrie, de superstition dont on l'accuse... Il faut qu'elle *désavoue* comme une vile imposture, et ses révélations, et la mission qu'elle dit avoir reçue de Dieu... Si l'on parvient à obtenir *ces désaveux* (et on y parviendra, en mettant Jeanne en présence du bûcher), c'est comme si elle s'avouait coupable de tous ces crimes... Bien plus, c'est le moyen de pouvoir plus tard la déclarer *relapse* (rechute dans ses erreurs), si par quelques nouvelles manœuvres on parvient à la forcer à revenir à ses vaines *illusions*...

Ainsi, l'ange des profondeurs de l'abîme souffle de perfides conseils au cœur du prélat.

— Mais comment surprendre Jeanne à ce point? s'est écrié l'évêque...

— Jeanne est simple, illettrée, a répondu l'esprit de ténèbre. Qu'elle *désavoue* seulement, c'est assez... on lui fera signer ce qu'elle s'imaginera être son désaveu, tandis que ce sera toute autre chose...

Le prélat a compris.

— Que Jeanne périsse! s'est-il écrié dans sa rage furibonde, mais qu'elle périsse avilie, déshonorée... déshonorée dans l'esprit des rois et des peuples!!!

Aussitôt de secrets émissaires sont envoyés à la

jeune captive : Pierre Morice, Jean Chastillon, Thomas de Courcelles, Jean de Mailly, l'Oiseleur, font à cette infortunée les exhortations les plus pressantes pour qu'elle se soumette à tout ce que ses juges exigent d'elle. L'Oiseleur pousse même la trahison jusqu'à la prendre à part, pour la conjurer, d'un ton presque suppliant, de changer de système de défense.

— Jeanne s'écrie-t-il, jusqu'à présent je me faisais illusion sur votre position; mais aujourd'hui je vois clairement que, pour vous sauver, il faut absolument reprendre les habits de votre sexe et vous soumettre à l'église... vous soumettre, en un mot, à tout ce qu'on exige de vous... Je vous le répète, il y aurait pour vous péril, péril de mort!!! entendez-vous bien? d'agir différemment.

L'infortune s'abuse si facilement, que Jeanne, la trop crédule Jeanne croit reconnaître, à ces perfides paroles, le langage de l'amitié, et pourtant c'était celui de l'imposture la plus noire qu'elle venait d'entendre.

24 mai.

Le lendemain, une foule immense de peuple couvrait le vaste emplacement et tous les abords du cimetière de Saint-Ouen de Rouen; car on savait que ce jour-là Jeanne devait y être amenée, pour être *admonestée pour la dernière fois*, en présence des évêques, des seigneurs, des guerriers, et que Guillaume Erard, savant et docte clerc, serait le prédicateur.

Deux ambons (*duo ambones*) très élevés et richement décorés, surtout le plus grand, avaient été dressés, à peu de distance l'un de l'autre, au beau milieu de la place. Toute la plate-forme de l'un de ceux-ci était garnie de grands siéges à dos et à bras. Bientôt on vit s'avancer d'un pas lent et grave, et entre une triple haie de hallebardes, *une belle et notable procession*, dans laquelle on remarquait le cadinal d'Angleterre, les évêques de Beauvais, de Noyon, de Boulogne, le vice-inquisiteur; Pierre Miger, prieur de Longueville, André Marguerie, Thomas de Courcelles, Jean Beaupère, Guillaume de la Chambre, et une trentaine de juges, qui tous vinrent prendre place sur les siéges de l'ambon.

Quelques instants après on aperçut Jeanne dans le lointain. Elle s'avançait au milieu d'un groupe d'hommes d'armes, tous le casque en tête, la lance au poing et la dague au côté... Soudain tous les regards se portèrent sur elle, et l'on ne fit plus la moindre attention, ni à monseigneur le cardinal, ni aux prélats, ni aux abbés mitrés ou non mitrés, ni aux juges, ni aux assesseurs, ni à toute cette vieille friperie de noires jaquettes, car le peuple, qu'un secret instinct inspire presque toujours bien, haïssait de longue main tous ces gros jugeurs qui tenaient Jeanne entre leurs griffes, surtout depuis que l'on savait, à n'en pas douter, qu'ils avaient l'intention de lui faire un mauvais parti.

Quoi qu'il en soit, celle-ci venait de monter d'un

pas ferme sur l'autre ambon... Elle était vêtue en homme, portait chausses nouées d'aiguillettes, petit justaucorps, et tenait son chaperon à la main... Elle s'inclina devant ses juges et s'assit sur une petite escabelle isolée des autres siéges... Vis-à-vis d'elle, à quelques pas vint se placer dans une espèce de chaire, Guillaume Erard, docteur en théologie et clerc *d'un grand savoir*... C'était lui qui devait l'admonester... A côté de Jeanne s'assirent l'appariteur Jean Massieu et le tourmenteur-juré Mauger le Parmentier... Enfin les deux tabellions Manchon et Boys-Guillaume vinrent prendre place autour d'une petite table aux pieds de la chaire de Guillaume Erard... Quant à Martin l'Advenu et à Nicolas l'Oiseleur, ils étaient là comme représentant les conseils de l'accusée... On sait ce que valaient ceux de ce dernier.

Une foule immense, avide de contempler ce spectacle si nouveau pour elle, encombrait la vaste place de Saint-Ouen... Les femmes surtout et les jeunes filles étaient en majorité... Ce jour-là elles avaient mis leurs coiffes les plus hautes, les plus pointues, non pour faire honneur à tous ces vieux barbons en jaquette noire, mais bien pour se faire regarder de tous ces beaux estaffiers dorés qui garnissaient le pourtour de la place... Car déjà alors on ne faisait rien sans hallebardes et sans hommes d'armes.

Par un privilége spécial, les nobles, les chevaliers, les guerriers de renom occupaient des places réservées, non loin des deux ambons ; mais les vilains et la canaille, mais le peuple avait été refoulé sans pitié avec le bois des hallebardes aux extrémités de la place, où il n'entendait rien et ne voyait qu'à grand'peine, ce dont il s'inquiétait fort peu, pourvu qu'il s'imaginât qu'il voyait et qu'il entendait... Ainsi est fait le pauvre peuple; il aime qu'on le trompe, il est heureux d'être trompé... Mais il ne faut pas qu'il s'en aperçoive, car, ventrebleu! ça irait mal... pour *les trompeurs*.

Parmi la foule des heureux privilégies qui avaient trouvé des siéges réservés autour des deux ambons, on remarquait révérentes personnes : Laurent Callot, docteur anglais, chapelain du cardinal d'Angleterre; Raymond, sire de Macy, que vous avez déjà vu; Jean le Maire; Pierre d'Aron, procurateur de la cité; frère Jean de Levozoles, secrétaire de Guillaume Erard; Jean Marcel, noble citain de Paris; Laurent Guesdon, avocat distingué; Jean Riquier, chanoine; Pierre Cusquel, bourgeois de Rouen; noble homme, Jean Moreau, du pays de la Pucelle et beaucoup d'autres, dont je ne me rappelle plus.

Je dois vous dire encore, et ce n'est pas le moins essentiel à savoir, que celui que vous nommez aujourd'hui si vilainement le bourreau était encore là avec son quadrige (char à quatre chevaux) tout en face de l'ambon où était Jeanne, et que sur la place du Vieux-Marché, un gros bûcher de bois sec bien allumé lançait dans les airs des tourbillons de flamme et de fumée... ce qui dénotait assez clairement, même aux plus incrédules, que, dans le cas où l'accusée serait condamnée, elle serait immédiatement *arse* (brûlée)... Ce que nous exprimons assez prosaïquement en disant : « *Aussitôt pris, aussitôt » pendu.* »

Fort heureusement pour tout ce monde, et surtout pour cette foule de badauds qui encombrait la vaste place de Saint-Ouen, il faisait ce jour-là un temps superbe, un véritable soleil de mai ; non pas de ces soleils pâles, ternes, décolorés, grelotants, qui vous font greloter, et comme on en voit tant à Paris, mais un beau et bon soleil, versant dans l'atmosphère une douce chaleur, et tout juste autant qu'il en faut pour être en plein air fort à son aise, surtout lorsque l'on peut, sans manquer aux convenances, garder sur son chef son biboquet... C'était le nom des chapeaux d'alors.

Quoi qu'il en soit, Guillaume Erard, qui allait *admonester* Jeanne, ne s'était d'abord chargé de cette commission qu'à grand regret... Mais en tout il n'y a, comme on dit, que le premier pas qui coûte, car mon homme, une fois lancé, se surpassa, si toutefois il ne surpassa pas dans ses furibondes déclamations le perfide Pierre Cauchon. Singulière bizarrerie du cœur humain qui, par esprit de contradiction, va jusqu'à se contredire lui-même... Mais silence ! écoutons !...

« Une branche de vigne ne peut porter de fruits » si elle ne tient pas au cep... » fit alors d'un ton paterne Guillaume Erard en s'adressant à l'accusée... C'était le texte du sermon.

Pas n'est besoin, je pense, lecteurs, de vous relater par le menu cette belle *admonestation* du maître clerc; cêla me serait fort fastidieux, et plus encore à vous sans doute. Je me contenterai donc de vous citer par ci par là les passages les plus frappants, c'est-à-dire les plus injurieux pour l'accusée et pour le roi de France.

Après avoir reproché à Jeanne d'errer dans la foi, d'avoir commis plusieurs crimes énormes, d'avoir refusé de se soumettre, ce qui la mettait en grand péril d'être *arse*, le prédicateur, élevant bien fort la voix (c'était alors un indice de profond savoir), s'écria : « O noble maison de France! toi qui » toujours jusqu'ici te gardas des choses mon» strueuses, toi qui toujours fus la protectrice de » la foi, comment t'es-tu abusée au point d'adhérer » à une hérétique, à une schismatique?... Ah! c'est » grand'pitié de te voir, ainsi que ton roi et ton » clergé, écouter les paroles impies, les paroles de » mensonge d'une femme diffamée, d'une femme » déshonorée!... »

Puis, désignant du doigt l'accusée, Guillaume Erard élevant encore le verbe, ajouta d'une voix tonnante :

— « C'est à toi, Jeanne, c'est à toi que je parle!... » je te dis et je soutiens que ton roi est hérétique » et schismatique. »

— Ah! parlez de moi, répond la fidèle héroïne, parlez de moi et non de Charles de Valois, ce noble sire qui est bon chrétien!

— Je te dis, reprend brutalement le prédicateur, je te dis et je soutiens que ton roi est hérétique et schismatique!

— Sur ma foi! répond Jeanne indignée de ces sanglants outrages, sur ma foi, et révérence gardée, j'ose bien vous dire et vous jurer, sous peine de ma vie, que Charles de Valois est le plus noble chrétien de toute la chrétienté.

— Faites taire cette femme! s'écrient alors à la fois le prédicateur et Pierre Cauchon, tous deux rouges de colère, en s'adressant à Jean Massieu l'appariteur... faites-la taire!!!

Et la voix de la courageuse jeune fille, qui vient encore, quoique dans les fers, de défendre son roi, est étouffée par le rugissement de ces tigres altérés de sang.

Et Guillaume Erard d'en continuer de plus belle ses infâmes blasphèmes contre le royaume des lis et son roi très chrétien.

Il était à craindre que ce déluge d'injures, que cette éloquence des halles se prolongeât encore longtemps... fort heureusement il y a une fin à tout, même au plus détestable sermon... Guillaume Erard se tut donc, non toutefois sans avoir vomi jusqu'à la lie tout le fiel qu'il avait sur son inique conscience; ce qui, pour le dire en passant, commençait par ennuyer passablement son auditoire, et même, le croirait-on, jusqu'à l'infâme Pierre Cauchon... C'est bien le cas de dire: Le crime use le crime.

Mais tout n'était pas fini: aux basses injures allait succéder la perfidie... Guillaume Erard d'un ton sévère ordonne à Jean Massieu (1) de lire à haute voix la cédule suivante:

(1) Il n'est pas inutile de remarquer qu'on se garda bien de

« Moi, Jeanne, appelée la Pucelle, misérable » pécheresse, reconnaissant mes erreurs, et, par la » grâce de Dieu, revenant au giron de l'église, je » confesse avoir grièvement péché en feignant de » mensongères révélations... De tous mes faits et » dits, je me rétracte et je veux désormais demeu- » rer unie à l'église... témoin mon seing. »

—Jeanne, tu abjureras et tu signeras cette cédule! s'écrie alors Guillaume Erard.

— Je ne sais ce que veut dire abjurer, réplique avec candeur l'infortunée; je voudrais qu'on me l'expliquât.

— Maître Jean Massieu, s'écrie le prédicateur, dites à l'accusée ce qu'elle doit faire.

— Si votre grâce voulait bien m'en dispenser? répond l'appariteur en hésitant, ou plutôt en tremblant de tous ses membres.

— Obéissez, maître Jean Massieu! s'écrie alors, de ce ton qui veut être obéi et auquel on obéit toujours, le fougueux évêque de Beauvais.

Il fallait bien se rendre... Aussi, sans s'engager dans des subtilités scolastiques, le pauvre Jean Massieu explique-t-il de son mieux ce dont il s'agissait, et termine en disant à Jeanne qu'elle ferait bien de s'en rapporter à l'église pour savoir si elle doit abjurer.

faire lire la cédule à l'un des notaires présents, qui auraient dû naturellement en donner lecture. Les falsifications qu'on méditait et qu'on exécuta eussent été trop facilement dévoilées par ceux-ci, tandis que Jean Massieu était un pauvre clerc, bien simple et fort timoré.

Mais, d'une voix tonnante, l'impitoyable Guillaume Erard s'écrie :

— Tu abjureras présentement ou tu seras *arse.*

— Que demandez-vous de plus ? répond Jeanne avec humilité ; je me soumets à l'église, je consens qu'on envoie mes réponses à Rome, et d'avance je me soumets également à tout ce que le pape décidera.

— Ce n'est pas assez, réplique brusquement Guillaume Erard ; il faut que tu te soumettes purement et simplement, sans aucune restriction, et que tu abjures tes *erreurs* et les *folies* de ton roi.

Jeanne lève les yeux au ciel en joignant les mains... on aurait dit qu'elle priait pour ses bourreaux ; puis, après un moment de silence, elle s'écrie avec une vive émotion :

— Pour Dieu, je vous supplie, ne calomniez pas mon roi ! mes faits et gestes ne peuvent être à la charge de qui que ce soit. S'il y a en moi quelque chose de répréhensible, je déclare en prendre toute la responsabilité, et je n'en charge personne, encore bien moins le noble roi de France, qui n'a jamais pu me rien commander de contraire à la foi de mes pères.

Paroles sublimes !

Mais les juges iniques de Jeanne sont inflexibles... En vain l'infortunée affirme avec l'accent de la vérité qu'elle se soumet au pape, on répond :

— Le pape est trop loin, on ne peut aller devant lui.

— Eh bien ! au concile général.

— Cela prendrait trop de temps.

— Qu'exigez-vous donc de moi ? s'écrie alors la pauvre jeune fille en fondant en larmes.

— Que tu abjures tes erreurs et sur-le-champ. Nous t'en sommons pour la troisième et dernière fois.

En présence de cette infernale torture, une sorte de stupeur s'est emparée de Jeanne. D'un air égaré, elle contemple ses juges... Elle croit voir en eux une troupe de démons vomis par l'enfer... Ses regards se portent ensuite sur cette foule immense qui l'entoure. Ce sont leurs satellites, se dit-elle en elle-même... Ils sont là pour être témoins de mon supplice, pour se repaître de mes douleurs, pour assister à mon trépas, pour manifester une joie féroce à mon dernier soupir... Il semble encore à l'infortunée que des figures sinistres, horribles, voltigent dans les airs en poussant des cris affreux, comme si elles se disputaient une proie... Enfin, dans le lointain, elle croit entrevoir la réverbération d'un immense bûcher, des tourbillons de flamme et de fumée s'élever dans les airs, et tout un peuple pousser de longs hurlements en présence de ce spectacle épouvantable...

Une voix solennelle, que Jeanne a déjà entendue bien des fois, la tire soudain de l'espèce de stupeur dans laquelle elle est plongée. Cette voix mystérieuse est celle de ce guerrier qui la délivra naguère des infâmes houcepailliers, et l'ajourna à briefs jours à l'autel de l'hymen... C'est lui que Jeanne vient d'entendre, que Jeanne vient d'apercevoir... Il est au milieu des hommes d'armes qui entourent les deux échafauds. Sa stature colossale dépasse de la tête celle des autres guerriers. La visière de son casque est baissée, et le heaume de celui-ci est ombragé d'une haute plume noire. De longs soupirs, des mots inarticulés s'échappent de sa poitrine... Ses regards se portent constamment sur l'ambon, ou plutôt le feu de ses yeux perce l'acier étincelant qui dérobe ses traits, et, comme un brillant météore, entoure d'une auréole l'infortunée bergère de Domremy... Elle n'en peut douter : c'est lui, c'est encore lui, c'est toujours lui!!!

Soudain Pierre Cauchon se lève. Il agite, dans ses mains jaunes et décharnées, une énorme pancarte. Elle est écrite en caractères de sang!!! D'une voix sépulcrale, il la lit à haute voix : c'est l'acte de condamnation de l'accusée... L'effroi a glacé tous les cœurs; un silence de mort plane sur cette foule immense et muette de stupeur.

En ce moment solennel, mille voix confuses se font entendre. — Il faut absolument que Jeanne abjure! s'écrie-t-on de tous côtés... C'en est fait si elle refuse... L'Oiseleur, l'infâme l'Oiseleur lui-même la supplie de se soumettre... de reprendre les vêtements de son sexe... Mais, pour la centième fois, la jeune fille répond en rougissant que la pudeur lui fait un devoir de conserver le costume des guerriers.

On insiste; les menaces succèdent aux prières; on croit intimider celle qui se montra si courageuse dans les combats... Des lâches ont pu seuls avoir cette infâme idée. Mais Jeanne s'indigne à la vue de tant de turpitude.

— Où voulez-vous en venir? s'écrie-t-elle. Moi!

je désavouerais tant de nobles souvenirs?... Non! non! ce que j'ai fait, j'ai dû le faire. Arrière! vous tous qui voulez me flétrir! Arrière! surtout, vous qui osez porter une main sacrilége sur l'honneur de mon roi! Arrière!!!

A ce rugissement du lion, les aliborons en jaquette noire s'aperçoivent qu'ils se sont mépris... Les monstres! en touchant leurs cœurs pétris de boue, ils s'étaient peut-être imaginé... Je n'ose achever...

La ruse, l'hypocrisie, la plus noire perfidie, viennent encore une fois au secours de ces êtres si vils.

— Jeanne, s'écrie Guillaume Érard en affectant une feinte tendresse, Jeanne, ma pauvre Jeanne, nous avons tous pitié de toi. Révoque ce que tu as dit; nous t'en conjurons!!! Nous voulons te sauver. Vraiment nous aurions grand regret de te livrer à la justice des hommes.

Mais l'infortunée, toujours sous l'empire d'une noble indignation, ne sait que penser de ce langage mielleux... Elle hésite d'y répondre, ou plutôt elle persiste à garder un dédaigneux silence.

— Jeanne, faites ce que l'on vous conseille... Voudriez-vous donc courir à votre perte? s'écrient d'autres voix.

— Ne vous ai-je pas dit maintes fois que je m'en référais à la cour de Rome?... que je croyais tout ce que l'église enseigne?...

— Ce n'est pas de cela qu'il s'agit, s'écrie d'une voix tonnante Guillaume Érard. Abjure!!! abjure!!! et tu sortiras de ton cachot.

— Ah! répond Jeanne ébranlée par cette perfide

et mensongère promesse, vous aurez bien de la peine à me séduire...

La vive émotion de l'accusée n'a pu échapper à l'œil de lynx de Pierre Cauchon. Il suspend la lecture de la fatale condamnation pour contempler sa victime haletante ou plutôt expirante... Il croit alors le moment favorable pour obtenir les aveux qu'il sollicite en vain depuis si longtemps...Il va faire une dernière tentative.

Mais soudain de violents murmures éclatent au milieu des masses groupées autour des deux ambons. Ce sont quelques centaines d'Anglais qui crient à la trahison, en voyant l'évêque hésiter à prononcer la sentence de Jeanne. Ils s'imaginent, tant la rage furibonde dont ils sont animés les aveugle, qu'il prend en pitié l'accusée. Pierre Cauchon prendre en pitié Jeanne ! Ils osent interpeller ce prélat; ils lui reprochent sa faiblesse; ils poussent même l'indécence jusqu'à l'insulter gravement. Maître Laurent Callot, secrétaire du monarque anglais, s'écrie effrontément que l'*évêque juge mal...* Un autre docteur, chapelain du même prince, prétend *que le prélat favorise en secret l'accusée...* En vain Pierre Cauchon se récrie; en vain il veut faire entendre des paroles de justification... Mille clameurs couvrent sa voix... Le même chapelain, qui se sent soutenu par des milliers d'énergumènes armés de hallebardes, s'oublie au point de qualifier le prélat *de fauteur de l'accusée*, de traître infâme...

A ces atroces injures que certes l'évêque est loin de mériter, mais dont le ciel permet qu'il soit abreuvé pour le punir d'avoir trahi son roi légitime, à ces ignobles et atroces injures, le malheureux prélat entre dans un violent accès de colère. Il écume de rage, ses yeux lancent des éclairs, et, d'une voix tonnante, il apostrophe ainsi l'impudent chapelain :

— *Tu en as menti* (1), prêtre cafard! tu en as menti par la gorge! Je ne favorise personne, je ne suis traître à personne; c'est bien plutôt toi qui es un traître d'oser insulter ceux qui jugent ici au nom du roi, et qui le représentent... Arrière! ou je te fais appréhender par les hommes d'armes, et jeter dans un cul de basse-fosse... Arrière! maudit frocard; arrière! et que je ne t'entende plus...

Il n'y a rien de tel que la fermeté pour faire taire les aboyeurs, pour réduire au silence cette vile tourbe que l'on appelle la canaille. Montrez seulement la pointe d'une hallebarde, et vous aurez soudain raison de tous ces bavards, de tous ces émeutiers; ils ne sauront plus où se cacher; des trous de rat seront encore trop grands pour abriter leur petitesse. Toujours est-il que le pauvre chapelain, enfonçant son biboquet (2) sur ses yeux, aurait voulu être à cent pieds sous terre, tant la peur des hallebardes et du cul de basse-fosse l'avait fait rentrer en lui-même.

Pourtant il n'en était pas quitte, le malheureux. Bien que Pierre Cauchon lui eût montré les dents, il n'était pas homme à en rester là. Il lui

(1) Ces paroles violentes sont historiques.

(2) C'était le nom du couvre-chef de ce temps-là.

fallait quelque chose de plus. Après avoir terrassé l'ennemi, il le fallait couvrir de boue, d'ignominie.

La séance était suspendue, et il était aisé de juger, à la vive agitation qui se manifestait encore dans toute la personne du prélat, qu'il était loin d'être satisfait. En vain, le cardinal d'Angleterre avait fait signe déjà plusieurs fois qu'on continuât : Pierre Cauchon, Guillaume Érard, l'*admonestation*, la cédule, tout était resté là.

Le prélat, qui, grâce à sa fermeté, avait mis les rieurs de son côté, reprend enfin la parole :

— Chapelain! s'écrie-t-il d'un ton sévère, chapelain! vous m'avez outragé gravement, vous me devez, vous me ferez réparation, et sur-le-champ. Je dois donc le déclarer au seigneur-cardinal, je ne passerais pas outre que vous ne m'ayez fait d'humbles excuses.

C'était dignement parler, c'était savoir se venger à propos; car la vengeance, cette noble passion des grands cœurs, a aussi son heure du berger. A la vérité, il faut savoir quelquefois la différer, mais jamais la remettre au lendemain si l'instant est propice pour assommer son ennemi.

Pierre Cauchon, qui était la cheville ouvrière du procès, venait de mettre le marché en main au parti anglais. Le cardinal l'a compris : aussi ordonne-t-il sur-le-champ au pauvre chapelain, qui ne se le fait pas dire deux fois, d'adresser à deux genoux d'humbles excuses au seigneur évêque, qui reçoit cette réparation, si humiliante pour celui qui la fait, avec la morgue d'un homme qui sait bien que l'on a besoin de lui.

Pierre Cauchon, se levant alors avec dignité, ou plutôt avec cet air rayonnant que l'on prend quand on a humilié son ennemi, Pierre Cauchon représente que son devoir étant de chercher le salut du corps et de l'âme de l'accusée, il a dû ne rien précipiter avant de s'assurer dans quelles dispositions elle se trouve... Le prélat n'avait jamais mieux parlé.

Cependant Pierre Massieu avait profité de ces indécents débats pour faire comprendre charitablement à Jeanne le grand péril où elle se mettait, si elle refusait de signer la cédule, dont, par parenthèse, elle ne comprenait guère la portée... Obsédée par les exhortations des uns, les menaces des autres, les promesses de ceux-ci, les conseils affectueux de ceux-là, et peut-être aussi subjuguée par la terreur de l'affreux supplice dont on l'effraie sans cesse, l'infortunée répond d'un ton humble et soumis: « qu'elle désire que ladite cédule soit vue par les » clercs, et qu'elle agira d'après leurs conseils... » qu'après tout, elle s'en rapporte à l'*église* et à ses » juges... »

Par cette réponse pleine de prudence, Jeanne, tout en se soumettant à ses juges, en appelle toujours aux décisions de l'*église*, c'est-à-dire au *pape*, et non point à cette *église* qu'elle croit être composée de ses ennemis... Aussi Guillaume Erard et ses satellites n'ont-ils pu se méprendre sur le sens que l'accusée attache à ce qu'elle vient de dire... Leur rage s'en accroît encore, s'il est possible, et d'une voix tonnante, le fougueux prédicateur s'écrie :

— Signe sur-le-champ, l'église n'a que faire là... Signe ton abjuration, ou tu vas monter sur le bûcher.

— Eh bien ! je consens à abjurer, répond enfin l'infortunée en levant les yeux au ciel, auquel elle semble demander pardon de sa faiblesse... oui, j'y consens, car j'aime encore mieux signer votre cédule que d'être brûlée...

Et d'une voix émue, d'une voix entrecoupée de gémissements, de sanglots, Jeanne répète après Guillaume Erard, la formule d'abjuration (1).

Pierre Cauchon, se tournant alors vers le cardinal d'Angleterre, lui demande avec un air d'intelligence ce qu'il faut faire, l'accusée ayant abjuré...

— L'admettre à la pénitence, répond aussitôt le cardinal.

Ce n'étaient pas ce que voulaient tous ces fougueux Anglais qui étaient là... Aussi des menaces, des imprécations, de violents murmures, d'affreux jurements, se firent-ils entendre soudain... Des pierres furent lancées sur l'ambon où était Pierre Cauchon... On vit même dans plusieurs groupes les épées nues, et certains individus à mine si-

(1) Tous ces détails sont historiques, mais diversement rapportés par les historiens et les témoins au procès de révision. Cela n'est pas étonnant; une atroce perfidie, au milieu de laquelle il était bien difficile de se reconnaître, faisait mouvoir tous les fils de ce grand drame. Nous avons choisi l'interprétation la plus vraisemblable.

nistre (c'étaient les septembriseurs de l'époque) brandir leurs dagues, et jurer qu'ils sauraient bien tirer vengeance des traîtres s'ils ne faisaient pas leur devoir... Les traîtres faire leur devoir!!! Quel étrange langage!!! quelle amère dérision!!!

Ces scènes de violence commençaient à prendre une assez laide tournure, et on ne pouvait prévoir où s'arrêteraient ces forcenés, ou plutôt on avait tout à redouter de leur fureur, lorsque soudain un certain Laurent Callot, secrétaire du monarque anglais, s'élance d'un pas rapide sur l'ambon, arrache la cédule des mains de Guillaume Erard, et, saisissant violemment la main de Jeanne, la contraint de signer, non pas ladite cédule, mais une longue pancarte qu'il y avait substituée adroitement (1), et qui n'était qu'un affreux libelle par lequel l'accusée s'avouait coupable des infamies les plus révoltantes, des crimes les plus atroces.

Cette infernale jonglerie avait été exécutée si adroitement par l'hiérophante Laurent Callot, que Jeanne, qui ne savait ni lire ni écrire, ne s'en était pas aperçue... Ceux qui étaient dans le secret, et peut-être aussi quelques amis de celle-ci, avaient seuls pu s'apercevoir du perfide escamotage... Mais ces derniers, muets de terreur devant les hallebardes anglaises, s'étaient bien gardés d'en

(1) Jean Massieu dépose au procès de révision qu'il sait certainement (*scit firmiter*) que cette cédule n'était point celle mentionnée dans le procès et dont il avait d'abord donné lecture à l'accusée (Voyez aussi Lebrun des Charmettes, tom. IV, pag. 133 et 134.)

ouvrir la bouche, *de réclamer*, comme on dit dans notre siècle frondeur... il y allait de leur vie.

Quoi qu'il en soit, Jeanne s'avouait coupable, dans cette infâme pancarte, « d'avoir blasphémé » Dieu et les saints... d'avoir porté habits dissolus... » d'avoir désiré l'effusion du sang humain, et, » pour atteindre ce but coupable, d'avoir emprunté » le nom de Dieu... d'avoir adoré les esprits de té» nèbres, etc., etc... En réparation de quoi elle se » soumettait à la justice de l'église, et promettait à » monseigneur saint Pierre, au pape de Rome, au » révérend père en Dieu l'évêque de Beauvais, à » religieuse personne, Jean le Maître, vicaire de » l'inquisition, et à ses juges, que jamais elle ne re» tournerait à ses erreurs... »

Ainsi la pauvre prisonnière venait de signer une calomnieuse diatribe, croyant signer l'abjuration pure et simple dont on lui avait donné lecture... Tels étaient les infâmes moyens auxquels on avait recours pour fausser la justice de Dieu et des hommes, et, plus tard, verser le sang innocent.

Jeanne n'eut pas plus tôt consommé sa perte, en signant cet infâme libelle, que l'évêque de Beauvais et le vice-inquisiteur se hâtèrent, sans consulter les juges, de prononcer une sentence tout-à-fait différente de la précédente et qui avait été également rédigée d'avance. Par cette sentence, l'accusée, en considération de l'abjuration qu'elle venait de signer, était relevée de son excommunication. Mais elle était condamnée pour le reste de ses jours à une prison perpétuelle pour pleurer ses fautes, et pour toute nourriture au pain de douleur et à l'eau d'angoisse (*cum pane doloris et aquâ angustiæ*).

Telle était la formule ordinaire des jugements rendus par le redoutable tribunal de l'inquisition, lorsque, par extraordinaire, il épargnait la vie de ses victimes.

Après avoir entendu sa sentence, Jeanne supplia humblement ses juges de la remettre entre les mains de l'église, puisque c'était au nom de celle-ci qu'elle était condamnée... Cette demande était de toute justice, on ne pouvait s'empêcher d'y faire droit, à moins de violer toutes les lois divines et humaines.

Comme Pierre Cauchon et ses satellites faisaient la sourde oreille, Jeanne s'écria de nouveau :

— Or sus, messeigneurs les gens d'église, menez-moi, s'il vous plaît, à vos geôles, que je ne sois plus entre les mains de ces Anglais.

Mais l'inique prélat qui avait ourdi, de concert avec le parti de l'étranger, l'infâme complot dont nous venons d'être témoins, était bien éloigné de faire droit aux justes réclamations de la pauvre prisonnière, qui ne demandait, au surplus, que ce que lui avait solennellement promis Guillaume Erard... Toujours est-il que sans donner aucune explication de son étrange refus, Pierre Cauchon cria d'une voix forte aux gardes qui étaient en bas de l'ambon :

— Çà, vous autres, reconduisez cette femme où vous l'avez *prinse*... Et vous, Jean Massieu, accompagnez-la.

Il fallait bien obéir à la force brutale. Jeanne, se levant de son siége, descendit de l'ambon en fondant en larmes... Les hommes d'armes l'entourèrent alors, et, quelques instants après, l'infortunée, sous la garde de ses infâmes satellites, était encore une fois chargée de chaînes au fond d'un noir cachot, en attendant le dénouement tragique que préparaient dans l'ombre ses implacables ennemis.

FIN DU LIVRE ONZIÈME.

LIVRE DOUZIÈME.

CHAPITRE Ier.

> Presque toujours les complots des méchants réussissent...... rarement les tentatives courageuses des gens de bien.

Jeanne était à peine réintégrée dans sa prison que déjà une nouvelle scène d'hypocrisie se préparait. Jean le Maître, vice-inquisiteur, s'était empressé de se rendre auprès de la pauvre captive. Après lui avoir parlé de la miséricorde de Dieu et de l'indulgence de l'église, il l'exhorta à éviter de retomber dans ses anciennes erreurs; car alors on l'abandonnerait à son malheureux sort, aux flammes dans ce bas-monde, aux peines éternelles dans l'autre.

Un pareil langage annonçait clairement qu'on savait le moyen de faire *rechoir* Jeanne dans ses *anciennes erreurs*, et qu'on allait recourir à la plus noire perfidie pour arriver à ce but.

Toujours est-il qu'après l'avoir longuement sermonnée, le vice-inquisiteur dit à cette infortunée qu'il fallait, afin de donner des preuves non équivoques de son retour dans la bonne voie, reprendre sur-le-champ les vêtements de son sexe. Malgré la répugnance qu'éprouvait la jeune héroïne à quitter cet habit qui avait été témoin de tant de gloire, elle se soumit à ce qu'on exigeait. « Et elle » déposa l'habit d'homme et preint les vestements » de femme, ainsi qu'il lui estoit ordonné; et l'habit » d'homme fut mis en ung sac, *en la mesme chambre* » *où estoit détenue la prisonnière*, sous la garde de » cinq Anglois, dont trois demouroient de nuict en » la chambre, et deux dehors à l'huis de ladite » chambre. Et la pauvre Jeanne estoit couchée fer- » rée par les jambes de deux paires de fers à chaisne, » et attachée moult estroitement, par le milieu du » corps, d'une chaisne tenant à une grosse pièce de » bois fermant à clef, par quoi ne pouvoit mouvoir » de la place. »

Pas n'est besoin de faire remarquer tout ce qu'il y avait de perfidie dans ces procédés barbares et machiavéliques. Et d'abord il est évident qu'en laissant l'habit d'homme près de Jeanne, on voulait lui donner la tentation de le reprendre; ensuite abandonner ainsi cette infortunée à toutes les horreurs de la solitude, de la captivité, n'était-ce pas, en quelque sorte, échauffer encore davantage son imagination exaltée?... n'était-ce pas là ramener à *ses visions*, à *ses voix?*... n'était-ce pas raviver ses nobles souvenirs?... n'était-ce pas enfin la pousser au désespoir, et l'entraîner inévitablement à reprendre cet habit du guerrier, qu'on ne semblait avoir laissé là sous ses yeux que dans ce but infernal ?...

Cependant tandis que Charles de Valois, par une ingratitude dont les rois ont seuls le privilége de donner l'exemple, oubliait l'héroïne qui au prix de son sang, au prix de sa liberté, l'avait fait remonter sur le trône; tandis que ce prince, si gratuitement appelé *le Victorieux*, se vautrait dans la débauche et consumait ses jeunes ans dans les plus sales orgies, avec cette Agnès Sorel, la du Barry de l'époque, quelques Français généreux, pour jeter un voile, en quelque sorte, sur l'infamie de leur maître, résolurent de tenter une entreprise, laquelle, si elle eût réussi, les eût immortalisés à jamais. Il ne s'agissait de rien moins que de s'emparer par surprise de la capitale de la Normandie, de la personne du roi d'Angleterre, du régent et de tout son conseil, et de couronner un si beau fait d'armes par la délivrance de Jeanne d'Arc. (*Historique.*)

Comme à cette époque on voulait voir du merveilleux partout, cette tentative hasardeuse avait été résolue d'après les promesses « d'ung certain » Guillaume le Berger, qui faisoit les gens idolastrer » en luy, et chevaulchoit de costé et monstrait de fois » et autres ses mains, ses pieds et son costé, tachés » de sang comme saint François, et avait dit qu'il se » faisait fort de bouter les Français à Rouen et de déli- » vrer Jeanne (1). » Toujours est-il qu'on avait ajouté

(1) *Journal d'un bourgeois de Paris.* Voy. aussi Chartier (J. et Allain).

foi aux dires de cet imposteur, et que le vaillant Poton de Xaintrailles, naguère le compagnon d'armes de l'héroïne, était à la tête de cette noble entreprise. L'affaire ayant été tenue fort secrète, les guerriers français se mirent en marche... Le hasard voulut qu'à la même époque le régent anglais sortît de Rouen pour se rendre à Paris. Les Français ayant eu vent de ce voyage, se mirent en embuscade auprès de Mantes, espérant se saisir de ce prince, et avoir en lui un bon otage qui eût répondu des jours de Jeanne. Mais celui-ci, averti à temps, gagna bravement au pied, laissant ses gens se battre pour lui, et, faisant diligence nuit et jour, arriva à Paris, où il conta son aventure et donna l'alarme.

Comme les événements grossissent en passant de bouche en bouche, le bruit se répandit bien vite à Rouen que le régent était tombé entre les mains des Français... Cette nouvelle causa tant d'inquiétude aux Anglais, qu'un corps de troupes, sous la conduite de Warwick et d'Arundel, partit précipitamment pour aller le délivrer... Mais aux environs de Mantes, on apprit que, grâce à ses bons éperons et à son coursier, il l'avait échappé belle... C'était une excellente nouvelle, et comme le succès enhardit, on résolut de rendre la pareille aux *Armagnacs*, et d'aller se mettre en embuscade aux environs de Beauvais, où ceux-ci devaient passer.

Par une ruse de guerre, des coureurs anglais furent envoyés jusque sous les murs de la ville, afin d'attirer les Français... Ceux-ci ne se doutant pas du piége qu'on leur tendait, et ne voyant qu'un petit nombre d'ennemis disséminés dans la campagne, fondirent sur eux et les poursuivirent chaudement. Tout-à-coup parurent les Anglais : ils étaient, selon leur coutume, deux contre un. Mais les Français ne reculent jamais, et, malgré l'infériorité du nombre, peut-être ces derniers auraient-ils remporté la victoire, si un autre corps anglais ne fût encore venu les prendre en queue... On sait ce qu'il arrive en pareille circonstance, nous ne l'avons que trop vu de nos jours, où d'autres Arundel, d'autres Warwick se ruèrent avec des forces quadruples sur le courage malheureux...

En vain le maréchal de Sainte-Sévère charge avec l'impétuosité du désespoir les phalanges anglaises, tandis que Xaintrailles essaie de se faire jour d'un autre côté... en vain les Français se battent comme des lions... le nombre doit nécessairement l'emporter sur la vaillance... Voyant que tout était désespéré, le brave Poton de Xaintrailles, suivi seulement de vingt-cinq lances, se jette au milieu des rangs ennemis, fait des prodiges de valeur, et tombe enfin percé de coups au pouvoir des Anglais... Talbot, qui avait été naguère son prisonnier, reçut l'épée du valeureux guerrier.

Cet événement, qui pouvait épargner un grand crime aux enfants d'Albion en opérant la délivrance de Jeanne, n'eut d'autre résultat que de réveiller encore plus douloureusement dans l'esprit de celle-ci ses anciens souvenirs de gloire... Elle venait d'apprendre par ses gardes qu'un guerrier, fait prisonnier par un parti anglais, venait d'arriver dans les prisons du château de Rouen. Bientôt elle sut par ces mêmes satellites, qui se faisaient un cruel plaisir de lui raconter tout ce qui pouvait humilier le nom français, que ce noble chevalier n'était autre que Xaintrailles, son ancien compagnon d'armes : c'était plus qu'il n'en fallait pour que Jeanne se crût revenue à cette époque fortunée de sa vie où son nom, son nom seul était la terreur des Anglais.

On se doute bien que celle-ci supplia instamment ses geôliers de permettre qu'elle eût une entrevue avec Xaintrailles, qui, de son côté, avait fait la même prière... Mais, bien loin de condescendre aux désirs de ces deux illustres captifs, on riva leurs fers, on rendit, en quelque sorte, leurs chaînes plus pesantes. Xaintrailles fut plus étroitement gardé; et, dans l'appréhension d'une nouvelle tentative des Français pour délivrer Jeanne, on résolut de hâter encore le fatal dénouement; d'*en finir*, en un mot... Dans ce but infernal, on eut recours à tous les moyens pour tromper celle-ci, pour l'induire en erreur, *la forcer*, en quelque sorte, en la mettant aux prises avec la brutalité de ses gardes, à violer ses promesses, et, par là, donner le droit à ses bourreaux de l'accuser d'être retournée à *ses anciennes erreurs*... Ainsi la scène d'hiérophante que venait de jouer le vice-inquisiteur, sa visite à la prison, ses paroles hypocrites, ses mesures perfides, cet habit d'homme qu'on avait laissé là tout exprès à la disposition de l'infortunée captive, n'étaient que des piéges tendus à la candeur d'une pauvre jeune fille, n'étaient que le prélude de la sanglante tragédie que préparaient dans l'ombre les redoutables suppôts de la sainte inquisition.

CHAPITRE II.

> Les saints, les plus grands saints ne résistèrent pas toujours à la tentation.

27 mai.

Ce jour-là le bruit se répandit tout-à-coup que Jeanne était *renchue, qu'elle avoit reprins son habit d'homme*... Feignant une grande surprise, l'évêque de Beauvais, le comte de Warwick et les autres chefs anglais mandèrent aussitôt les assesseurs, les clercs, les tabellions qui avaient assisté au procès, pour leur exposer gravement ladite nouvelle, et leur ordonner de se rendre à la prison, afin de pouvoir se convaincre par leurs yeux si ce que l'on disait était vrai.

On ne pouvait mieux jouer la comédie. Les clercs se hâtèrent d'obéir ; mais alors comme aujourd'hui il était du bon ton de se faire attendre ; Pierre Cauchon, en homme qui sait son monde, avait donc ordonné qu'on allât l'attendre dans la grand'-cour du château.

A peine messieurs les clercs à la noire jaquette étaient-ils arrivés au château, qu'une centaine d'Anglais, tous ivres ou à peu près, c'est l'état normal chez ce peuple, se ruèrent comme des forcenés sur les pauvres robins, en leur mettant insolemment le poing sous le nez (cela s'appelle boxer) et en leur criant aux oreilles « que les gens d'église » qui avaient jugé la Pucelle et ne l'avaient pas fait » *ardre*, étaient des traîtres et des Armagnacs... » Ces enragés, je parle des Anglais, poussèrent même la barbarie jusqu'à menacer de leurs dagues Guillaume Manchon, lui reprochant de s'être mal conduit dans le procès... Enfin ce fut à grand'peine, et presque un miracle, que les pauvres clercs qui ne disaient mot, je vous assure, en face de cette brutale éloquence, pussent *vader et issir* (s'échapper et sortir) du château; si bien que l'appariteur, Jean Massieu, « les ayant rencontrés moult esbahis et » espaourés, ceux-ci lui dirent qu'ils venoient d'être » reboutés par les Anglais armés de haches, de » glaives, et de plus injuriés et appelés traîtres... »

Toutefois, quelques assesseurs, plus courageux que leurs confrères, avaient tenu tête à la brutale ivrognerie des soldoyers, et s'étaient introduits dans la prison. André Marguerie était un de ceux-là. Il aborda avec bonté la pauvre prisonnière, et se mit à causer à voix basse avec elle. Il était aisé de juger qu'il lui faisait quelques observations, et que celle-ci se plaignait... Toujours est-il que André Marguerie se retournant vers trois ou quatre de ses confrères qui étaient présents, s'écria d'un air peiné :

— Il serait cependant juste de s'enquérir de Jeanne pour quel motif elle a repris l'habit d'homme... *Peut-*

être a-t-elle eu de bonnes raisons pour agir ainsi...

André Marguerie n'avait pas achevé de parler qu'une voix de stentor s'écria : — Taisez-vous, Armagnac, taisez-vous, au nom du diable! Et en même temps un soldoyer levant sa hache, peu s'en fallut qu'il ne fendît le crâne au pauvre André Marguerie, qui, saisi de terreur, s'enfuit bien vite, sans demander son reste.

Cependant un grand tumulte, des cris, des vociférations, d'affreux jurements faisaient retentir la prison. Le tabellion Bois-Guillaume, présent à cette scène dégoûtante de la civilisation anglaise, était loin d'être à son aise; à tout moment il craignait qu'il ne prît fantaisie à quelques soldoyers morts-ivres de faire usage de leurs haches d'armes... D'un autre côté, quelques chefs, non moins ivres, semblaient encore encourager par des sarcasmes la licence de leurs soldats... Enfin, aux propos discordants, mais qui n'étaient que trop significatifs, de toute cette bande d'ivrognes, il était aisé de juger que c'était grande joie pour elle de voir que Jeanne avait repris son habit d'homme, et s'était mise par ce fait dans un mauvais cas, dont, à n'en pas douter, on allait tirer parti contre elle... Inutile d'ajouter que l'évêque de Beauvais, le vice-inquisiteur, ni aucuns des grands meneurs qui avaient sourdement préparé cette scène de perfidie, ne vinrent ce jour-là à la prison.

Lundi, 28 mai.

Le lendemain, ce fut différent : la nuit avait porté conseil ; le nœud de cette sanglante intrigue s'était resserré : il fallait ou plutôt on voulait en finir. Pierre Cauchon, le vice-inquisiteur, plusieurs assesseurs, le comte de Warwick et d'autres chefs anglais se rendirent à la prison.

Tout d'abord que ces hommes cruels et perfides eurent avisé Jeanne en habit d'homme, ils feignirent une grande surprise... De violents murmures éclatèrent ensuite. Plusieurs voix s'écrièrent avec une joie féroce : — Elle est prise ! elle est prise ! C'était un spectacle déchirant de voir tous ces tigres altérés de sang contempler en rugissant leur victime, pâle, éplorée, le front meurtri, le visage sanglant, les cheveux épars, les vêtements en désordre... Il n'était besoin que de jeter les yeux sur cette infortunée pour deviner que, tout récemment encore, elle avait dû avoir de terribles assauts à soutenir... Cela serrait le cœur ; cela faisait frémir ; cela révoltait rien que d'y penser...

L'évêque s'approche (1) :

— Jeanne, s'écrie-t-il d'un ton sévère, vous avez repris les habits d'homme ?

— Oui, dès hier, répond d'une voix faible

(1) Nous n'avons point suivi, dans cette scène, *les Grosses du procès de condamnation*, qui sont évidemment mensongères. Nous avons préféré nous en rapporter aux dépositions des témoins du procès de révision.

celle-ci, et sans presque faire attention au prélat.

— Quel était votre motif?

La pauvre jeune fille baisse les yeux en sanglotant et garde le silence.

Pierre Cauchon réitère sa question.

— Il l'a bien fallu... Jeanne ne peut achever.

— Vous aviez cependant promis de ne le plus porter?

— Je n'avais pas compris qu'il me fût interdit de ne le reprendre jamais.

Il se fit un alors un moment de silence... Les juges se regardèrent... L'évêque continua :

— Jeanne, il faut que vous nous disiez absolument les raisons que vous avez eues de violer votre parole.

L'infortunée semble hésiter de répondre à cette question... Une vive rougeur colore ses joues... elle n'ose s'expliquer... L'évêque insiste, il presse de questions la prisonnière... Enfin celle-ci d'une voix émue s'écrie :

— Le vêtement que j'ai pris m'a paru plus convenable, tant que je serai gardée par des hommes... Au surplus, je me suis crue autorisée à le reprendre, puisqu'on ne m'a point tenu les promesses que l'on m'avait faites, à savoir de me permettre d'assister à la célébration des saints mystères, et de ne plus me retenir dans des ceps et des chaînes de fer.

— Jeanne, s'écrie d'un ton sévère le prélat, ce n'était pas un motif suffisant pour violer vos serments.

— Seigneur évêque, pensez-vous donc qu'il soit

séant que je reste seule en habit de femme au milieu de ces soldats ?

— Tout cela ne vous excuse point.

— Eh bien! soit, j'ai *fauté*... punissez-moi... prenez ma vie... s'écrie Jeanne avec l'accent du désespoir... prenez ma vie... oui, je préfère mourir que d'être chargée de chaînes nuit et jour, et de ne pouvoir me défendre des entreprises de cette soldatesque effrénée... La pudeur empêche l'infortunée d'en dire davantage.

— Jeanne, vos inculpations sont bien vagues... elles ne sont appuyées d'aucune preuve...

— Voyez mon front meurtri... mon visage ensanglanté... voyez mes mains déchirées... mes habits en lambeaux... Doutez-vous maintenant des infâmes violences de vos sbires? répond en sanglotant la pauvre prisonnière.

— Peut-être aviez-vous fait quelques mutineries ?

— Interrogez ces monstres... si vous refusez de me croire... s'écrie l'infortunée avec l'accent de la plus vive indignation (1).

Ce langage énergique, et plus encore peut-être le

(1) Non seulement Jeanne préférait, avec juste raison, porter des habits d'homme, pour se soustraire aux brutalités de ses geôliers, mais elle y fut encore forcée par leur infâme conduite. Voici ce que dépose Jean Massieu : « Celle-ci lui aurait raconté qu'un matin » ayant dit à ses gardes de la déferrer, parce qu'il fallait qu'elle se » levât, un de ceux-ci lui enleva ses habillements de femme, et mit » à la place l'habit d'homme, en s'écriant ironiquement : Lève-toi

tableau déchirant d'une jeune fille, victime de la plus affreuse brutalité, semble faire impression sur les juges... Ils se regardent en silence... Ils semblent s'interroger des yeux... Un d'entre eux, plus humain que ses iniques confrères, ne peut s'empêcher de dire à mi-voix : — Vraiment! cette femme me fait grand'pitié!

Pierre Cauchon avait entendu ces imprudentes paroles... Il se retourne vivement et lance un regard flamboyant au trop sensible assesseur... Les chefs anglais, eux aussi, n'avaient que trop bien compris ce cri de compassion arraché à un cœur généreux... De sorte que, ou peu s'en fallait, les scènes de fureur de la veille allaient peut-être se renouveler... Toutefois, on en fut quitte pour des murmures, des jurements, et tout ce que des gens ivres, des barbares gorgés de vin, pouvaient se permettre.

Quoi qu'il en soit, à des preuves si évidentes de *violence*, il n'y avait rien à objecter... Les ennemis

» maintenant... que, sur l'observation que lui fit la prisonnière qu'il » lui était défendu de porter cet habit, on n'en tint aucun compte... » que ces indécents débats se prolongèrent jusque vers l'heure de » midi... *et que finalement, pour nécessité de corps, Jeanne fut* » *contrainte, pour sortir dehors, de prendre ledit habit d'homme...* » *et, de retour, on ne voulut point lui en bailler d'autre, non-* » *obstant ses supplications...* » Enfin, d'après la déposition de frère Martin l'Advenu, Jeanne lui aurait déclaré « qu'on l'avait » tourmentée violemment... *bastue*, deschoullée, et qu'un mil- » lourt anglois l'avait voulu *forcer*... ce qui était la cause qu'elle » avoit reprins habit d'homme... » (Voy. *Procès-verbaux du procès de révision.*)

les plus acharnés de la pauvre prisonnière, et à leur tête on peut mettre Pierre Cauchon, le sentirent bien... Aussi, passant tout-à-coup à autre chose, celui-ci, avec autant de perfidie que de mauvaise foi, dit à Jeanne qu'il avait appris qu'elle tenait encore aux illusions diaboliques auxquelles elle avait promis de renoncer...

Une pareille question était un crime de la part de l'évêque ; car il n'est jamais permis d'interroger *le for intérieur*, la pensée intime d'un accusé... C'est sa propriété, elle est sacrée, elle est inviolable.

Mais, trop candide pour dissimuler, la jeune captive répond qu'effectivement elle entendait encore *ses voix*...

— Que vous ont-elles dit ? reprend doucereusement le prélat.

— Elles m'ont fait connaître que c'était grand' pitié de consentir à abjurer pour sauver ma vie... Toutefois elles m'avaient prédit que j'agirais ainsi... Sur l'ambon, elles m'ont encore dit de répondre hardiment... Aussi ai-je reproché à celui qui me prêchait d'être un faux prédicateur... Enfin elles m'ont répété tout récemment que j'avais eu grand tort *d'abjurer*... En effet, je n'ai agi ainsi que par la crainte du feu...

— Croyez-vous que *ces voix* viennent de la part de Dieu ?

— Certainement ! je le crois.

En tenant un pareil langage, l'infortunée se perdait... ou plutôt elle avait perdu la tête... Chacune de ses réponses était un pas de plus vers l'abîme...

Ses juges iniques le comprennent si bien qu'ils jugent le moment favorable pour l'interroger derechef sur tous les chefs d'accusation.

— Quel était ce signe donné à votre roi? demande l'évêque.

— J'ai dit sincèrement tout ce que je savais à ce sujet, répond la jeune prisonnière.

— Il est bien difficile de croire que vous ayez dit alors la vérité, puisque depuis, dans votre abjuration, vous avez déclaré que vous vous étiez vantée faussement d'avoir eu des *révélations*, d'avoir ouï des *voix du ciel*...

— Si je me suis rétractée, répond Jeanne, c'était par la crainte du feu, et j'ai parlé contre la vérité... Au reste, ajoute-t-elle avec l'accent du désespoir, j'aime mieux *faire ma pénitence* tout d'un coup, que de souffrir tout ce que je souffre... Mais avant de mourir, je jure de nouveau que je n'ai jamais rien dit ni rien fait contre Dieu, ni contre la foi de mes pères.

Dans ce moment suprême, *in limine mortis*, c'était une complète abjuration de la première que Jeanne faisait. Aussi, dans la crainte que cette infortunée ne changeât encore quelque chose à ces allégations qui la perdaient inévitablement, Pierre Cauchon et ses satellites jugèrent prudent de s'en tenir là... Et ils avaient raison, car vraiment c'était plus qu'il n'en fallait pour la faire déclarer *relapse* (rechute)... et partant la conduire... au bûcher!!! Vous frémissez, lecteur... On voit bien que vous n'avez jamais paru devant le tribunal de la sainte inquisition... Toujours est-il que le procès-verbal fut clos par cette formule de sinistre augure : « Ce qu'ayant entendu, nous nous sommes retirés » pour procéder ultérieurement... »

Les mémoires du temps rapportent que l'évêque de Beauvais *advisant*, en sortant de la geôle, le comte de Warwick, entouré de plusieurs Anglais qui attendaient le résultat, leur cria avec un sourire satanique : *Farewell! farewell!* tenez-vous en joie! tout va bien!

Ainsi c'était peu pour ce prélat d'avoir attiré dans le piége, en ourdissant perfidies sur perfidies, l'innocente victime qu'il avait juré d'immoler à la haine de l'Angleterre, il fallait encore qu'il se glorifiât scandaleusement du succès de sa trame infernale... et, pour mettre le comble à tant d'infamie, qu'il insultât la malheureuse Jeanne sur les marches de l'échafaud... C'était bien là se parer de l'opprobre, c'était bien là se faire honneur du rôle d'assassin juridique que lui avait confié, comme au plus digne, la punique Albion.

Lorsqu'une grande iniquité va se consommer, il semble que tout le monde doive en souffrir, ou plutôt une sorte de malaise atteint toutes les classes de la société... Une inquiétude vague, indéfinissable, s'empare alors du peuple; il est consterné... Il comprend vaguement que ses maîtres marchent mal, ont abusé de leur force, qu'ils vont l'opprimer... Mais il n'ose parler, encore moins se plaindre; la crainte le rend muet... Il se contente de gémir tout bas, quelquefois même sans oser confier cette torture morale qu'il éprouve à ses amis les plus dévoués... Cet état anormal c'est *la terreur*, puisqu'il faut l'appeler par son nom... Nous en avons vu quelque chose vers la fin du siècle dernier... Je connais des gens qui s'en rappellent encore, ou plutôt ne l'oublieront jamais.

Eh bien! lecteur, je vous dirai que *la terreur* régnait alors dans la malheureuse cité de Rouen.

Depuis le jour fatal où Jeanne avait comparu devant des juges vendus à l'étranger, tous les cœurs généreux s'étaient dit : Jeanne est une victime, Jeanne sera immolée... Mais à cette heure l'horizon s'était encore assombri ; de noirs nuages amoncelés dans les airs annonçaient la tempête qui déjà grondait dans le lointain...

Et, pour parler sans figure, depuis quelque temps des bruits sinistres circulaient dans le peuple... Personne cependant, personne n'osait demander des nouvelles du procès, et, le croirait-on ? les juges eux-mêmes redoutaient d'être interrogés... On se fuyait, et quand par hasard deux amis se rencontraient, à peine s'ils se regardaient... Car il faut vous dire encore que tous les gens soupçonnés de s'intéresser à la prisonnière étaient signalés comme *suspects*, et partant avaient à redouter d'être victimes de quelques mesures arbitraires, ou plutôt devaient s'attendre aux dernières violences... Enfin aux propos atroces, aux horribles menaces, vomis par de vils satellites, on pouvait présager que des scènes sanglantes se préparaient, et que la fin du drame terrible qui depuis si longtemps tenait les esprits dans une affreuse incertitude, dans une cruelle perplexité, approchait du dénouement... Oui, je vous le répète encore une fois, la malheureuse cité de Rouen était plongée dans le deuil *et gémissait sous l'empire de la terreur*...

Il ne fut plus possible de douter de l'affreuse vérité lorsqu'on vit les phalanges de l'étranger se presser en poussant des cris de sang autour de la prison de Jeanne, et surtout lorsque les sinistres préparatifs du supplice se firent aux champs désolés de la grève... Mais n'anticipons pas sur les événements, assez tôt l'horrible catastrophe viendra de ses rougeâres réverbérations effrayer nos regards...

Mardi, 29 mai.

Le lendemain même de la scène déplorable où nous venons d'assister, Pierre Cauchon et le vice-inquisiteur, ayant convoqué les assesseurs qu'ils jugèrent à propos de s'adjoindre, firent donner lecture du procès-verbal après de ladite séance, et immédiatement allèrent aux voix.

C'était procéder bien lestement, *mais on voulait en finir.*

Trois avis furent ouverts.

Nicolas de Vendères proposa de déclarer Jeanne hérétique, et de la livrer à la justice avec la recommandation d'agir avec douceur... (*cum eâ mitè agere*) : c'était une amère dérision.

L'abbé de Fécamp fut d'avis que l'accusée était *relapse* (relapsa), mais qu'au préalable, *il fallait lui faire lecture de son abjuration*, puis la sermonner, puis ensuite la déclarer hérétique et la livrer à la justice, toujours avec cette condition (*ut illa mitè agat*).

Enfin le troisième avis était conforme au précédent, avec cette restriction toutefois, qu'au lieu de la livrer à la justice séculière, on s'en rapporterait aux juges sur ce qui concernait la personne de l'accusée.

Après une assez longue discussion, le second avis réunit la majorité des assesseurs: Jeanne était peut-être sauvée si on l'eût suivi; car bien certainement celle-ci, dont la mémoire était excellente, aurait bien vite argué de faux cette prétendue abjuration, et démasqué cette trame ténébreuse du prélat... Selon sa louable coutume, Pierre Cauchon se tira de ce pas difficile par un nouveau déni de justice, c'est-à-dire en ne se conformant pas à ce second avis: de sorte que l'infortunée captive allait monter sur le bûcher sans se douter seulement qu'elle était condamnée en vertu d'une abjuration qui n'était rien autre chose qu'une pièce supposée, une pièce falsifiée d'un bout à l'autre...

Quoi qu'il en soit, l'évêque et le vice-inquisiteur remercièrent les assesseurs, et, sans s'expliquer davantage, déclarèrent qu'ils allaient procéder contre Jeanne reconnue *relapse* et *hérétique*...

En conséquence, ils la firent citer à comparaître devant eux les jours suivants, pour entendre sa condamnation... ou plutôt pour subir son supplice, son épouvantable supplice.

CHAPITRE III.

Le remords est un enfer anticipé.

Ce jour-là, mercredi 30 mai de l'an de grâce 1431, la place du vieux marché à Rouen était emcombrée d'une foule immense... De très grand matin, trois échafauds y avaient été élevés; sur l'un de ceux-ci, on voyait une espèce de colonne assez haute en plâtre... Mais ce qui donnait beaucoup à penser à tout ce peuple témoin de ces préparatifs, c'est que Barabbas des Angoisses, maître des hautes et basses œuvres de la cité, y présidait avec ses aides... Bientôt une énorme quantité de matières combustibles, comme bois sec, menue paille, fut entassée avec un certain art au pied de la colonne, et lui forma comme une espèce de base assez large... Enfin on remarquait qu'une forte chaîne était scellée par de gros anneaux à ladite colonne, qui dépassait, environ de la hauteur d'un homme, la base de matières combustibles que Barabbas des Angoisses et ses aides avaient établie tout alentour.

Si vous me demandez ce que signifiaient ces sinistres préparatifs, je vous répondrai que c'était *un bûcher* que l'on venait d'élever, et que la colonne, avec une grosse chaîne en fer, était destinée à étreindre la victime qui devait être *arse* (brûlée)... Enfin je vous ferai remarquer qu'à la partie inférieure du bûcher, cette petite cage que l'on apercevait était *la soupape* au moyen de laquelle on mettait le feu, quand toutefois la victime avait été solidement attachée à la colonne...

C'était un effroyable supplice que celui-là!!! Avant de rendre le dernier soupir, on avait le temps de souffrir mille morts des plus cruelles (1), et les curieux celui de savourer les étreintes douloureuses du malheureux, qui, bien souvent, grâce au bois qui brûlait mal, faisait retentir longtemps les airs de ses cris déchirants ou plutôt de ses hurlements... Vous n'avez pas d'idée de cela, vous autres hommes de l'an 1844. Mais je puis vous assurer, malgré les horribles *merveilles* dont vous avez été témoins, que vous n'avez jamais rien vu digne d'être comparé à cet épouvantable spectacle... Rien que d'y penser, il y a de quoi mourir de frayeur...

Tandis que maître Barabbas des Angoisses faisait ses apprêts, d'autres bourreaux en robe noire faisaient aussi les leurs. La nuit qui venait de s'écouler avait été bien employée, je vous assure, par ces hommes cruels et sanguinaires, par ces juges ini-

(1) Comme tout se perfectionne, on revêtait dans ces derniers temps d'une chemise soufrée les malheureux, ce qui leur valait d'être asphyxiés sur-le-champ... Si le patient y gagnait, le drame y perdait beaucoup de son horreur.

ques et prévaricateurs : c'était au logis de Pierre Cauchon que s'était tenu ce conciliabule de cannibales. Le vice-inquisiteur, quelques assesseurs et trois ou quatre chefs anglais y avaient seuls assisté. Après quelques discussions insignifiantes, et seulement pour la forme, il avait été décidé tout d'une voix que Jeanne, bien et dûment convaincue d'être *relapse*, *hérétique*, *apostate*, *sorcière*, *idolâtre*, etc., serait le lendemain même conduite sur la place du Vieux-Marché de la cité pour y être admonestée, puis *arse*...

Après ce bel exploit, et avant de quitter la place, ces juges barbares, pour se reconforter, pour se remettre sans doute de tant de fatigues, de tant de veilles prolongées, vidèrent quelques flacons de la boite du prélat, puis se séparèrent après s'être donné rendez-vous pour la sanglante tragédie du lendemain.

Accablé de fatigue, bourrelé de remords, en vain Pierre Cauchon s'était jeté sur sa couche dans l'espoir d'y trouver ce repos qui le fuyait... Depuis longtemps un sommeil réparateur ne venait plus rafraîchir ses sens échauffés par les soucis cuisants, compagnons inséparables du crime. Dans le silence des nuits, des songes affreux s'offraient sans cesse à son esprit; et, pour lui, Morphée n'était plus que l'implacable Némésis armée de ses serpents, de ses fouets, de ses remords vengeurs.

Minuit, comme un glas funèbre, tintait au beffroi de la grosse tour, lorsque soudain, par un spectacle étrange, il fut tiré de l'espèce de somnolence où il était plongé. Il lui semble voir tout un peuple assemblé dans une plaine immense... Au centre de celle-ci s'élève une haute pyramide, du sommet de laquelle s'échappent en tournoyant des tourbillons de flamme et de fumée. Des figures étranges veillént autour de ce brasier infernal, et l'alimentent en y jetant sans cesse des matières inflammables, du soufre, de l'huile, de la résine; d'autres figures encore plus hideuses entraînent vers ce lugubre monument un mortel revêtu des insignes de l'épiscopat et coiffé de la mitre des évêques... Cet être infortuné pousse des cris déchirants; mais les noirs satellites qui l'étreignent sont sans pitié, n'en insultent que davantage à sa douleur, ainsi que tout ce peuple, qui, tel qu'une vague furieuse, se rue sur lui pour le couvrir d'injures, d'opprobres, d'ignominie, et lui montrer, en poussant des grandes clameurs, le trône qui lui est réservé, la pyramide flamboyante semblable à un horrible volcan, et répandant au loin une effrayante réverbération.

Soudain une jeune fille vêtue de blanc et couronnée de lis paraît. L'auréole des esprits célestes l'entoure; sur son front se peignent l'innocence et l'héroïsme. A sa vue, tout le peuple, comme saisi d'un profond respect, se prosterne; et tandis qu'elle s'avance majestueusement au sein de cette foule immense, qui s'ouvre sur son passage, des chants d'allégresse, d'amour et de gloire font retentir au loin la vaste plaine, et, comme un parfum délicieux, montent aux cieux jusqu'aux pieds du trône de Jéhovah. A ce prodige, un rayon d'espoir est descendu dans le cœur flétri du malheureux prélat; il hâte ses pas vers la céleste vision. Mais la jeune fille a jeté un regard sur lui, et soudain un cri d'effroi s'est échappé des lèvres de rose de cette beauté aérienne, et sa bouche a fait entendre des paroles de condamnation... En vain cet être infortuné supplie, conjure, se précipite aux genoux de la divinité... il n'est plus de pardon... D'une voix de fer, le sort inexorable a prononcé son arrêt; et, semblables à des vautours dévorants, les hideuses figures se jettent sur lui, l'étreignent de chaînes pesantes, par un pouvoir surnaturel l'enlèvent dans les airs, et le lancent, en poussant de grands cris, au sein du redoutable volcan.

A ce spectacle horrible, Pierre Cauchon ne peut lutter plus longtemps avec l'affreux cauchemar qui le tourmente, il pousse un cri terrible, et soudain se réveille... Une sueur froide l'inonde; un tremblement universel agite convulsivement tous ses membres... Bien que l'obscurité la plus profonde règne autour de lui, il lui semble qu'il nage dans un océan de flamme... il croit encore entendre les rires sataniques des esprits de ténèbres et les malédictions de la foule... il croit voir encore la jeune déité... ouïr ses paroles de condamnation... En vain il veut se persuader que tout cela n'est qu'un songe: l'affreuse vision est toujours là, là devant ses yeux...

Trois fois le malheureux prélat, épuisé de fatigue et succombant à l'insomnie cruelle qui l'accable, s'est laissé aller aux douceurs du sommeil, et trois fois cette hallucination mensongère, semblable à une furie vengeresse, est venue le saisir et l'étreindre dans ses longs bras de feu...

Mais laissons le crime se débattre sous l'aiguillon acéré du remords; laissons le monstre cuver son exécrable forfait, et hâtons-nous de fuir son séjour empesté... Là-bas, au fond d'un noir cachot, allons nous enfermer avec la vertu persécutée, avec l'innocente victime, à laquelle nous n'aurons bientôt plus que des larmes amères à donner... Allons !!! venez aussi, lecteur, si vous vous sentez assez de courage pour être témoin du spectacle le plus déchirant qu'aient jamais offert aux regards des mortels les annales de l'histoire...

Quelques rayons d'un soleil matinal venaient de se glisser à travers les barreaux de fer de la prison de Jeanne : c'était un dernier hommage qu'ils rendaient à l'héroïne. En face d'une horrible catastrophe elle goûtait le sommeil de l'innocence. Peut-être même des images riantes, des souvenirs de gloire, de bonheur, faisaient-ils battre son cœur, tandis que ses bourreaux, eux, étouffaient sous le poids des remords... Ah! noble empire de la vertu! tu n'es pas un vain mot! Et vous, Euménides vengeresses, au fouet armé de serpents et de vipères, votre cruel châtiment n'est pas une vaine menace.

Chargée de chaînes pesantes, entourée d'une soldatesque brutale, enfermée plus étroitement que jamais dans son noir cachot, la pauvre captive ne savait rien du sort affreux qui la menaçait... Elle ignorait que ce jour, avec son beau ciel bleu, son soleil printanier, ses douces brises matinales, ses parfums aériens, et toutes ces voluptés de la nature qui font palpiter le cœur d'une jeune fille, serait peut-être le dernier de son existence... Elle l'ignorait, l'infortunée! Ses bourreaux, satisfaits de l'avoir lentement torturée, lui avaient évité quelques instants d'une longue agonie... Oui, Jeanne ignorait que le bûcher était dressé, que le bourreau était là, qu'une foule consternée, dans la stupeur, encombrait la vaste place du Vieux-Marché de Rouen... Jeanne ignorait tous ces sinistres apprêts, tous ces lugubres avant-coureurs de son trépas... Mais, silence! quelqu'un entre dans son cachot. Ciel!!! c'est l'affreuse vérité qui s'avance... Du courage, Jeanne, du courage. Il t'en faut; il t'en faudra beaucoup, beaucoup aujourd'hui.

C'était Pierre Martin l'Advenu que Pierre Cauchon envoyait « pour annoncer à Jeanne sa fin pro-» chaine, pour l'induire à vraie contrition et péni-» tence, et aussi pour l'ouïr de confession... »

L'appariteur Jean Massieu et frère Jean Toutmouille accompagnaient ce messager de la mort.

Dès que frère Martin l'Advenu eut annoncé « à » la *pouvre* femme ce qu'elle devoit souffrir ce jour-» là, et qu'il lui eust appris l'affreux supplice qui » lui étoit réservé, elle commença à s'escrier do-» loreusement et piteusement en s'arrachant les » cheveux : — Comment est-il possible qu'on me » traite si cruellement? et que mon corps que j'ai » conservé pur soit aujourd'hui dévoré par le feu » et réduit en cendre?... Ah! j'aimerois mieulx » estre descapitée sept fois, que d'estre ainsi *arse*.

» Hélas ! si j'eusse esté en la geôle ecclésiastique, si » j'eusse esté gardée par les gens de l'église, au lieu » de l'estre par mes ennemis, il ne me fust pas si » misérablement *meschu* (mésarrivé)... J'en appelle » à Dieu, le grand juge, des torts et ingravancès » qu'on me faict... »

« — Pourquoi faut-il, s'écrie encore Jeanne en » sanglotant, pourquoi faut-il que j'aie été exposée » aux infâmes violences d'une vile soldatesque ?... » N'étoit-ce pas assez d'être inhumainement char- » gée de chaînes pesantes, et nuit et jour étreinte » dans des ceps de fer, sans être encore outragée » dans ce qu'une jeune fille a de plus cher ?... Ah ! » vraiment, c'est grand'pitié pour moi d'avoir été » ainsi traitée !... »

Et en prononçant ces mots, l'infortunée inonde de larmes brûlantes les larges dalles de sa prison.

Mais la religion, ce refuge des affligés, vient au secours de Jeanne. Frère Martin, au nom de son saint ministère, verse dans le cœur de la jeune martyre le baume des consolations ; il lui montre l'éternité qui s'avance, qui va commencer pour elle... Il l'exhorte à se préparer à paraître devant son Dieu, devant son juge : devant un juge sévère, si elle est souillée de quelques fautes... devant un tendre père, si elle revêt pour paraître devant lui la blanche tunique de l'innocence...

Jeanne a compris le sens mystérieux de ces pieuses exhortations : elle s'agenouille et confie ses plus secrètes pensées à celui qui représente Dieu sur la terre... Le saint ministre de l'Éternel ne peut assez admirer la candeur de sa jeune pénitente. Jamais créature plus angélique ne lui ouvrit son cœur... Des paroles de miséricorde s'échappent alors de la bouche du prêtre. Il dépose aux pieds du juge redoutable l'humble sacrifice. Il est accepté ; le pardon est ratifié par Jéhovah lui-même; et Jeanne, après avoir fait l'admiration de ce monde périssable, va s'élancer vers les célestes sphères dans le sein de son Dieu...

Tels sont les prodiges qu'une religion divine opère pour ses enfants.

Après avoir été épurée comme l'or dans le creuset, la pieuse captive est digne que son Dieu la visite. Elle le demande humblement : elle conjure qu'on lui accorde cette grâce... Mais un obstacle, un obstacle insurmontable va peut-être s'opposer à ce que le cœur de la jeune vierge devienne le tabernacle de l'agneau sans tache. Ses bourreaux permettront-ils qu'elle reçoive cette dernière consolation?...

Frère Martin se hâte d'aller porter les supplications de la jeune martyre. — Seigneur évêque! s'écrie-t-il en se précipitant aux pieds du prélat, Jeanne s'est purifiée dans le tribunal de la pénitence, Jeanne soupire après le bonheur de recevoir son Dieu...

Par une condescendance que le bon frère n'osait espérer, Pierre Cauchon obtempère à l'humble demande qui lui est faite, et, comme s'il était écrit que tout ce qui vient de cet inique prélat doit être un sujet de scandale, *le pain des forts* va être ap-

porté « irrévérentement, sans estolle ni lumière... » Mais, à la prière de frère Martin, l'un des prêtres d'une paroisse voisine « s'empresse d'apporter so-
» lennellement, à la lumière d'une grande multitude
» de torches, en chantant litanies, et en disant moult
» piteusement : *Priez pour elle*, le corps révéré de
» notre Sauveur à la courageuse martyre, qui reçoit
» avec une grande abondance de larmes son Dieu,
» ce tendre père qui a voulu mourir sur l'arbre de
» la croix pour racheter ses coupables enfants... »
(*Chronique.*)

Oh! que Jeanne est forte maintenant! Le sang de son Dieu coule dans ses veines! Le pain des anges soutient son cœur! C'est la victime parée de fleurs qui va être immolée sur l'autel des holocaustes...

Cette touchante cérémonie finissait à peine, que Pierre Cauchon parut : c'était le calice d'amertume pour le juste qui allait monter sur le calvaire de douleurs.

— Ah! s'écrie l'infortunée en s'adressant au prélat, je meurs par votre faute!

— Jeanne, répond celui-ci en simulant une feinte douleur, Jeanne, résignez-vous. Vous mourrez parce que vous n'avez pas tenu ce que vous aviez promis, parce que vous êtes retournée *à vos premiers maléfices*...

» — Hélas! si vous m'eussiez mise aux geôles de
» l'église, ceci ne fût pas advenu... Oui, j'en appelle
» de vous devant Dieu... »

En ce moment le bon frère Jean Toutmouille fut

si vivement ému qu'il ne put demeurer plus longtemps... et sortit le cœur navré de douleur.

Jeanne venait d'apercevoir Pierre Morice, ce docteur qui l'avait admonestée avec Jean Chastillon.

— Maître Pierre, s'écrie-t-elle en sanglotant, vous me voyez dans un triste état... où serai-je aujourd'hui?...

— N'avez-vous pas confiance en Dieu?

— Oui, répond la pieuse jeune fille en joignant les mains et en levant les yeux au ciel, j'espère bien, par les mérites de mon divin Sauveur, aller dans son saint paradis...

Et en disant ces mots Jeanne s'était jetée à genoux et priait avec ferveur...

CHAPITRE IV.

Bien souvent un bon cœur est logé aux derniers rangs de la société.

I nunc, anima anceps, et misericors sit tibi Deus.

Cependant l'instant fatal approchait... Depuis l'aube matinale, maître Barabbas des Angoisses était dans la grande cour du château avec un quadrige (char à quatre chevaux) pour conduire Jeanne au supplice.. Il parut bientôt accompagné de quelques aides... Il venait faire les derniers apprêts... vous savez, *la toilette*.

Si on n'eût pas su que c'était lui, et le grand nombre de malheureux qui lui étaient passés par les mains, on eût vraiment pris ce Barabbas des Angoisses pour un *honnête homme*... j'allais presque dire pour un *bon homme* (1)... Il était un peu voûté,

(1) Tous les mémoires du temps rapportent que cet homme fut vivement affecté, et répandit même des larmes pendant le supplice de Jeanne... Il ne faut donc pas le confondre avec cet autre individu (Mauger le Parmentier, appariteur de la cour archiépiscopale de Rouen) qui fut choisi pour soumettre à la question la jeune vierge de Domremy.

quelques mèches de blancs cheveux s'échappaient de son biboquet orné de plumes de couleur... ses yeux étaient petits, très vifs, son nez aquilin... une petite moustache rousse fort bien retroussée donnait à son visage l'air d'un vrai *preud'homme*... Une fraise blanche, assez propre, ornait son cou... Un petit justaucorps en velours noir dessinait sa taille... Ses chausses étaient en velours rouge, et des bottines jaunes en buffle couvraient ses jambes... Enfin un grand coutelas, signe distinctif de sa charge, pendait à sa ceinture... J'oubliais de vous dire que, bien qu'il fût d'un certain âge, il était encore fort preste, fort agile... En somme, vous m'avouerez que c'était un être fort pittoresque ce maître Barabbas des Angoisses.

Il s'approcha en s'inclinant deux ou trois fois... puis s'arrêta à quelques pas de sa victime...

A son aspect, un horrible frisson courut dans tous les membres de la jeune fille... c'était le froid de la mort.

—Jeanne, fit alors à demi-voix maître Barabbas, Jeanne, ayez bon courage... nous venons vous aider à passer un pas difficile... Voulez-vous que nous remplissions notre office?...

Maître Barabbas avait dit cela si piteusement qu'on aurait plutôt cru que c'était lui qui allait passer le pas difficile.

Pour toute réponse, la pieuse martyre joignit les mains et leva les yeux au ciel, avec une expression impossible à décrire...

En ce moment (il pouvait être neuf heures du

matin), Jeanne n'avait plus autour d'elle que ses gardes, qui redoublaient de surveillance, maître Barabbas, ses deux aides, et trois autres personnes qui l'avaient déjà bien des fois reconfortée dans ses tribulations... frère Martin l'Advenu, frère Isambard de La Pierre, et l'appariteur Jean Massieu, qui allait remplir pour la dernière fois son triste ministère, et l'accompagner au supplice.

Cependant maître Barabbas venait de tirer d'un grand sac de cuir que ses aides avaient apporté, quelque chose... On reconnut bientôt que c'était une longue robe noire... celle dont l'inquisition revêt ses victimes.

— Jeanne, fit de nouveau maître Barabbas d'une voix chevrotante et comme brisée par la douleur, Jeanne, mon enfant, êtes-vous préparée?... voulez-vous revêtir cette robe?...

Et sans attendre la réponse, celui-ci, aidé de ses deux acolytes, avait ôté l'habit d'homme à la pauvre patiente, et lui avait passé la robe noire... Tout cela avait été l'affaire d'un clin d'œil; à peine les trois prêtres, frère Martin, frère Isambard et Jean Massieu, qui s'étaient prosternés dans un coin du cachot pendant cette métamorphose satanique, avaient-ils eu le temps de dire un *Pater*.

Avec la même dextérité, maître Barabbas venait d'étreindre les mains de la jeune martyre dans quelques brins d'une grosse corde, dont il tenait l'autre bout... c'était la fin de la fatale toilette... c'était le signal du départ.

Il y a quelque chose de si profondément triste,

qui serre tellement le cœur dans cette pensée de la mort, quand c'est la loi qui *l'applique*, et que la main de l'homme va la donner à un autre homme, son semblable, que les satellites, ou plutôt les tigres qui gardaient Jeanne ne purent en ce moment s'empêcher d'être violemment émus... Tous gardaient un morne silence qui contrastait singulièrement avec la joie féroce qu'ils affectaient encore quelques instants auparavant. Ce qui, pour le dire en passant, prouve assez que cette peine de mort si approuvée par les uns, si décriée par les autres, renferme en elle quelque chose d'éminemment salutaire pour l'ordre et le maintien des sociétés.

Jeanne vient de descendre rapidement les degrés de la grosse tour; à peine si ses gardes peuvent suivre ses pas; parvenue dans la grande cour du château, elle monte avec courage sur le char fatal... A côté d'elle se placent frère Martin l'Advenu et l'appariteur Jean Massieu... Frère Isambard suit à pied le lugubre cortége, autour duquel plus de huit cents soldoyers armés de haches, de glaives, de lances, forment une barrière impénétrable.

Cependant le char funèbre se dirige lentement vers la place du Vieux-Marché. Par intervalle le glas de la mort gémit au faîte de tous les moustiers et paroisses de la cité; et malgré le courage dont la jeune martyre vient de donner des preuves multipliées, ses larmes coulent en abondance, surtout à la vue de ce peuple consterné qui se presse sur son passage, et dont le morne silence annonce assez la douleur profonde.

Soudain un inconnu perce la foule ; le plus violent désespoir se peint sur ses traits et dans toute sa personne. D'un élan rapide il s'élance sur le char, il s'agenouille aux pieds de Jeanne, et semble supplier, en poussant de longs gémissements, l'infortunée dévouée au trépas... Ce malheureux, qui le croirait? c'est Nicolas l'Oiseleur, c'est ce prêtre couvert de honte et d'infamie, ce grand scélérat traître à son Dieu et à ses serments... Bourrelé de remords, il vient demander pardon de ses crimes à la pauvre jeune fille.

Ce spectacle lamentable est un reproche sanglant au parti de l'étranger... L'Oiseleur n'a-t-il pas été l'instrument de ce meurtre juridique devant lequel il fait amende honorable en ce moment suprême?... Le comte de Warwick, qui vient d'aviser ce monstre, s'en indigne... Par les ordres du guerrier anglais, le prêtre renégat à son Dieu est violemment arraché des pieds de Jeanne, qu'il tient embrassés, qu'il baigne de ses larmes... Peu s'en faut qu'il ne soit victime de son tardif repentir, peu s'en faut que son sang ne soit versé en expiation des crimes dont il s'est rendu coupable...

Va! prêtre infâme, va cacher dans les profondeurs de l'abîme ta honte... L'innocence te pardonne; Jeanne va paraître devant son Dieu; mais pourra-t-elle obtenir de ce Dieu juste, de ce Dieu vengeur, que ton cœur pourri ne soit à jamais torturé par le remords ?

Trois échafauds avaient été élevés sur la place du Vieux-Marché : l'un pour les juges, l'autre pour les prélats et le clergé, le troisième pour *l'exécution...* Ainsi, par une monstruosité sans exemple, le bûcher était dressé avant que la sentence définitive ne fût rendue... C'est ce que l'on appelle *pendre les gens, et les juger ensuite.*

Pendant tout le trajet, Jeanne n'avait cessé de se recommander à Dieu... « Et des lamentations si » déchirantes s'échappaient de la bouche de la pau- » vre jeune fille, que tous les spectateurs fondaient » en larmes... »

Au milieu de cette foule immense, compacte, semblable aux flots d'une mer en furie, une femme que tout d'abord, à son bizarre accoutrement, on reconnaissait pour étrangère, se faisait surtout remarquer. Toutefois, c'était moins encore son vêtement pittoresque qui attirait les regards, que la pétulance de ses poses et son langage. Tandis que tout ce peuple était muet d'effroi, on aurait dit qu'elle avait reçu mission de parler pour lui, de dire tout haut ce qu'il pensait tout bas... Car il est bon de vous avertir que cette femme se permettait des propos si injurieux pour le parti anglais, qu'il fallait être diable, démon, ou bien une bohémienne qui n'a rien à risquer que sa peau bise et tannée, pour oser se montrer si insolente.

Praganita, c'était elle en effet, Praganita, malgré la *profession* tant soit peu suspecte qu'elle exerçait, avait cependant un bon cœur, et bien qu'elle eût gardé pendant longtemps rancune à Jeanne pour la petite aventure que vous savez, elle avait cependant fini par tout oublier, surtout depuis qu'elle avait appris que son ancienne amie, la bergère de Domremy, était grandement menacée de perdre la vie... La haine profonde que Praganita portait aux Anglais, haine qui s'était encore accrue dans cette nuit d'orgie où le cheval de peine avait joué un rôle si bouffon, n'avait pas peu contribué, soit dit entre nous, à rendre la bohémienne tout-à-fait hostile aux barbares enfants d'Albion, et par contre, favorable aux nobles fils des lis.

Toujours est-il que Praganita ayant appris que le procès de Jeanne s'instruisait à Rouen, se hâta d'accourir, espérant par quelques stratagèmes, par quelques uns de ces tours de passe-passe dont une bohémienne est seule capable, délivrer son ancienne amie... Mais quand la rusée commère fut sur les lieux, elle reconnut bien vite qu'il n'y avait rien à faire, tant les portes et les serrures fermaient bien, tant les verrous et les barreaux étaient solides, tant les cachots et les geôles étaient bien gardés. Elle avait bien essayé de se faufiler parmi les gardes... elle avait même été jusqu'à tenter de les séduire, en faisant briller à leurs yeux, non pas des pièces d'or (bohémienne en reçoit et n'en donne pas), mais bien cette autre monnaie d'assez mince aloi, qu'une femme peut donner sans s'appauvrir, et qu'un soldoyer accepte toujours, même d'une bohémienne... Mais que voulez-vous? les temps étaient durs, et bien que plus d'un de ceux-ci n'eût pas demandé mieux de troquer Jeanne la Pucelle contre quelques gros baisers de Praganita, il ne l'avait osé : car, voyez-vous, on ne badinait pas alors : soldoyer jouait sa tête, qui eût oublié son devoir à ce point...

Quoi qu'il en soit, la bohémienne n'ayant pu séduire *messieurs* les Anglais par l'appât de ses charmes, se dédommageait en les insultant, en les invectivant, en les couvrant de boue, en leur prodiguant les épithètes les plus outrageantes. — Race de vipères! s'écriait-elle en courant çà et là comme une furie, race de vipères! auriez-vous bien la lâcheté de faire rôtir une pauvre jeune fille?... Par les cornes de Satanas! je vous brûle tous au fond de l'Egypte, s'il tombe seulement un cheveu de la tête de Jeanne. Non, mille tonnerres du diable! non, vous ne la brûlerez pas. C'est bien plutôt vous, maudits goddams! maudite engeance vomie par l'enfer, qui méritez d'être grillés. Ah! canailles! prenez garde à vous!... Je connais quelqu'un qui saura vous mettre à la raison, et vous rejeter dans votre crapaudière. Arrière! arrière! maudite race de bâtards! rendez-moi Jeanne, rendez-la-moi, et sur-le-champ, sinon je vous fourre tous dans mon sac, et je vous jette à la mer pour ne pas empoisonner les rivières, les lacs et les fleuves du beau royaume de France, qui appartient, par la grâce de Dieu, et de père en fils, à notre grand empereur, monsieur de Valois, Charles septième du nom, à qui je souhaite heur et bonheur, amour et longue vie; et à vous autres, maudits Anglais, mille millions de diables dans les culottes...

Ainsi clabaudait madame Praganita, en mettant bravement le poing sous la trogne enluminée de plus d'un goddam... En vain les chefs albionnais donnaient des ordres pour qu'on courût sus à cette mégère et qu'on l'appréhendât; personne n'osait, et les Anglais encore moins; car, vous le saurez, il n'y a pas de peuple plus superstitieux que celui-là, et partant, il n'était pas un de ces mille satellites qui escortaient Jeanne qui n'ajoutât foi aux énergiques prophéties de la bohémienne... Aussi celle-ci, sans courir grand danger, s'en donnait-elle à bouche que veux-tu, n'épargnait personne, et les chefs encore moins que les soldats.

Cependant le quadrige venait de s'arrêter au milieu de la vaste place du Vieux-Marché. Il avait eu bien de la peine à se faire jour jusque là. Je crois même, Dieu me pardonne, qu'il serait encore en route, si les soldoyers, à grands coups de hallebarde, n'avaient frayé le chemin à travers cette foule compacte. J'ai même ouï dire que plus d'une femme avait eu sa coiffe renversée, et que plus d'un gamin (il y en a toujours eu à Rouen) ne s'était tiré de cette bagarre que les oreilles fort endommagées. Mais laissons les femmes et les gamins se battre et se faire battre à qui aura la meilleure place pour bien voir brûler une jeune fille, et revenons.

Lorsque Jeanne vit toute cette foule ahurie, tout ce peuple qui se mourait d'impatience, lorsqu'elle aperçut tout ces lugubres apprêts, lorsqu'elle avisa ces hauts échafauds, et sur l'un d'eux le fatal bûcher, elle s'écria d'une voix lamentable : — Ah!

malheureuse cité de Rouen! dois-je donc trépasser dans tes murs!

Soutenue par maître Barabbas et ses aides, l'infortunée vient d'être hissée sur l'échafaud où étaient les prélats et le haut clergé, pour être admonestée et entendre sa condamnation.

Nicolas Midy, docteur en théologie, fit l'admonition. Il avait pris pour texte ces paroles de saint Paul : *Si l'un des membres souffre*, *les autres souffrent également*... La pauvre martyre « oyt *patien-* » *tement* le sermon tout au long, » quoiqu'il ne fût, vous vous en doutez bien, qu'une suite indigeste de lieux communs dont le refrain était toujours « que Jeanne avait moult mal agi... que ses » *maléfices* lui avaient été pardonnés une première » fois à condition qu'elle n'y revînt pas... qu'ainsi, » puisqu'elle était *rencheue*, l'église ne pouvait plus » s'intéresser pour elle... » Enfin Nicolas Midy termina sa triste harangue par cette formule barbare, à l'usage de l'inquisition, et s'écria d'une voix solennelle :

« Femme! allez en paix! l'église ne peut plus vous » défendre et vous laisse en la main séculière » (vous livre au bras séculier).

C'était maintenant le tour de Pierre Cauchon.

« Jeanne, fit-il en affectant un ton paterne, » Jeanne, nous vous exhortons pour la dernière » fois à vous occuper de votre salut, à vous re- » pentir de vos maléfices, à montrer une véritable » et sincère contrition de vos crimes, et à bien ouïr » les conseils des deux frères prêcheurs que nous

» vous avons donnés pour vous assister *in extremis*... »

Mais la jeune martyre n'a pas attendu les *charitables avis* de l'implacable prélat pour implorer le juge suprême. Aussitôt après l'*admonition* du prédicateur, elle s'est jetée à genoux, et d'une voix entrecoupée de sanglots, de gémissements, elle a adressé au ciel des prières ferventes... Dans ses pieuses lamentations, elle s'est recommandée d'un ton suppliant à celles de tous les assistants... Enfin on l'entend crier *merci* à Dieu pour le mal qu'on lui fait, et demander pardon bien haut, avec une grande effusion de cœur, de tout le *mal* qu'elle a pu faire...

A ces paroles sublimes, tous les yeux se remplissent de larmes; les plus cruels ennemis de l'infortunée ne peuvent s'empêcher de déplorer son triste sort... Le cardinal d'Angleterre lui-même et plusieurs chefs anglais « sont contraincts de *plourer* aussi et » en ont très grande compassion... »

Puis, s'adressant aux prêtres qui étaient là présents, Jeanne les supplie d'offrir pour le salut de son âme le saint sacrifice... Enfin, en ce moment suprême et près de paraître devant son juge, elle déclare à haute voix que son roi pour lequel elle meurt ne peut être coupable de ce qu'elle a dit et fait...

C'était l'héroïsme qui faisait entendre ses derniers accents.

L'évêque se lève alors. Silence! le monstre va prononcer la fatale sentence.

« *In nomine Domini! Amen.*

» Nous, Pierre, par la miséricorde divine, évêque

» de Beauvais, et nous frère Jean le Maître, vicaire
» de l'inquisition de la foi, juges compétents en
» cette matière, disons :

» Qu'il est constant que cette femme n'a jamais
» abandonné ses erreurs et ses horribles maléfices...
» qu'elle s'est cachée, par une malice diabolique,
» sous une fausse apparence de pénitence, en se
» parjurant et en blasphémant le nom de Dieu...
» qu'elle est retombée plus que jamais dans les
» crimes de schisme, d'hérésie, d'idolâtrie, d'invo-
» cation du diable, et autres méfaits qui lui avaient
» été pardonnés... semblable au chien qui se précipite
» pour dévorer ce qu'il a vomi (*incidens sicut canis*
» *ad vomitum devorandum*).

» C'est pourquoi, étant sur notre tribunal, nous
» la déclarons relapse (*relapsam*), hérétique, mem-
» bre gangrené, retranchée de l'église, et nous la
» livrons à la puissance séculière, laquelle nous
» prions de la traiter *doucement et humainement*,
» soit en perdition de vie ou d'aucuns membres...
» Amen. »

Ainsi, jusqu'au dernier moment et même en face du bûcher, l'inquisition, dans son langage hypocritement barbare, insultait encore, par la plus amère dérision, à ses malheureuses victimes.

CHAPITRE V.

Vierge de Domremy, montez au ciel!...

« Et quand elle fut délaissée par l'église, Jean » Massieu estoit encore près de la pauvre fille qui » demanda, à grande dévotion, à avoir une croix; » et ce oyant, ung homme qui estoit là en fist une » petite de bois qu'il lui bailla, et Jeanne mist icelle » croix sur son sein... et oultre demanda humblement » la croix de l'église, afin qu'elle la pust veoir jus- » qu'à la mort... et Jean Massieu fist tant que le » clerc de la paroisse Saint-Paul l'apporta, et la » pieuse martyre embrassa moult estroictement et » longuement, en se recommandant à Dieu et à tous » les saints du paradis, ce gage révéré de la foi du » chrétien. »

Le symbole sacré de notre rédemption a retrempé le courage de la jeune héroïne, il a versé dans son cœur une force surnaturelle. Comme sous l'empire d'une céleste inspiration, elle s'est de nouveau précipitée à genoux, et levant vers le ciel ses yeux baignés de larmes, elle s'est écriée d'une voix forte :

— Pardonne, ô mon Dieu, pardonne à Jeanne!!!

Et toi, ô mon père! toi que j'ai contristé, toi dont j'ai peut-être abrégé les vieux jours, pardonne à ta fille coupable!!! Pardonne aussi, ma tendre mère!!! Ah! un secret pressentiment me le dit : vous pardonnez à votre fille chérie, ô mes vénérables parents! Que dis-je? vous lui donnez votre dernière bénédiction... Comme un baume salutaire, elle a rafraîchi le cœur brisé de douleur de votre pauvre enfant; et, au moment de paraître devant le juge suprême, elle vous bénit; oui, soyez bénis! c'est le dernier adieu de l'infortunée...

Et vous, champs heureux de la Lorraine, vous qui fûtes témoins des jeux de mon enfance, recevez aussi mes derniers adieux. Puissiez-vous, ô terre féconde des héros! puissiez-vous être toujours le plus ferme appui du trône... Mais, ô prodige! quel spectacle s'offre à mes regards! s'écrie soudain la jeune inspirée en se relevant toute radieuse, et comme saisie d'un saint enthousiasme... quelle glorieuse destinée t'attend! ô France! ô noble France! toi la première entre toutes les nations de la terre... Oui, je le vois, ce jour à jamais fortuné où ton odieuse rivale doit succomber sous tes coups... Ainsi le veut l'Éternel... O bonheur! ô félicité! ô jour trois fois heureux! pourquoi faut-il que mes yeux ne soient pas témoins de tant de gloire, de tant de honte pour la punique Albion!...

A ces prophétiques accents, la rage furibonde des chefs anglais a redoublé. Impatients de se repaître du supplice de leur victime, ils font entendre des paroles de sang, ils vomissent mille imprécations et contre Jeanne, et contre le vénérable ministre qui l'exhorte en sanglotant et reçoit son testament de mort.

— Comment, prêtre! nous feras-tu dîner ici? s'écrient en blasphémant ces forcenés. Il y ferait beau voir, vraiment! Allons, allons, maître cafard, dépêche-toi! nous n'avons pas le temps d'attendre (*Historique*).

Et ces monstres de secouer rudement par la manche le pauvre Jean Massieu.

Ces scènes de violence redoublent encore la profonde terreur qui saisit tous les cœurs; chacun se signe et prie pour la courageuse martyre; lorsque soudain, du milieu de l'échafaud où sont les gens à robe noire, une voix rauque fait entendre ces barbares paroles :

— Mène-la! mène-la! fais ton office!

C'était le bailli de Rouen qui ordonnait à maître Barabbas des Angoisses de faire monter Jeanne sur le bûcher.

Ainsi celle-ci allait subir la mort, la mort la plus cruelle, sans qu'aucune sentence eût été prononcée par les juges séculiers auxquels l'inique Pierre Cauchon venait de la livrer (1).

(1) Il paraîtrait que la terreur qu'inspirait l'étranger était si grande que les juges n'osèrent pas même prononcer la sentence qui condamnait Jeanne au feu. Au reste, tous ces détails sont historiques.

Alors deux sergents d'armes sortent des rangs, s'approchent et franchissent d'un pas rapide les degrés de l'échafaud, en entraînant Jeanne avec furie. On aurait dit deux démons aux prises avec un ange.

En vain l'infortunée fait retentir les airs de ses pieuses lamentations ; en vain elle invoque à haute voix le nom de son divin sauveur, ses bourreaux sont sans pitié ; il faut que la victime soit immolée. Se résignant alors, elle tourne ses yeux baignés de pleurs sur cette foule immense ; et s'écrie : « Ah ! » Rouen ! malheureuse cité de Rouen ! seras-tu ma » dernière demeure ?... »

A ce spectacle déchirant, un grand nombre d'assistants, saisis d'effroi, s'éloignent précipitamment de ce théâtre d'horreur.

Cependant la tête de la jeune martyre vient de ceindre la mitre ignominieuse de l'inquisition. Sur cette mitre on lit en gros caractères : *hérétique*, *relapse*, *apostate*, *idolâtre*, et sur un grand tableau placé devant le bûcher, sont écrites ces étranges paroles :

« Jehanne, qui s'est fait nommer la Pucelle, menteresse, pernicieuse, abuseresse du peuple, devineresse, superstitieuse, blasphémeresse de Dieu ; » mal créant de la foi de Jhesus-Christ, vanteresse, » idolastre, cruelle, dissolue, invocateresse de » diables, schismatique et hérétique (1). »

Jeanne vient d'être hissée sur le fatal bûcher, où

(1) *Registres du Parlement*, vol. XV, fol. 126.

elle a été attachée par une forte chaîne. Alors elle embrasse de nouveau, avec une grande effusion de cœur, l'arbre de la croix... Puis elle supplie frère Isambard de tenir élevée devant elle, *jusqu'au pas de la mort*, cette croix *où Dieu pendit*, afin qu'elle l'ait jusqu'au dernier soupir devant les yeux...

Maître Barabbas s'est approché. Il vient de mettre le feu au bûcher par le moyen de la soupape (1)... Soudain un frisson mortel a circulé au sein de cette foule immense, et tandis qu'un long cri d'effroi, semblable au glas de la mort, retentit dans les airs, un jet de flamme brille au faîte du bûcher, et la voix de la pieuse martyre fait entendre pour la dernière fois le nom révéré du Sauveur des hommes qu'elle invoque pour ses bourreaux.

Du courage ! ô vous qui voulez être jusqu'à la fin témoin de cet épouvantable supplice ; du courage !...

Il l'aura cet affreux courage, il l'aura l'infâme prélat. Il s'approche, ou plutôt c'est Satan sous les traits de ce monstre. Ne faut-il pas qu'il se rassasie des angoisses de sa victime ? Ne faut-il pas qu'il se repaisse de son douloureux martyre? Jeanne l'aperçoit. C'est peut-être pour elle un tourment plus effroyable que celui qu'elle endure...

— Évêque ! s'écrie-t-elle, c'est vous qui êtes cause de ma mort ; si vous m'aviez donnée en garde aux prisons de l'église, je ne serais pas ici...

Mais l'inique prélat :

(1) *Per inferius posuit ignem.* (Déposit. du procès de révision.)

— Jeanne, il en est temps encore, rétractez-vous! avouez vos sacriléges mensonges... vos horribles maléfices.

—Moi! je désavouerais mon roi?... je renierais mon Dieu?... s'écrie d'une voix forte la courageuse martyre que les flammes dévorantes environnent déjà... Non! jamais!... plutôt la mort... mille et mille fois la mort!

Puis levant les yeux au ciel, Jeanne fait entendre ces prophétiques paroles :

« Ah! Rouen! malheureuse cité de Rouen! j'ai » grand *paour* qu'un jour tu n'aies à souffrir de mon » trépas (*Historique*). »

Et pour qu'il ne manque rien à cet épouvantable spectacle, et comme si les hôtes de l'enfer s'y étaient donné rendez-vous, on remarque dans la foule *des figures sinistres* qui s'épanouissent d'un rire satanique.

Cependant l'affreux supplice se prolongeait... Non pas que le bois brûlât mal; mais cette haute colonne en plâtre à laquelle la victime avait été enchaînée, afin qu'elle fût aperçue de plus loin, empêchait la flamme de monter jusqu'à elle. « De » quoi maître Barabbas était moult marri, et avait » grande compassion de la manière cruelle dont on » faisait mourir la pauvre femme... » Aussi s'efforçait-il d'abréger ses tourments en hâtant par tous les moyens l'embrasement du bûcher... Et chaque fois qu'à l'aide d'une longue fourche de fer, il remuait l'ardente fournaise, des jets de flamme, des nuages de fumée tourbillonnaient autour de la jeune martyre, et de longs cris de douleur glaçaient d'effroi la foule muette et consternée.

Saisis de compassion, bourrelés de remords, quelques uns de ceux-là mêmes qui avaient le plus désiré la mort de Jeanne, s'enfuirent alors en courant çà et là comme des insensés, et en criant à haute voix : Nous sommes perdus ! une bonne et sainte fille expire dans les flammes...

Soudain un inconnu paraît au milieu de cette masse compacte qui couvre la vaste place; il s'avance à pas précipités ; rien ne l'arrête ; d'un élan rapide il fend la foule, et se fait jour à travers les hommes d'armes qui entourent le bûcher.

— C'est moi, Jeanne, s'écrie-t-il d'une voix solennelle... c'est moi... c'est ton fiancé... c'est celui qui t'a donné le dernier rendez-vous...

Et en disant ces mots, cet être mystérieux s'est élancé d'un bond rapide au sein des flammes, et de ses bras nerveux enlaçant la jeune fille, sur ses lèvres brûlantes il a cueilli les premiers gages de l'amour...

A ce spectacle terrible, mille clameurs confuses s'élèvent dans les airs... En vain les chefs anglais ordonnent à maître Barabbas d'arracher ce frénétique à une mort certaine, maître Barabbas est impuissant : une ceinture de flamme protège l'audacieux.

— Jeanne, s'écrie-t-il de nouveau, je te somme de tenir tes promesses... Tu m'as juré ta foi... c'est aujourd'hui le dernier jour, il faut tenir tes serments... Et toi, prêtre, en s'adressant à frère Martin qui tenait élevé l'arbre de la croix, viens bénir notre hymen... Entends-tu ! ma fiançée te dit d'aller querir ton eau lustrale (1)...

Cependant, du sein des tourbillons qui s'élancent dans les airs, par intervalle, un cri perçant vient glacer la foule d'épouvante, et tandis que Jeanne fait entendre de pieuses lamentations, son fiancé invoque les furies... Nulle puissance humaine ne peut enchaîner sa fougue... Un océan de feu le protège... Une ceinture de fer étreint son amante, les vêtements de celle-ci sont à moitié consumés... les secrets de l'amour vont apparaître... Tout semble favoriser le délire de cet être sans doute échappé de l'enfer... Au sein d'un affreux volcan et sous un voile de flammes, peut-être va s'accomplir un hymen satanique...

Et pour la troisième fois, de pieuses lamentations et des cris frénétiques s'élèvent jusqu'aux cieux.

Et la foule y répond par mille et mille clameurs.

Soudain un horrible fracas a glacé d'effroi tous les cœurs... C'est le bûcher qui vient de s'affaisser sous des tourbillons de flamme... Un lamentable spectacle s'offre alors à tous les regards. L'être infernal se débat convulsivement dans les étreintes d'une épouvantable agonie; et dans le même instant une blanche colombe s'élance du sein de la jeune martyre, et prend son essor vers la voûte éthérée (2).

(1) Il est bien certain que Jeanne, au sein des flammes, demanda instamment qu'on lui donnât de l'eau bénite. (Voy. la déposition de Jean Moreau au procès de révision.)

(2) Historique. (Voy. la déposition d'Isambard de la Pierre au procès de révision.)

« Et, rapporte une chronique, les Anglais, craignant qu'on ne dît que la Pucelle s'était envolée » avec l'esprit de ténèbres, ordonnèrent à maître » Barabbas d'écarter un peu le feu, afin que les assistants pussent la voir; et le feu ayant été tiré arrière, Jeanne fut vue avec sa robe *arse* (brûlée) » *et tous les secrets qui peuvent être en femme* (1)... »

Le fiancé ou plutôt l'être satanique avait disparu...

« Et, ajoute la même chronique, quand le peuple » eut assez vu Jeanne toute morte, maître Barabbas » remit le feu sur elle, et bientôt elle fut toute *com-* » *burée* (brûlée) et os et chair mis en cendre (1)... »

On assure toutefois que *certaines parties* du corps de Jeanne résistèrent à l'action des flammes (2). Ce qu'ayant appris le cardinal d'Angleterre, il ordonna que les cendres, les os *et tout ce qui restait de la pauvre fille* fussent jetés dans les eaux de la Seine (3).

(1) Journal d'un bourgeois de Paris. Voyez aussi le manuscrit d'Urfé et la déposition de J. Riquier.

(2) Dépositions d'Isambard de la Pierre et de J. Massieu.

(3) Dépositions d'André Marguerie, de Pierre Cusquel, de Pierre d'Aron, etc., etc.

FIN DU DOUZIÈME ET DERNIER LIVRE.

ÉPILOGUE.

Il n'est point de mortel qui n'ait vu, au moins une fois dans le cours de sa vie, *un revenant.*

Depuis le jour fatal où Jacques d'Arc et Isabelle Romée avaient appris que Jeanne était tombée entre les mains des ennemis de la France, un sombre désespoir consumait l'existence de ce couple infortuné. Plus encore que sa vénérable épouse, le vieux père de l'héroïne semblait s'incliner lentement vers la tombe. La chaumière de ce bon villageois, ce paisible séjour, cet asile de paix, d'innocence, naguère encore témoin de son bonheur, sa chaumière ne retentissait maintenant que de ses cris déchirants, et nuit et jour était arrosée de ses larmes brûlantes. Que de fois, dans le calme des nuits, sa bouche avait prononcé le nom d'une fille chérie!... que de fois, victime d'un songe trompeur, il s'était réveillé croyant la presser dans ses bras!... que de fois il s'était imaginé la conduire à l'autel de l'hymen!... Ah! c'est alors qu'il déplorait amèrement l'obstination de cette chère enfant à refuser celui qui avait demandé sa main... Hélas! le malheureux n'avait pu survivre au refus de celle qu'il chérissait plus que la vie!...

Un soir que ce père infortuné se reposait des fatigues de la journée, en devisant tristement avec sa femme de la pauvre Jeannette, on entendit frapper à l'huis de la chaumière... — Ouvrons, s'écria le le bon villageois, ouvrons, c'est sans doute quelque voyageur attardé qui demande l'hospitalité pour la nuit.

Soudain un inconnu paraît... Un vaste mantel revêt sa haute stature; un large chaperon ombrage ses traits; sa démarche est lente; des sons inarticulés s'échappent de sa poitrine...

Jacques d'Arc invite cordialement le pauvre voyageur, qui paraît harassé de fatigue, à prendre place au foyer commun. Il veut le faire asseoir près de lui; mais l'étranger, absorbé dans ses tristes réflexions, tire lentement de son sein un papier.

— Vieillard, lis cela, s'écrie-t-il d'une voix sépulcrale, lis cela : c'est Jeanne qui t'annonce son hymen...

Et Jacques d'Arc, transporté de joie, d'ouvrir l'heureuse missive... Mais, ô surprise! des caractères étranges, bizarres, inconnus, s'offrent à sa vue...

— Dis-moi, bon voyageur, dis-moi, toi qui as

vu ma fille chérie, tu sais sans doute à qui elle a donné sa foi?

— A qui elle a donné sa foi? répond une voix lamentable...

— Oui, je voudrais le connaître...

— Eh bien, tu l'as devant tes yeux, s'écrie l'inconnu en poussant un profond soupir...

— Ah! sois le bien-venu, reprend le pauvre père en se jetant dans les bras de cet être mystérieux...

Mais, ô prodige! en vain l'infortuné vieillard veut presser sur son cœur l'époux de sa fille... en vain il veut contempler les traits de celui qu'il chérit comme son fils... il n'étreint dans ses bras qu'un froid fantôme ou plutôt un spectre horrible, qui, semblable à une vapeur fantastique, s'évapore et bientôt disparaît...

Ainsi l'on voit au premier rayon du soleil s'évanouir les vapeurs blanchâtres d'un brouillard matinal.

SUITE DE L'ÉPILOGUE.

In memoriâ æternâ erit justus.
(*Psalm.*)

Depuis longtemps Jacques d'Arc était descendu dans la tombe, sans avoir pu obtenir justice ni réparation pour le meurtre juridique de sa fille chérie. Ce bon vieillard était passé de cette vie périssable dans une meilleure, en prononçant le nom de l'innocente victime.

Un jour pourtant on vit s'avancer sous les voûtes du palais épiscopal de Paris une veuve couverte de la tête aux pieds de longs habits de deuil. L'infortunée poussait des gémissements à fendre le cœur... Ses deux fils et un grand nombre de notables personnes la suivaient. A ses côtés se voyait son *défenseur*.

Cette veuve éplorée, c'était Isabelle Romée, mère de la Pucelle, et son courageux défenseur était maître Maugier, docteur en droit. Cette pauvre mère venait demander justice et réparation pour la mémoire de sa malheureuse fille.

Ce lugubre cortége ayant été introduit en présence des commissaires nommés par le pape, savoir : les évêques de Coutances et de Paris, l'archevêque de Reims, et beaucoup d'autres prélats, de théologiens, d'abbés, d'officiaux, de licenciés, Isabelle Romée fit entendre en sanglotant cette douloureuse supplication :

« Jeanne d'Arc était ma fille. Je l'avais élevée avec » soin dans la crainte de Dieu, les préceptes de » notre sainte religion et les devoirs de son état. » Cette chère enfant fréquentait assidument l'église, » se confessait et communiait souvent, jeûnait aux » jours prescrits. Jamais elle ne fit ni ne dit rien que » d'orthodoxe ; pourtant ses ennemis, au mépris de » notre bon roi, lui ont intenté un procès en ma- » tière de foi ; ils n'ont point eu égard à ses appels ; » ils lui ont imputé de faux crimes ; enfin ils lui » ont fait subir un cruel supplice, infamant pour sa » mémoire et pour sa famille... Je m'adresse à vous, » révérends docteurs et au saint-siége, *comme étant* » *la source de toute justice;* et je vous supplie hum- » blement d'ouïr les gémissements d'une mère in- » fortunée et les doléances d'une pauvre veuve... »

Maître Maugier parla ensuite, et, en bon avocat, parla beaucoup plus longuement. Il conclut à ce que la famille de sa cliente fût relevée *de toute note d'infamie*; à ce que les prières des morts fussent ordonnées pour Jeanne, et sa justification déposée *dans les chroniques de France et au trésor des chartes du roi*.

Rien n'était plus juste que la supplique d'Isabelle Romée, et pourtant *ce procès de révision* fut long, bien long. Des enquêtes furent faites à Domremy, à Orléans, à Rouen et à Paris : c'étaient les lieux qui avaient été témoins et de la gloire et de l'infortune de l'héroïne.

Toutes les dépositions furent unanimes pour rendre bon témoignage de Jeanne, attester l'iniquité de ses juges, et l'injustice de sa condamnation.

En conséquence :

Le septième de juillet, de l'an de grâce 1455, les trois prélats réunis à Rouen rendirent en présence et en faveur de la pauvre veuve et de ses fils, qui moult pleuraient de joie tous les trois, un jugement solennel, par lequel il fut dit que les douze articles qui avaient fait condamner Jeanne étaient tous *faux*, *calomnieux*, *entachés de dol*... et qu'ils seraient publiquement lacérés... *Qu'aucune note ni tache d'infamie* n'avait jamais pu être encourue par Jeanne de *bonne mémoire* (bonæ memoriæ), ni par aucun des siens... qu'en réparation de la mort d'icelle Jeanne, il serait fait deux processions solennelles, l'une au cimetière de Saint-Ouen, et l'autre au Vieux-Marché; où, *par une cruelle et terrible exécution, les flammes avaient étouffé et brûlé Jeanne d'Arc* (crudeli et horrendâ crematione suffocata)... enfin qu'une croix, pieux monument d'un éternel souvenir, serait élevée au lieu de l'exécution (ad perpetuam memoriam)...

Mais, hélas! ces tardives réparations n'empêchent point que l'Angleterre, en trempant ses mains dans le sang de Jeanne, n'ait commis le plus grand crime dont une nation se soit jamais souillée.

FIN.

Chez le même Libraire.

De l'organisation et des attributions des conseils généraux de département et des conseils d'arrondissement, par M. J. DUMESNIL, avocat aux conseils du roi et à la cour de cassation. Troisième édition entièrement refondue et mise en rapport avec l'état actuel de la législation. Paris, Charpentier, éditeur, 1843. 2 vol. in-8°. Prix : 14 fr.

Lois et réglements de la caisse des dépôts et consignations dans ses rapports avec les particuliers, les officiers ministériels et les administrations publiques; suivis d'un Traité des offres de paiement, de la consignation et du remboursement des sommes consignées, par le même. Paris, Charpentier, éditeur, 1839. 1 vol. in-8°. Prix : 7 fr. 50 c.

Manuel des pensionnaires de l'État, contenant : 1° un Traité des règles générales applicables aux diverses espèces de pensions à la charge de l'État; 2° les lois, décrets, ordonnances et réglements des pensions militaires et civiles sur les fonds généraux, sur la caisse des invalides de la marine et sur les fonds de retenue; 3° la jurisprudence du conseil d'État, et les décisions ministérielles sur les questions contentieuses que l'application de ces réglements a fait naître; par le même. 1 vol. in-12 de plus de 400 pages. Paris, Charpentier. Prix : 3 fr.

Méthode simple et raisonnée du calcul, ou Théorie de problèmes dont la solution doit être obtenue par le travail de la tête et sans plume, par LEROY. 1 vol. in-8°. Prix : 5 fr.

PARIS. — IMPRIMERIE DE BOURGOGNE ET MARTINET, rue Jacob, 30.

www.ingramcontent.com/pod-product-compliance
Lightning Source LLC
LaVergne TN
LVHW020537230826
846091LV00002B/309